디지털 뉴딜 시대의

스마트관광도시

본서는 2019년 대한민국 교육부와 한국연구재단의 지원을 받아
수행된 연구임(NRF-2019S1A3A2098438)

디지털 뉴딜 시대의

스마트 관광도시

| 정남호 외 지음 |

경희대학교 출판문화원

목차

Part 3 더 나은 도시를 만들다, 스마트관광도시 솔루션

대한민국 대전환 '디지털 뉴딜'은 스마트관광도시로부터

코로나19로 우리의 모든 일상이 변한 지도 어느덧 1년이 되었다. 마스크 착용이 생활화되고, 온라인을 통한 모임이 더 자연스러워진 가운데 새삼 깨닫게 되는 것은 디지털 기술에 대한 의존이 점차 심화되고 있다는 점이다. 스마트폰을 이용한 주문, TV를 통한 영화 감상, 컴퓨터를 이용한 비대면 화상회의가 새로운 일상이 되었다. 오프라인 매장에서도 스마트폰을 이용한 본인 확인이나 키오스크를 이용한 주문이 이른바 '뉴노멀'이 되고 있다.

이러한 디지털 기술의 물결은 여행에서도 예외는 아니어서, 사람들은 온라인 가상여행을 통해 참기 힘든 여행 욕구를 달래고 있다. 하지만 방역이 우수한 국가 간에는 자유로운 여행이 가능한 트래블 버블이 논의되고 있다. 국내에서도 '비대면 관광지 100선' 등을 통해 안전하고 믿을 만한 관광지가 소개되고 있어, 백신이 보급되기 시작하면 이른 시일 안에 자유롭게 여행을 할 수 있지 않을까 기대해 본다. 그러나 코로나19 이후의 여행이 과거와 같은 방식으로 진행될 수 있을 것인가에 대해서는 회의적이다. 사람들은 예전보다 더 개별 관광을 선호하게 되어, 각기 다른 성향과 요구를 반영할 수 있는 개인별 맞춤형 여행 서비스가 필요해질 것이다. 또한, 여행의 전 단계에 걸쳐 스마트폰 하나로 편리하게 여행할 수 있는 스마트관광에 대한 요구가 커지고, 혼잡하고 예측할 수 없는 관광지보다는 안전하고 믿을 만한 관광지를 선호하게 될 것이다.

이미 핀란드 헬싱키에서는 '마이 헬싱키'라는 개인 맞춤형 여행, 이동계획, 구매활동을 하나로 결합한 서비스를 제공하고 있다. 영국의 '레볼루트'라는 서비스는 모바일 앱을 통한 은행 계좌 연결, 무료 계좌발급과 현지 통화를 활용한 송금·결제 등 수수료 없는 서비스를 제공하고 있다. 오스트리아 잘츠부르크의 '잘츠부르크 교통카드'는 모바일 앱을 통해 관광객의 입·출국 지점에서 목적지까지 가능한 모든 교통의 연결 및 최적의 경로를 제공한다. 제주관광공사는 '실시간 관광지 혼잡도 분석 서비스'를 통하여 도민과 관광객들의 성별·연령별 지역분포도를 5분 단위로 업데이트해서 제공하며, 혼잡한 관광지를 피해 스트레스 없이 안전하게 제주도를 여행할 수 있게 해준다. 한국관광공사에서는 '비대면 관광지 100선'을 선정하여 관광객의 밀집도를 최소화하고 거리 두기를 실천하여 안전하게 여행할 수 있는 관광지 정보를 제공한다. 특히, 관광지의 혼잡도, 교통량, 소셜 관심도, 방역 상황 등을 종합적으로 고려하여 해당 관광지의 현재 비대면 수준을 별점으로 표시한 '비대면 지수'는 안심여행 환경을 조성했다는 평을 받고 있다. 이러한 성과는 얼마 전에 개최된 스페인 마드리드의 핏투르FITUR 관광박람회에서 국제 부문 우수사례로 인정받기도 했다.

사실 코로나19 이전부터 경희대학교 스마트관광연구소는 국내외 다양한 기관들과 업무협약을 맺고 관광객들이 편리하고 기억할 만한 경험을 할 수 있도록 지원하는 스마트관광에 많은 노력을 기울여 왔다. 스마트관광이 일반 관광과 비교해 4배 이상의 경제적 파급효과가 있으며, 스마트관광이 구현된 지역이 일반 지역보다 2배 이상 관광객이 많다는 것을 실증적으로 분석했다. 그럼에도 국내 지자체의 스마트관광 예산과 인프라가 부족하고 스마트관광에 대한 인식이 부족하여 스마트관광의 확산이 더뎠다.

그러나 코로나19로 가속화되고 있는 디지털 전환의 시기에 여행도 예외는 아니기에 스마트관광이 재조명받고 있다. 문화체육관광부와 한국관광공사는 관광객들에게 편리한 관광 경험을 제공하고, 관광 벤처 등 혁신기업에 새로운 비즈니스 환경을 마련해주었다. 또한, 지역관광 경쟁력 활성화를 통한 지역관광 생태계 조성을 위해 작년에 전 세계 관광산업 최초로 지자체와 민간이 참여하는 스마트관광도시 사업을 추진했다. 스마트관광도시 사업은 기존의 스마트관광 관련 사업들이 개별화되어 여행의 전 과정을 아우르지 못하는 점을 파악하고, 관광객들이 여행하는 데 필요한 데이터와 서비스를 하나의 통합 플랫폼에 담아 편리하게 서비스할 수 있는 환경을 지향한다. 또한, 플랫폼 내에 축적된 데이터는 관광 빅데이터 플랫폼과 연계해 분석하고 활용하여 지자체가 효과적으로 관광 마케팅을 할 수 있는 기반을 마련했다. 사업에 참여하는 관광 벤처나 중소기업들은 스마트관광도시 사업을 테스트 베드로 하여 비즈니스 모델을 적용하고, 수익을 창출해 일자리를 창출하며 지역경제를 활성화하고 있다.

사실 국내에서는 국토부의 주도하에 오랫동안 스마트도시 사업이 진행되고 있었다. 스마트도시 사업은 지능형 인프라 같은 미래 기술을 접목하여 교통, 에너지, 방범 등 주로 주민의 생활편의를 개선하려는 목적이 있다. 그런데 최근에는 이른바 '한 달 살기'로 표현되는, 관광지에서 주민처럼 살아보는 경험을 하고 싶어 하는 관광객들이 점차 증가하고 있다. 이제 도시의 기능은 주민뿐 아니라 관광객의 생활편의를 개선해야 함은 물론, 디지털 기술을 기반으로 이들의 실제 관광활동(이동, 식사, 체험, 쇼핑, 숙박 등)과 관광 이후의 활동(여행 후기 공유, 관광지 불편신고 및 개선사항 제안 등)에 이르는 모든 과정에 이처럼 개인별 맞춤형 여행 서비스를 제공하는 역할을 하게 되었는데, 이것이 바로 스마트관광도시다.

2020년 문화체육관광부와 한국관광공사는 지자체와 민간이 참여하는 스마트관광도시 조성사업을 시범적으로 추진했는데, 인천시 월미관광특구 개항장 일원이 국내 1호 스마트관광도시로 선정돼 2021년 상반기 서비스 제공을 목표로 구축 중이다. 한 곳을 선정하는데 21개 지자체가 신청했다는 건 스마트관광에 대해 지자체와 민간의 의지가 엿보이는 대목이다. 2021년에도 대구, 여수를 포함해 국내 2호 스마트관광도시 후보로 양양, 수원, 경주가 각축을 벌이고 있어 총 세 곳이 추가로 조성될 예정이다.

스마트관광도시 사업은 기존의 스마트관광 관련 사업들이 개별화되어 여행의 전 과정을 아우르지 못하는 점을 파악하고, 관광객들이 여행하는 데 필요한 서비스를 하나의 통합 플랫폼에 담아 편리하게 제공하는 환경을 지향한다. 스마트관광도시 사업을 통해 관광객들에게는 편리한 관광 경험을 제공하고, 관광벤처 등 혁신기업은 새로운 비즈니스 환경을 마련하며, 지역에는 지역관광 경쟁력 활성화를 통한 바람직한 지역관광 생태계가 조성될 수 있을 것으로 기대된다.

우리나라는 서울, 제주를 제외하고는 국제적으로 크게 알려진 관광도시가 거의 없다. 국제관광도시로 선정된 부산, 지역관광거점도시로 선정된 강릉, 전주, 안동, 목포도 스마트관광도시의 역할을 하고 있다. 새로운 시·도로서의 스마트관광도시가 어떤 모습으로 구현될지 기대감이 생긴다. 한편, 스마트관광도시가 대표 관광도시가 되기 위해서는 지자체뿐 아니라 많은 이해관계자의 노력이 필요하다. 무엇보다 학계에서는 스마트관광도시가 확산될 수 있는 모델, 지표 개발 및 우수사례에 관한 연구가 필요하다. 관광기업들은 새롭게 등장한 디지털 기술을 관광산업에 적용하여 활용할 수 있는 서비스 R&D에 많은 노력을 기울여야 한다. 정부는 스마트관광도시가 안정적으로 운영될 수 있도록 예산 지원과 지속적인 관리, 표준화를 통해 더 많은 지자체가 스마트관광도시 사업에 참여할 수 있는 여건을 마련해야 함은 물론이다.

코로나19로 세계 관광산업은 긴 침체의 늪에 빠져 있다. 영국의 찰스 다윈은 "살아남는 종種은 강한 종도 아니고 똑똑한 종도 아니다. 변화에 적응하는 종이다"라고 했다. 코로나19 이후의 관광산업은 변화하는 디지털 환경에 얼마나 적절하고 신속히 대응하는지에 따라 생존 여부가 갈릴 것이다. 디지털 뉴딜 시대의 스마트관광도시는 그래서 중요하다.

이 책은 경희대학교 스마트관광연구소(strc.khu.ac.kr)의 SSK스마트관광대형센터 참여교수진이 그간의 연구를 정리하여 기술한 것이다. 2019년 연구소에서 출간된 『스마트관광도시: 포용적 혁신의 플랫폼』이 스마트관광도시에 대한 입문서라면, 이 책은 디지털 뉴딜 시대라는 관점에 맞게 스마트관광으로 변화하는 관광도시의 본질, 기대와 걱정, 그리고 그 극복방안까지 담고 있는 종합서의 성격을 지닌다. 이러한 연구를 통해 우리나라의 스마트관광이 진일보하고, 관광이 국가의 균형적인 발전을 이루는 밑거름이 될 것으로 믿어 의심치 않는다.

국내외 총 16명의 저자가 스마트관광도시라는 주제에 대해 각각 자신의 전문 분야에서 치열하게 고민하고 이해하기 쉽게 작성하여 매 장이 흥미롭다. 바쁜 와중에도 기꺼이 시간을 내서 이 책의 각 장을 집필해주신 교수님들께 다시 한번 감사의 말씀을 드리고 싶다. 특히, 묵묵히 자신의 연구를 수행하고 있는 스마트관광연구소의 석·박사 학생들에게도 감사한다. 많은 저자의 개성이 넘치는 원고를 하나의 목소리로 잘 조율해주신 출판문화원 최정미 선생님께도 이 자리를 빌려 감사드린다. 끝으로 스마트관광연구소가 대학 부설연구소로 우뚝 자리매김할 수 있도록 지원해주신 경희대학교 교수님들과 지난 8년간 스마트관광연구소의 SSK 사업을 지원해주신 교육부와 한국연구재단에도 다시 한번 감사의 말씀을 드린다.

2021년 5월 저자들을 대신하여

스마트관광연구소장 정남호

Part 1

4차 산업혁명 시대, 스마트관광도시가 열 새로운 세상

디지털 트랜스포메이션 시대의 스마트관광도시

정남호 _경희대학교 스마트관광원

1. 관광 디지털 트랜스포메이션

1) 빅데이터 환경에서의 관광수요

최근 디지털 트랜스포메이션Digital Transformation이 다양한 산업에서 부각되고 있다. 사실 디지털 트랜스포메이션은 클라우스 슈밥Klaus Schwab이 2015년 세계경제포럼World Economic Forum, WEF에서 다룬 4차 산업혁명에 대한 이슈가 구체화된 것이다. 4차 산업혁명 시대에 디지털 기술이 산업과 사회에 미칠 기회와 위협, 특히 코로나19COVID-19 이후 비대면 서비스의 중요성이 더욱 부각됨에 따라 디지털 트랜스포메이션에 대한 이해와 이로 인한 산업변화 및 대응방안에 대한 논의가 활발해지고 있다(이상원, 2020).

관광 분야에서 디지털 트랜스포메이션에 대한 논의는 스마트관광 Smart Tourism 에 대한 논의에서 시작해, 최근에는 관광요소와 디지털 기술요소의 융·복합을 통해 관광객을 대상으로 차별화된 경험과 편의, 서비스를 제공하고, 이로 인해 누적된 정보를 분석하여 지속적으로 관광 콘텐츠와 인프라를 개선·발전시키는 것을 모토로 하는 스마트관광도시 Smart Tourism City 로 확장되고 있다(한국관광공사, 2021).

디지털 트랜스포메이션은 세 가지 차원에서 설명할 수 있다(이상원, 2020). 먼저, 개인적 기술 이용 차원에서 살펴볼 수 있는데, 이는 소셜미디어, 모바일 등 새로운 정보통신기술을 개인이 이용하는 것과 관련되어 있다. 각 개인은 이러한 디지털 기술을 통해 기존보다 더 고도화된 혁신, 창의성 등을 발휘할 수 있게 된다. 두 번째는 조직 차원의 관점인데, 이는 기업이 디지털 역량을 활용해 새로운 비즈니스 모델이나 제품, 서비스를 창출하여 고객과 시장의 파괴적인 변화를 추진하는 과정이라고 볼 수 있다(IDC, 2015). 기업이나 조직 차원의 디지털 트랜스포메이션은 기업과 조직의 성과를 향상시키기 위해 빅데이터 Big Data, 사물인터넷 Internet of Things, IoT, 인공지능 Artificial Intelligence, AI 등의 디지털 기술을 업무에 활용하여 생산성과 효율성을 높이는 것이 목표이다. 끝으로 사회적 차원은 디지털 기술의 사회적 영향을 중시하면서 디지털화의 포괄적 영향력을 강조한다. 이러한 디지털 트랜스포메이션의 정의를 바탕으로 〈표 1〉과 같은 관광 디지털 트랜스포메이션의 차원도 정의할 수 있다.

관광 디지털 트랜스포메이션에서 관광객들이 디지털 역량을 기반으로 관광지를 검색, 예약, 결제하는 것은 개인적인 차원으로, 이것을 스마트관광이라고 할 수 있다. 이것이 조직 차원으로 확장되어

〈표 1〉 관광 디지털 트랜스포메이션 현상의 차원

분석 차원	정의	관광의 형태
개인적 차원	• 소셜미디어, 모바일 등 새로운 디지털 기술의 이용에 관한 차원 • 디지털 혁신과 창의성을 가능하게 하는 정보통신기술 이용의 단계	스마트관광
조직적 차원	• 기업이 디지털 역량을 활용해 새로운 비즈니스 모델이나 제품, 서비스를 창출하여 고객과 시장의 파괴적인 변화를 추진하는 과정 • 빅데이터, IoT, AI 등의 디지털 기술을 이용한 경영의 개선	스마트관광 생태계
사회적 차원	• 디지털화의 결과로서 기술 적응의 글로벌화된 촉진 과정 • 디지털화의 총체적·전면적인 사회적 영향	스마트관광도시

출처: 이상원, 2020.

고객과 시장의 파괴적인 변화를 가져와 공공과 민간 부문이 서로 협조하는 것이 스마트관광 생태계Smart Tourism Ecosystem이며, 궁극적으로 글로벌화되어 관광객과 주민이 서로 영향을 주고받는 사회현상의 차원이 스마트관광도시다.

관광은 사실 SABRE(Semi-Automatic Business Research Environment: 미국의 아메리카 항공이 IBM에 의뢰하여 1964년에 도입한 항공권 예약 시스템)에서도 알 수 있듯이 글로벌 규모의 비즈니스 프로세스를 디지털화한 최초의 산업이며, 항공이나 호텔 예약을 온라인으로 가능하게 하는 혁신적인 비즈니스를 일궈왔다. 이러한 맥락에서 디지털 기술이 발전함에 따라 등장한 온라인 여행사Online Tourism Agency, 로봇 기반의 자동화 서비스, 음성인식 스피커 등의 도입과 활용은 여전히 관광 분야가 조기 수용자Early Adopter임을 보여주고 있다. 디지털화된 관광은 관광객들이 더 나은 경험을 하고, 더 많은 관광지와 관광도시가 지속적인 경쟁력을 갖고 성장할 수 있도록 지원해야 한다. 특히, UN과 글로벌 개발공동체의 지속가능발전목표Sustainable Development Goals, SDGs를 달성하는 데도 기여해야 한다(UNWTO, 2021).

2. 지속가능발전목표와 스마트관광도시[1]

1980년 국제자연보전연맹회의International Union of the Conservation of Nature에서 세계보전전략World Conservation Strategy이 채택되면서, 지속가능한 발전은 단순한 개념에서 탈피해 정책적인 부분으로 발전했다. 1992년에 개최된 유엔지구정상회의United Nations Conference on Environment and Development, 2002년에 개최된 지속가능발전 세계정상회의World Summit on Sustainable Development 등을 통해 '지속가능성'은 각국의 정책 수립에서 상당한 부분을 차지하게 되었다. 지속가능발전목표Sustainable Development Goals, SDGs의 전신이자 2000년부터 15년 동안 국제사회 개발 의제였던 새천년개발목표Millennium Development Goals는 지속가능성에 의미 있는 진보를 이루었다. 하지만 개발도상국의 발전에 초점을 맞춘 의제로 지속가능발전이라는 개념이 모호해 구체적인 행동으로 이어지는 데 어려움이 있었다.

이에 반해 SDGs는 선진국과 개발도상국의 후원과 피후원의 이

1 본 내용은 정남호 등(2020)의 "4차 산업혁명 시대의 지속가능발전목표와 스마트관광도시의 역할" 연구에 기반하여 재구성한 것이다.

〈표 2〉 SDGs가 하는 일

SDGs의 목표	내용
1. 모든 국가에서 모든 형태의 빈곤 종식	사회 보호 시스템과 정부의 적극적인 투자를 통해 사회적으로 취약한 계층의 사람들을 사회적 불평등, 재난, 질병 등의 위협에서 보호하고 세계 극빈 인구를 3% 이하로 감소
2. 기아의 종식	기후변화, 자원의 한정성 등 불균형·불안전한 식량의 안보로 인한 피해를 최소화하고 굶주림으로부터 고통받는 수많은 사람을 지켜내기 위해 지속가능한 식량 생산 시스템 구축
3. 모든 사람의 건강한 삶 보장과 웰빙 증진	필수적이고 기본적인 의료 서비스에 대한 접근성을 증진하고, 대기오염, 물 부족, 위생과 같은 위협으로부터 건강한 삶을 보장하면서 불치병에 의한 조기 사망을 1/3 이하로 감소
4. 양질의 교육 보장 및 평생교육 기회 증진	교육 장학금, 교사 연수 워크숍, 학교 개선을 위한 투자를 통해 누구에게나 닿을 수 있는 형평성 있는 교육 환경을 마련하고, 이를 통해 보편적인 양질의 교육 보장 및 평생교육의 기회까지 보장
5. 성평등 달성	여성의 정치 참여, 경제 참여 등을 위한 공정한 교육과 의료, 일자리를 제공하는 것은 지속가능한 경제 성장의 기반이 되고 인류 전체를 위한 중요한 사안이므로 여성의 인권 증진
6. 모두를 위한 식수와 위생시설 접근성 확립	수질의 악화, 기후변화로 인한 가뭄이나 홍수의 빈도와 피해를 해결하고, 모두가 깨끗한 물에 공평하게 접근할 수 있도록 위생 및 식수 접근성을 개선
7. 모두에게 지속가능한 에너지 보장	다른 SDGs들과 연관되는 중요한 자원인 에너지 접근의 보편화, 효율성 증가, 재생 에너지의 적극적 활용 및 세계 에너지 시스템을 발전시킴
8. 경제성장 및 양질의 일자리 증진	모두에게 주어지는 양질의 일자리 창출을 위해 비정규 고용이나 성별 임금 격차를 줄이고, 젊은 사람들을 위한 고용 기회를 증진하며, 안전한 근무 환경 촉진
9. 건실한 인프라 구축, 산업화 진흥 및 혁신	지속가능한 발전을 이루기 위해 교통, 에너지, 정보통신기술 등 다양한 기반시설에 대한 투자를 촉진하기 위한 인프라 마련
10. 국가 내, 국가 간 불평등 완화	IMF 내 개발도상국들의 투표율 증진과 수출 무관세 접근을 늘리고, 기술의 발전과 혁신을 통해 국가 내, 국가 간 기회, 소득, 힘의 불균형을 해소
11. 지속가능한 도시와 거주지 조성	대기오염 증가 문제, 기반시설 및 주택 부족, 기본적 서비스 제공 등의 문제를 해결하고 모두에게 서비스, 에너지, 주택, 교통 등이 동등하게 주어지도록 도시계획 및 관리
12. 지속가능한 소비 및 생산 패턴 확립	지속가능한 소비와 생산을 통한 자원 및 에너지 효율 증가, 지속가능한 인프라 구축, 친환경적인 양질의 일자리를 통해 모두에게 더 나은 삶의 질 제공
13. 기후변화와 그 영향에 대처하는 긴급 조치 시행	날씨 패턴의 변화, 해수면 상승, 온실가스 배출 문제 등을 해결하고, 깨끗하고 자연친화적인 경제로 도약

SDGs의 목표	내용
14. 해양, 바다, 해양자원 보존과 지속가능한 사용	해양 보호구역의 효과적 관리와 남획, 해양오염, 해양산성화 등을 방지하기 위한 규제 마련을 통한 해양 생태계의 보전
15. 육지 생태계 보호 및 복구	인간의 자연 파괴와 기후변화로 인한 삼림 벌채와 사막화 문제 해소, 지속적인 천연자원의 관리와 토지 생산성 증진
16. 평화적이고 포괄적인 사회 증진과 사법제도	평화롭고 포용적인 사회 건설을 위해 폭력을 종식하고 법치, 제도를 강화하며 정의에 대한 접근성 증가
17. 지속가능발전을 위한 글로벌 파트너십 재활성화	SDGs를 달성하기 위해 정부, 민간, 시민사회 간의 파트너십을 통한 국제적인 협력 강화

출처: Sustainabledevelopment.un.org

분법적인 개념을 넘어서 국제사회 전체의 다양한 분야에서 지속가능성을 추구하며, 각 이해관계자(국가, 시민사회, 민간 부문)를 위한 구체적인 지표와 실천방안을 담고 있다는 점에서 차별화된다. 'Leave No one Behind'라는 슬로건을 바탕으로 인권, 환경, 사회, 경제 등 각 분야의 지속가능한 발전을 위한 17개의 목표로 구성되어 있는 SDGs는 전 세계 이해당사국들에게 중요한 지표가 되고 있으며, 국가 운영 전략 수립에 있어 필수불가결한 사안이 되었다(〈표 2〉 참조). SDGs의 각 목표는 서로 연결되어 있다. 사람People, 지구Planet, 번영Prosperity, 평화Peace, 파트너십Partnership을 위해 가난을 근절하고 지구를 보호하며, 세계 모든 사람이 평화와 번영을 누릴 수 있는 이정표 역할을 한다. 또한, SDGs는 미래 세대를 위해 삶을 지속가능한 방향으로 이끌고 올바른 선택을 하도록 도와준다.

SDGs의 17개 목표는 상호연결되어 궁극적으로는 지속가능한 사회로의 발전을 지향하고 있지만(UNWTO, 2015), 그 역할에 따라 사회발전, 환경보호, 경제성장, 글로벌 파트너십의 4가지 영역으로 나눌 수 있다(정남호 등, 2020). 사회발전에는 보건, 교육, 라이프 스타일, 젠더, 식량 등의 분야가 해당되며, 환경보호는 에너지, 기후변화, 생태계 파괴, 사막화, 해양오염 등의 문제를 해결하는 것이 목표이다. 경제성장은 실업, 소득과 기회의 불평등 등 전 지구의 경제적인 문제 해결을 목표로 하며, 글로벌 파트너십은 국제사회가 지속가능한 성장에 필요한 제도적인 인프라와 환경 구축을 위해 협업하는 것을 목표로 한다. SDGs 각각의 목표들은 하나 이상의 영역에서 그 역할을 할 수 있다. 예를 들면, SDGs 12번 목표인 '지속가능한 소비 및 생산 패턴 확립'은 사회발전과 경제성장 영역 모두에서 그 지향점을 찾을 수 있다. 그러나 그 주목적이 사회발전에 있고, 그에 따른 경제성장은 부가적으로 창출되는 가치이므로 사회발전 영역에 포함시켰다. 이처럼 우선적으로 각 목표의 대표적 지향점을 기준으로 목표들을 분류했다. SDGs의 목표별 영역 분류는 〈표 3〉과 같다.

지속가능한 관광은 관광 개발로 인해 관광도시들이 겪어야 하는 여러 사회문제에 대한 해결책으로 고려되고 있다. 관광산업 이해관계자 간의 불공정 거래, 관광 인프라의 무분별한 개발로 인한 환경 파괴, 소음 및 쓰레기 발생, 관광지 건물의 임대료 상승으로 인해 지역주민 갈등 등 다양한 문제가 발생하고 있다(Archer, Cooper & Ruhanen, 2005). 또한, 수용력을 초과하는 관광을 의미하는 오버투어리즘Overtourism과 관광 때문에 발생하는 문제로 인해 거주민들이 이주하는 투어리스티피케이션Touristification 등의 용어도 탄생했다(Jeon, Kang & Desmarais, 2016). 이에 따라 관광도시 거주민과 관광객, 기타 이해관계

〈표 3〉 SDGs의 영역별 분류

영역	SDGs의 세부 목표
사회발전	목표 1. 모든 국가에서 모든 형태의 빈곤 종식 목표 2. 기아의 종식 목표 3. 모든 사람의 건강한 삶 보장과 웰빙 증진 목표 4. 양질의 교육 보장 및 평생교육 기회 증진 목표 5. 성평등 달성 목표 11. 지속가능한 도시와 거주지 조성 목표 12. 지속가능한 소비 및 생산 패턴 확립 목표 16. 평화적이고 포괄적인 사회 증진과 사법제도
환경보호	목표 6. 모두를 위한 식수와 위생시설 접근성 확립 목표 7. 모두에게 지속가능한 에너지 보장 목표 13. 기후변화와 그 영향에 대처하는 긴급 조치 시행 목표 14. 해양, 바다, 해양자원 보존과 지속가능한 사용 목표 15. 육지 생태계 보호 및 복구
경제성장	목표 8. 경제성장 및 양질의 일자리 증진 목표 9. 건실한 인프라 구축, 산업화 진흥 및 혁신 목표 10. 국가 내, 국가 간 불평등 완화
글로벌 파트너십	목표 17. 지속가능발전을 위한 글로벌 파트너십 재활성화

자들과 공존할 수 있는 지속가능한 관광 발전에 대한 논의의 필요성이 제기되었다.

지속가능한 관광은 1980년대 후반에 등장했으나, 그 개념이 단순하고 환경 중심적이어서 지속가능한 관광이 관광도시의 환경적인 측면에 어떻게 기여해야 하는지에 초점을 맞추었다. 그러나 오늘날 정의되는 지속가능한 관광이란, "현재와 미래의 경제적·사회적·환경적 영향을 충분히 고려하고 관광객, 산업, 관광도시 커뮤니티의 요구를 해결하는 관광"을 의미한다(UNWTO, 2015). 즉, 오늘날의 지속가능한 관광은 관광도시의 환경적·경제적·사회적·문화적 측면에 대해 관광객의 경험뿐만 아니라 거주민의 삶의 질 향상을 모두 고려한다. 이러한 정의를 기반으로, 지속가능한 관광의 역할을 명확하게 하려는 시도들이 진행되었다. UNWTO는 각 SDGs의 세부 목표 달성을 위한 관광 분야의 역할을 제시했다(UNWTO, 2015). 관광산업의 타 산업과의 융·복합적인 특성을 고려했을 때, SDGs가 목표로 하는 경제, 사회, 환경, 파트너십의 모든 영역과 관광산업은 밀접한 관련이 있다. 이러한 융·복합적 특징을 바탕으로 지속가능한 관광이라는 용어와 그 도입 방식, 역할에 대해서는 앞으로도 많은 연구와 논의가 진행될 필요가 있다. 특히, 디지털 트랜스포메이션 시대에 관광 분야가 SDGs의 달성을 위해서 어떤 노력을 할 수 있는지 검토하는 것은 관광객과 거주민의 삶의 질 향상을 지향하는 스마트관광도시의 발전에 있어 매우 중요하다.

스마트관광도시는 정보통신기술을 통해 교통, 에너지, 안전, 복지 등 다양한 분야를 스마트하게 발전시킨 도시 플랫폼이다(정남호 외, 2019; Lee et al., 2020). 스마트관광도시라는 미래형 관광도시는 관광객들에게 쾌적하고 차별화된 경험을 제공할 뿐 아니라 거주민의 삶의 질 향상과 지역사회의 지속가능한 발전을 유도하는 도시 재생적인 특징을 가진다. 도시라는 공간 안에서 이해관계자들은 데이터를 통해 상호작용하고, 각자가 데이터 공급자와 소비자 양쪽의 역할을 모두 수행함으로써 서로에게 최선의 경험을 제공한다(〈그림 1〉 참조).

예를 들어, 스마트관광도시에서는 인터넷과 빅데이터를 활용하여 관광지와 도시 등에서 관광객의 밀도를 보여주는 히트맵[heatmap]을 제작함으로써 사전에 교통 정보를 제공하여 관광객과 거주민들이 보다 빠르게 이동하도록 도울 수 있다. 또한, 도시 전체가 일종의 IoT 환경으로 조성되어 도시에서 끊임없이 발생하는 다량의 실시간 데

〈그림 1〉 스마트관광도시의 구성요소

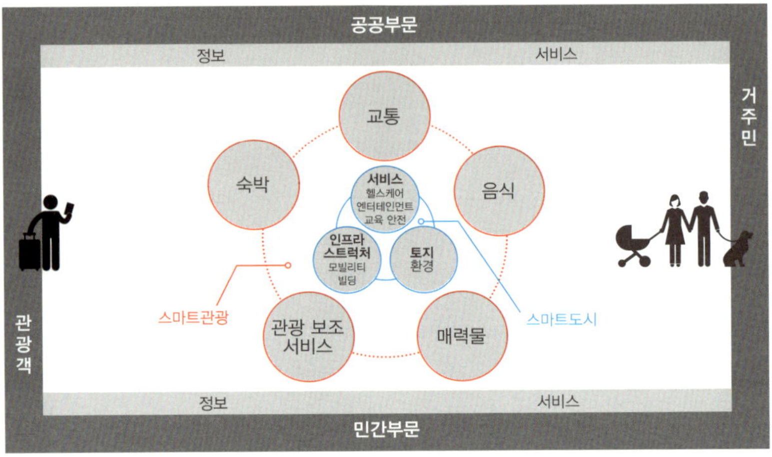

출처: Lee et al., 2020.

이터를 공유하면서 거주민들의 삶의 질 또한 높아질 수 있다. 이처럼 스마트관광도시는 관광객 정보를 포함한 도시 내의 가치 있는 정보들을 관광객, 지자체, 기업, 지역 자영업자를 포함한 모든 이해관계자들과 공유함으로써 좋은 일자리 창출, 혁신성장, 지역경제 활성화를 달성할 수 있다. 즉, 스마트관광도시가 올바르게 작동한다는 것은 도시 경쟁력을 높일 뿐 아니라 거주민들의 삶의 질이 향상됨을 의미한다.

다시 말해 스마트관광의 등장으로 관광의 범주가 더욱 확장되었다. 기존 관광의 정의는 체류 또는 이동한 곳에서 발생하는 체험 등의 범주 안에서 내려졌다. 그러나 스마트관광으로 발전하면서 관광이 단순한 공간의 이동에서 벗어나 공간 내 생활 그 자체의 개념으로 확대되고 있다. 스마트관광도시가 구축되면 방문자와 거주민의 도시 내 경험의 형태는 유사해지고, 이들의 상호작용을 통한 상호발전의 개념에서 관광은 단순한 방문의 목적이 아닌 라이프 스타일의 개념으로 확장된다.

스마트관광도시 구축을 통한 관광의 범주 확장은, 관광산업이 도시의 모든 사람에게 직·간접적인 영향력을 행사할 수 있음을 의미한다. 이러한 범주의 확장과 더불어 환경, 경제, 교통, 정책 등 다양한 분야와 연관된 관광의 특성은 지속가능한 관광, 도시 재생, 스마트관광도시 생태계 구축을 통한 공유가치 창출을 목표로 하는 스마트관광도시가 전 지구적 지속가능성과도 깊은 연관이 있음을 알려준다. 일반 관광도시에서의 관광 매력물을 넘어선, 참여자들 간의 상호연계를 통해 구축된 맞춤형 관광 환경이 바로 기존의 수준을 넘어 스마트관광도시가 가져올 수 있는 지속가능성이다. 이는 스마트관광도시의 가장 큰 특징인 상호연계성이 지속가능성과도 직결된다고 해석할 수 있다. 상호연계를 통해 기존의 관광자원이 지속적으로 새로움을 창조하면서 상생하는 것이 기존 관광자원을 가장 효과적으로 활용하는 방법이다. 이는 스마트관광도시의 기술을 통한 소통 채널 구축과 관리를 위한 모니터링 기술을 통해 현실화될 수 있다(서울관광재단, 2019; 2020).

3. 관광 디지털 트랜스포메이션과 지속가능발전목표 달성

스마트관광도시의 필수 요소인 빅데이터, IoT, 위치기반 서비스, AI,

증강현실Augmented Reality, AR, 가상현실Virtual Reality, VR, 블록체인Blockchain과 같은 기술 덕분에 전통적인 관광의 패러다임이 새롭게 바뀌고 있으며, 예전보다 사회적·환경적으로 더 지속가능한 관광 개발이 가능해졌다. 특히, 계절성Seasonality이나 혼잡성 같은 문제를 해결하고 더 스마트한 관광도시를 개발하기 위한 혁신적인 프로세스를 제시하고 있다. 스마트관광도시가 가져올 관광 디지털 트랜스포메이션이 지향해야 하는 지속가능발전목표를 몇 가지 검토해보면 다음과 같다.

1) '경제성장 및 양질의 일자리 증진'(목표 8) 달성

관광산업이 경제에 기여하는 부분을 구체적으로 살펴보면, 관광산업의 세계적 GDP 기여도는 직접적으로 3.3%, 총효과는 10.4%의 비율을 보이고 있다(World Travel and Tourism Council, 2019). 세계에서 관광산업에 종사하는 총고용자 수는 3억 2천 명을 넘어섰으며, 관광산업의 고용 기여도는 10.1%에 달한다(World Travel and Tourism Council, 2019). 이처럼 관광산업은 고부가가치를 창출하는 산업으로 꾸준한 성장세를 보이고 있다. 특히 4차 산업혁명 이후에 등장한 스마트관광도시는 기존 관광산업의 성장속도를 강화할 수 있는 가능성을 가지고 있다. 스마트관광도시를 구성하는 여러 이해관계자들(정부, 지자체, 일반 관광 기관 및 타 산업)과의 협업을 기반으로, 관광 서비스 자체에서 창출되는 경제 가치뿐 아니라 지역 내 다른 산업 및 인근 지역에까지 경제적 파급효과가 일어날 수 있다(이현애 외, 2019). 또한, 스마트관광도시는 정보통신기술을 토대로 효율적으로 운영되므로, 운영 비용을 줄이고 저비용 도시 구현을 가능케 해 도시 생산성을 향상시킬 수 있다. 그뿐만 아니라 새로운 일자리 창출의 가능성은 기술 발전에 따른 타 산업과의 융·복합에서 기인한다. 빅데이터, IoT, 위치기반 서비스, AI, AR, VR, 블록체인 등 신규 기술들의 도입으로 기술과 스마트관광의 새로운 일자리 창출이 가능하다. 구체적인 예로, 최근에 관광 분야에 등장한 다양한 스타트업이 이러한 기술을 기반으로 하고 있다. 2020년 12월 경희대학교 스마트관광연구소는 여행의 4대 요소(항공, 숙박, 교통, 액티비티) 관련 업체인 쉐어밸류(항공), 온다(숙박), 그라운드케이(교통), 트래볼루션(액티비티)과 업무협약을 맺었는데, 이는 여행산업의 디지털 전환이 변화하는 생태계 적응에 필수라는 공감대 아래 조직된 것이다(NewsWire, 2020). 글로벌 경쟁 심화, 빅데이터, AI 등 스마트 기술의 발전과 함께 신종 코로나바이러스 감염증(코로나19)과 같은 외부 요인으로 여행산업 구조가 빠르게 재편되고 있다. 이러한 상황에서 업무 협약은 관광·여행 관련 사업자들이 포스트 코로나 시대에 플랫폼 연계, 비즈니스 모델 확장, 시스템 자동화 등 ICT 기술을 기반으로 하는 변화와 혁신 없이는 살아남기 힘들다는 점에 양 조직이 공감하며 진행하게 된 것이다. 이들은 스마트관광도시 구현을 위해 핵심적인 역할을 하는 업체이므로, 스마트관광도시의 발전이 경제성장과 일자리 창출에 기여할 것이라는 점에는 의심할 여지가 없다.

2) '지속가능한 도시와 거주지 조성'(목표 11) 달성

'도시와 거주지를 포용적이고 안전하며, 회복력이 있고 지속가능하게 만드는' SDGs의 11번째 목표는 스마트관광도시와 밀접한 정도를 넘어서 그 자체라고 표현할 수도 있다. 최근에 국내에서 진행 중인 스마트관광도시 사업은 '여행 전', '여행 중', '여행 후'의 전체 관광주기에 걸쳐 혁신, 지속가능성, 접근성 및 포용성을 확보하기 위한 것이다. 스마트관광도시는 관광객과 주민을 동시에 염두에 두고 다국어, 문화적 특이성, 계절성을 고려해 도시계획에 반영한 관광지이다. UNWTO는 스마트관광도시가 관광 부문의 변화에 핵심적인 요소라고 강조한다. 데이터에 기반한 의사결정으로 도시가 지닌 자원을 효율적으로 관리하는 동시에 관광객들에게 원활하고 흥미로운 경험을 제공할 수 있다는 것이다(UNWTO, 2021). 특히, 스마트관광도시는 도시의 모든 공공/민간 이해관계자들과 같은 포용적 주체를 통해 통합적인 관광 거버넌스를 만들고, 이를 바탕으로 관광계획을 수립하고 시행한다. 단적인 예로 코로나19 이후 관광지에서는 혼잡도 문제가

〈그림 2〉 빅데이터를 활용한 비대면지수 개발 사례

출처: https://korean.visitkorea.or.kr, 2021.

중요한 이슈로 등장하고 있다. 스마트관광이 제공하는 센서 및 빅데이터 분석 기술을 통해 관광지의 혼잡도를 관리하고 관광객의 흐름을 제어하여 효율적이고 안전한 관광지를 조성할 수 있다. 〈그림 2〉를 통해 알 수 있듯이 한국관광공사는 2020년 경희대학교 스마트관광연구소와 공동으로 관광지의 혼잡도, 교통량, 소셜 관심도, 방역상황 등을 종합적으로 고려했고, 현재 관광지의 비대면 수준을 별점으로 표현해 관광객들에게 높은 호응을 얻었다(한국관광공사, 2020).

한편, 제주관광공사도 빅데이터 기반 관광 서비스 플랫폼을 이용해 '실시간 관광지 혼잡도 분석 서비스'를 제공했다. 관광객들에게 밀접·혼잡 정보를 실시간으로 제공해, 코로나19에 대한 효과적인 대응이 가능하다는 점을 UNWTO에서 인정받기도 했다. 이 서비스는 〈그림 3〉과 같이 통신사의 기지국 데이터를 활용해 제주도민과

〈그림 3〉 제주관광공사의 '실시간 관광지 혼잡도 분석 서비스'

출처: UNWTO, 2020.

관광객의 성별·연령별 지역 분포도를 5분 단위로 업데이트해 제공하고 있어 스마트관광도시의 역할을 정확하게 제시한다(제주경제신문, 2020; UNWTO, 2020).

3) '지속가능발전을 위한 글로벌 파트너십 재활성화'(목표 17) 달성

SDGs를 이행하기 위한 기반이 마련되었다면, 정부, 민간, 시민사회, 국가 간의 파트너십을 통한 협력과 공동의 노력이 필요하다. 스마트관광도시는 도시 내·외는 물론, 국가 간의 파트너십을 통해 지속가능한 발전에 대한 스마트관광도시의 기여를 극대화할 수 있다. 스마트관광도시는 글로벌 파트너십을 위한 플랫폼 역할을 하고, 이 플랫폼을 바탕으로 공유와 협업이 일어나야 한다. 스마트관광도시 내에서 공유하고 있는 목표와 비전에 대해서 적절한 산업과 투자, 그리고 관리가 함께 이루어질 때 지속가능한 발전을 위한 인프라 구축과 일자리 창출, 그 외의 가치 창출이 이루어질 수 있다. 이러한 글로벌 파트너십을 활성화하는 좋은 방법은 글로벌 스마트관광도시들이 모두 관심을 두고 참여할 만한 요소들을 바탕으로 국제협력사업을 이끌어내는 것이다. 서울관광재단(2020)은 전 세계 스마트관광도시 12곳을 선정하고 이를 〈그림 4〉와 같은 경쟁력 지표를 통해 평가하고자 했다.

이 연구를 수행한 경희대학교 스마트관광연구소는 기존의 경쟁력 지표와는 달리 국제기구 및 컨설팅 기업의 보고서, 유명 온라인 리뷰 플랫폼, 검색엔진의 크롤링 결과, 각 도시의 DMO 사이트가 제공하는 2차 자료를 활용함으로써 객관성을 확보하고자 했다. 또한

〈그림 4〉 스마트관광도시 경쟁력 지표 프레임워크

스마트관광도시 경쟁력 지표(Smart Tourism Cities Index)

매력성 (Attractiveness)	접근 가능성 (Accessibility)	디지털 준비도 (Digitalization readiness)	지속가능성 (Sustainability)	협력적 파트너십 (Collaborative partnership)
스마트 매력물 (Smart attraction)	스마트 편의성 (Smart convenience)	디지털 인프라 (Digital infrastructure)	생활 및 관광 환경 (Life and tourism environments)	주민–관광객 상생 (Resident–Tourist Symbiosis)
스마트 편의시설 (Smart amenities)	스마트 모빌리티 (Smart mobility)	정보 개방성 (Information openness)	관광 창의 혁신성 (Tourism creativity and innovativeness)	리빙랩 활성화 (Living lab activation)
스마트 콘텐츠 (Smart contents)	배리어 프리 디자인 (Barrier–free design)	스마트 플랫폼 (Smart platform)	관광 안전성 (Tourism safety)	스마트 관광 거버넌스 (Smart tourism governance)
온라인 인기도 (Online popularity)		스마트 서비스 기술 (Smart service technology)	도시 회복탄력성 (City resilience)	

출처: 서울관광재단, 2020.

관광객 2,200명과 현지 DMO 직원 16명을 대상으로 설문조사를 해서 2차 데이터의 부족한 부분을 보완했다. 분석 결과 〈그림 5〉와 같이 싱가포르, 암스테르담, 뉴욕, 서울 등의 순위로 나타났고, 각 도시의 강점과 약점이 파악되었다.

이러한 결과를 통해 글로벌 스마트관광도시들과 비교해 각각의 스마트관광도시의 상대적인 위치를 알 수 있으며, 도시의 개선점이나 강점 등을 파악할 수 있다. 이는 일회성으로 끝나는 게 아니라 글로벌 스마트관광도시들의 파트너십을 통해 연구가 지속적으로 이루

〈그림 5〉 스마트관광도시 경쟁력 지표 분석 결과

출처: 서울관광재단, 2020.

어질 때 큰 효과를 얻을 수 있다. 이러한 가능성을 제시했다는 점에서 이 연구는 큰 의미가 있다.

이와 같이 디지털 트랜스포메이션은 관광산업에 대전환을 가져왔으며, 이는 지속가능목표 달성이라는 관점에서 접근할 필요가 있음을 살펴봤다. 관광의 목적이 개인의 행복과 기업의 경제적 성장, 그리고 관광도시의 지속적인 발전임을 고려해볼 때, 스마트관광도시의 등장은 디지털 트랜스포메이션으로 변화된 관광 환경을 지속적으로 발전시킬 수 있는 중요한 패러다임이다.

공유경제,
스마트관광도시를 혁신하다

양성병 _경희대학교 경영학과/빅데이터응용학과

1. 공유경제로 진화한 '뉴노멀' 스마트관광

1) 공유경제: 생활의 민주화

누구나 한 번쯤 '남이 가진 능력을 내가 잠깐만이라도 빌려 쓸 수 있다면 얼마나 좋을까?'라고 상상해본 적이 있을 것이다. 외국인이 갑자기 길을 물어온다면 외국어를 잘하는 사람의 능력을 빌려 상세히 답해주고, 불면증으로 고통받고 있다면 잠을 잘 자는 사람의 능력을 빌려 숙면을 취할 수도 있을 것이다. 물론 상상 속의 이야기이긴 하지만, 공유경제sharing economy가 고도로 발달한 미래에는 플랫폼platform과 정보통신기술Information Communications Technology, ICT의 도움을 얻어 혹시라도 이런 일들이 가능해지지 않을까? 〈그림 1〉은 영국의 저명한 국제·정치·경제·문화 주간지 〈이코노미스트The Economist〉의 표지에 소개된 그림으로, 공유경제가 일상이 된 미래의 생활을 단편적으로 보여준다. 집, 자동차, 생활용품 등 모든 제품을 공유경제 모델 기반으로 소비하며, 심지어 애완견을 산책시키는 데도 공유경제 서비스를 활용하고 있다. 물론, 미래 생활에서도 공유경제가 전통적인 경제를 완전히 대체할 순 없겠지만, 경기침체, 친환경 인식 제고, 스마트폰 확산 등으로 인해 그 비중이 높아지고 있는 것만은 분명해 보인다. 또한, 최근 코로나19 팬데믹 확산으로 인한 온디맨드on-demand(공급 중심이 아니라 수요가 모든 것을 결정하는 시스템이나 전략) 서비스 활성화로 이러한 현상에 점점 가속도가 붙고 있음도 주지할 필요가 있다.

소비의 개념이 소유ownership에서 공유 및 접근sharing and access으로 바뀌어 감에 따라, 소비자는 유명 맛집의 음식 서비스에서부터 쇼핑, 배달, 주차, 세차, 세탁, 청소, 컨설팅, 심부름, 심지어는 의료 서비스

〈그림 1〉 공유경제가 활성화된 미래의 생활

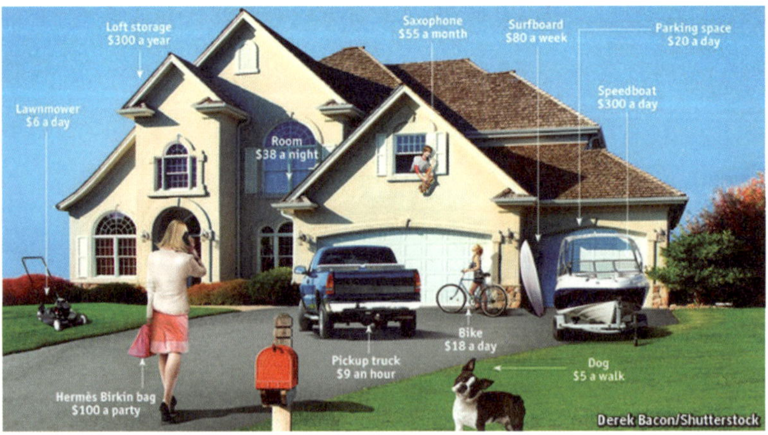

출처: The Economist, 2013.

에 이르기까지 필요할 때마다 그때그때 언택트untact 형태로 소비할 수 있게 되었다. 이러한 소비는 과거에는 부를 독점했던 왕이나 귀족들만이 한정적으로 누릴 수 있는 호화로운 생활의 일부로 여겨졌으나, 공유경제의 활성화로 이제는 일반 대중도 이 모든 서비스를 저렴한 가격으로 자유롭게 누릴 수 있는 '생활의 민주화' 시대가 열린 것이다. 이러한 현상을 미국의 저명한 일간지 〈월스트리트 저널The Wall Street Journal〉에서는 "모든 것이 우버화(Uberization 혹은 Uberfication)되고 있다"라고 표현하고 있다(Fowler, 2015). 이렇듯 공유경제의 개념은 어느새가 우리 생활 깊숙이 침투해 있으며, 우리가 인지하든 인지하지 못하든 단순 상품에 대한 협력적 소비의 수준을 뛰어넘어 서비스, 제조, 금융, 관광 등으로 그 영역을 빠르게 넓혀가고 있다.

공유경제는 플랫폼 등을 활용하여 개인 소유의 자산 및 서비스를 타인과 공유하여 이용함으로써 효율성을 제고하는 경제모델로 정의할 수 있다(기획재정부, 2019). 즉, 기존의 전통적인 경제(상업경제 혹은 소유경제)가 '한 사람을 위한 하나의 제품(one for one)' 생산 및 소비를 강조한다면, 공유경제는 '여러 사람을 위한 하나의 제품(one for every one)'에 중점을 둔다는 점에서 차별성이 있다. '공유경제'라는 개념은 2008년 미국 하버드대학교 로렌스 레식Lawrence Lessig 교수의 저서 『리믹스Remix』에서 최초로 소개되었다(박문수 외, 2016). 레식 교수는 공유경제를 상업경제와 대비되는 개념으로 보고, 이미 생산된 제품을 구성원 간 공유하는 형태의 경제 활동으로 정의한 바 있다. 즉, 상업경제는 돈과 노동, 수요와 공급의 법칙에 따라 작동하는 전통적인 경제를 의미하는 데 반해, 공유경제는 거래되는 물품이나 서비스를 누군가가 소유하는 것이 아니라 여러 소비자가 공유하여 이용하는 협력적 소비collaborative consumption 개념을 기초로 발전한 경제모델인 것이다. 한편, 레이첼 보츠먼Rachel Botsman과 리사 갠스키Lisa Gansky 등은 레식 교수의 정의를 온·오프라인 전체를 아우르는 개념으로 확장해, ICT 플랫폼을 기반으로 다른 사람들과 재화를 공유함으로써 새로운 가치를 창출하는 비즈니스 모델 및 현상으로 공유경제를 설명하고 있다(문화체육관광부, 2016). 인터넷과 모바일, 소셜네트워크 서비스Social Network Service, SNS, 플랫폼 기술 등이 발달하면서, ICT를 중심으로 산업 및 온라인·오프라인 간 융합 현상이 활발히 일어나게 되었다. 최근에는 4차 산업혁명을 촉발하고 있는 빅데이터, 인공지능, 클라우드, 사물인터넷 등의 지능정보기술과 접목되면서 공유경제 모델이 급속히 확산되는 계기가 되었다.

공유경제 모델의 구체적인 작동 원리는 〈그림 2〉와 같다. 공유경제 플랫폼 기업은 대여자의 유휴자원을 이용자에게 중개하고 이용자는 그에 따른 대여료를 대여자에게 지급하며, 플랫폼은 대여료의 일정 부분을 수수료로 취하게 된다. 이때, 플랫폼에 대한 신뢰trust와 대여자·이용자 간 후기를 통한 피드백feedback이 상호작용하며 공유경제 활동이 가능해진다(이한나 외, 2017). 이러한 공유경제 모델에서는 이용자 간 협력적 소비가 근간을 차지하기 때문에, 대여자(생산자)와 이용자(소비자) 간, 그리고 플랫폼과 이용자 간 신뢰 구축이 가장 중요한 성공요인 가운데 하나로 간주된다(Yang et al., 2019). 이렇듯 공유경제 모델 참여자들은 기존에 거래되지 않던 유휴자원 공유를 통해 발생하는 경제적인 이익을 나눠 가지는 동시에 거래비용transaction cost 또한 감소시킴으로써 경제적·사회적 효율성을 제고하고 소비자 만족도 및 후생 증진을 도모할 수 있게 된다(기획재정부, 2019). 이외에도 공유경제의 대표적 기대효과로 새로운 일자리 창출, 사회 배려계층 소득 증대 및 안정화, 환경보호 등을 꼽을 수 있으며, 궁극적으로는 모든 소비자가 양질의 서비스를 저렴한 비용으로 누리는 '생활의 민주화' 달성에 이바지할 수 있을 것으로 기대된다.

실제 세계 공유경제 시장은 미주, 유럽, 아시아 시장을 중심으로 급성장하여 매출 기준 2014년 150억 달러에서 2025년 3,350억 달러로 확대될 전망이다(PWC, 2015). 2018년 말 기준, 세계 상위 10대 유니콘Unicorn 기업[1] 가운데 공유경제 관련 기업이 4곳(우버 1위, 디디추싱 2위,

〈그림 2〉 공유경제 모델의 작동 원리

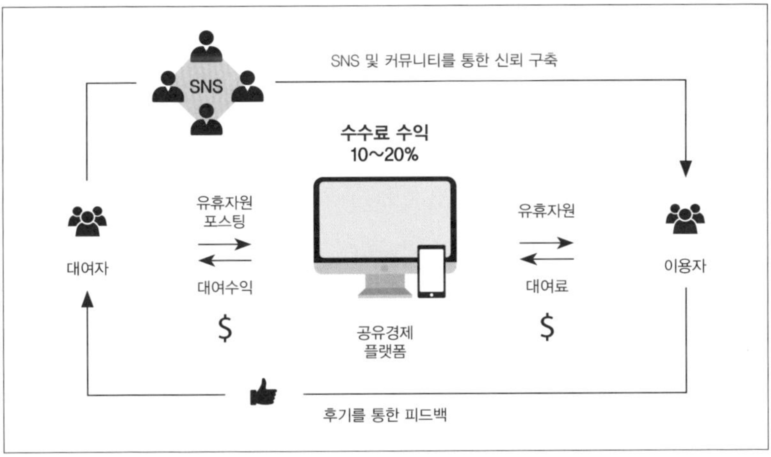

출처: 크라우드산업연구소, 2013.

1 기업 가치가 10억 달러(한화 약 1조 원) 이상이고 창업한 지 10년 이하인 비상장 스타트업 기업을 의미한다(위키백과, 2020).

에어비앤비 3위, 위워크 6위)을 차지할 정도로 빠르게 성장하고 있는 분야이기도 하다(기획재정부, 2019). 이렇듯 공유경제는 단순한 소비변화를 넘어 미래 혁신성장을 이끌 신서비스 사업모델로 세계 각국의 주목을 받고 있다. 또한 플랫폼과 ICT 발전으로 거래비용이 낮아짐에 따라 초기 구매비용이 높은 집, 자동차에서 자전거, 킥보드, 옷, 스마트폰 배터리, 우산, 전문가 서비스에 이르기까지 다양한 상품과 서비스 공유의 범위가 넓어지고 있다.

2) 관광 공유경제: 스마트관광으로 인한 관광의 민주화

3D프린팅 기술의 발전으로 공장 등 제조설비를 가진 기업이 아닌 개인도 창의적인 아이디어만 있으면 제품을 자유롭게 생산할 수 있게 된 것이 '제조의 민주화'라면, 핀테크 FinTech 기술의 발전으로 일반 서민, 가난한 사람들이 은행에 가지 않고도 다양한 금융 서비스를 자유롭게 누릴 수 있게 된 것을 '금융의 민주화'로 표현할 수 있다. 이와 마찬가지로, 경제적 여유가 없던 사람들이 스마트관광 smart tourism 의 발전 덕분에 예전에는 꿈도 꿀 수 없었던 관광을 저렴한 비용으로 자유롭게 누릴 수 있게 된 현상을 '관광의 민주화'로 설명할 수 있다. 실제 지난 10년 동안 에어비앤비(Airbnb, 숙박), 우버(Uber, 차량 이동), 잇위드(Eatwith, 소셜다이닝) 등으로 대표되는 플랫폼 기반 여행·관광 관련 공유경제 모델의 성공적인 도입과 정착 덕분에 관광객들이 머무는 숙박 공간, 여행 목적지까지의 이동, 음식 등 즐길 수 있는 다양한 여행 경험을 저렴한 가격에 제공받을 수 있게 되어 여행에 대한 진입장벽이 현저히 낮아질 수 있었다.

공유경제 모델의 등장으로 관광업계에도 롱테일의 법칙[2]이 적용되어, 여행자들은 플랫폼을 이용해서 다양한 서비스를 쉽고 빠르게 찾아보고 저렴하게 구매할 수 있게 되었다. 이로 인해 누구나 경험할 수 있는 일반적인 여행 경험을 넘어 본인의 니즈needs에 맞춘 독특하고 개인적인 경험, 또는 실제 그 지역 사람이 되어 짧은 시간 동안 지역민의 생활을 경험해보는 수준의 여행까지 누릴 수 있게 되었다. 〈그림 3〉은 공유경제로 인한 관광 트렌드의 변화를 롱테일 법칙을 따르고 있는 공유숙박 모델과 "현지인처럼 살아보기Live Like a Local"를 슬로건으로 내세우는 에어비앤비 사례를 통해 설명하고 있다. 숙박 분야에서 공유경제는 전통적 숙박 서비스와 차별화된 서비스를 제공할 수 있다. 예를 들어, 현지인이 제공하는 에어비앤비 숙소는 여행지 거주민의 삶의 방식을 직접 체험할 수 있는 독특한 문화 경험을 제공한다. 호스트host가 제공하는 서비스는 개별 숙소마다 다를 수 있지만, 에어비앤비의 게스트guest는 현지 가정집의 분위기를 오롯이 느끼며, 호스트가 준비한 현지 로컬음식을 경험할 수도 있고, 가까운 마트에서 식재료를 구입해 현지 요리를 직접 만들어 먹는 체험을 할 수도 있다. 이렇듯 숙박 공유 모델은 호텔에서 제공하는 표준화된 숙박 서비스와는 차별화된 경험을 제공함으로써 '관광의 민주화'를 선도한다.

---

2 파레토 법칙을 그래프에 나타냈을 때 꼬리처럼 긴 부분을 형성하는 80%의 부분을 의미한다. 선택과 집중이 강조되던 전통적 경제하에서는 종종 무시되었으나, ICT 및 플랫폼 기술의 발달 덕분에 이 부분도 경제적으로 중요한 의미를 가질 수 있게 되었는데, 이를 롱테일의 법칙이라고 한다(위키백과, 2021).

〈그림 3〉 공유경제로 인한 관광 트렌드의 변화

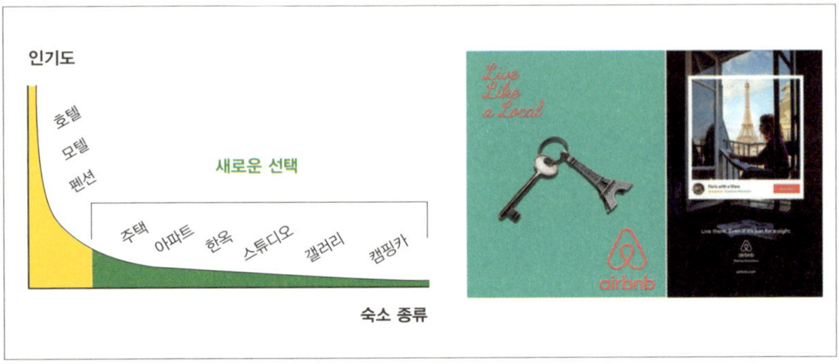

출처: 조산구, 2019; 에어비앤비 홈페이지.

한편, 에어비앤비, 우버 등과 같은 관광 공유경제 플랫폼의 출현으로 빈방, 자동차 등 유휴자원을 가지고 있는 개인은 누구나 관광사업을 시작할 수 있게 되었다. 또한 자신만의 독특한 경험과 기술을 플랫폼을 통해 자유롭게 공유하고, 이에 대한 반대급부로 경제적 이득을 취할 수 있게 되었다. 이러한 방식으로 취한 경제적 이득은 다시 새로운 경험을 위한 관광 소비로 이어져 관광산업의 선순환 및 확대가 이뤄지게 되었다. 즉, 관광 공유경제 모델은 기존 관광 생태계에서 배제되어 있던 개인 소비자들까지 참여시켜 관광 소비자가 되게 함과 동시에, 제품 및 서비스 제공자 혹은 정보의 생산자가 되게 함으로써 관광의 활성화에 크게 기여한다.

이렇듯 공유경제 모델이 기존의 관광 생태계를 교란하면서, 기존 관광업계 또한 경쟁에서 살아남기 위해 서비스 품질을 높이고 가격을 낮추는 등의 혁신을 시도하고 있다. 예를 들어, 프랑스의 국영철도 사업자인 SNCF는 저렴한 가격의 기차와 버스 서비스를 개발하여 블라블라카[BlaBlaCar]와 같은 차량 공유 서비스와 경쟁하고 있다. 또한 뉴욕과 시카고에서 우버와 리프트[Lyft]를 선두로 한 차량 공유 서비스가 활성화되면서 기존 택시업체들의 서비스 수준이 올라가, 결과적으로 승객들의 불만 접수 건수가 상당히 줄어든 사례도 보고된 바 있다(Technology Policy Institute, 2015). 이러한 현상은 여행객들이 양질의 관광 서비스를 쉽고 저렴하게 경험할 수 있다는 점에서 매우 바람직한 변화로 볼 수 있다. 우수한 관광상품 및 서비스를 지속가능하게 제공할 수 있다는 점에서 관광 생태계의 장기적인 발전에도 긍정적인 역할을 수행할 것으로 기대된다. 새롭게 시장에 진입한 관광 공유경제 모델이 메기의 역할을 톡톡히 해내고 있는 셈이다.

산업적 측면에서도 공유경제 모델은 유연하게 적용되어 관광시장 확대에 기여할 수 있다. 예를 들어, 대규모 시설투자가 어렵고 관광수요 예측이 어려운 소도시나 농촌 지역에서도 안정적으로 숙소를 제공할 수 있다. 또한, 축제나 이벤트 등 특별 행사 기간 중 최고점에 이르는 수요도 유연하게 관리할 수 있는 장점이 있다. 가령, 지방 소도시에서 관광 성수기 수요를 대비하기 위해 막대한 비용을 투자해 호텔을 짓는다면, 비성수기에 수요 급감으로 인해 발생하는 적자를 감당하지 못할 것이다. 실제로 2018년 평창 동계올림픽 기간 중 에어비앤비 객실 수 증가율 1위 도시는 강릉(2,175%)이었다. 에어비앤비 숙박을 이용한 고객은 15,000명 이상으로, 이는 호텔 46개를 새롭게 지은 것과 같은 효과로 추정된다(배미정, 2019). 숙박 공유 및 차량 공유 모델은 숙박과 교통시설이 부족한 소도시에 외래 관광객을 유치하여, 대도시 및 특정 관광지를 중심으로 이뤄지던 관광을 소도시까지 확장하는 데 기여했다. 그뿐만 아니라 숙박비가 비싼 대도시에서도 호텔보다 저렴한 가격으로 다양한 체험을 즐길 수 있는 숙소를 제공하고, 언어가 통하지 않더라도 여행 목적지에 저렴하면서도 편리하고 안전하게 도착할 수 있도록 도움을 준다. 이를 통해 여행객의 숙소 및 교통수단 선택의 폭을 넓혀 여행지에 좀 더 오래 머무를 수 있도록 했다. 한편, 공유경제 모델 활용으로 인한 여행경비 감소로 여행 가능 인구 수 또한 확장되었다. 2016년 스위스 발레산 관광연구소Observatoire Valaisin du Tourisme는 에어비앤비가 스위스 방문에 미친 영향을 검증한 연구에서, 비싼 호텔비로 인해 스위스 여행을 주저했던 일부 관광객들이 호텔보다 저렴한 에어비앤비 숙소를 이용한 덕분에 스위스 도시의 틈새 관광시장이 확장됐다고 밝힌 바 있다(한국문화관광연구원, 2016).

공유경제는 최근 경제발전과 먹방 콘텐츠 유행 등의 영향으로 빠른 속도로 발전하고 있는 미식 관광시장의 확장에도 중요한 역할을 하고 있다. 연구 결과에 의하면, 세계 각국의 유명 관광도시와 관광기업들은 음식이 관광 다양화와 지역 및 국가 경제발전을 촉진할 수 있는 중요한 요소임을 분명히 인지하고 있으며, 관광지에서 경험하는 요리는 휴가 경험의 품질을 평가할 때 중요한 요소 가운데 하나로 꼽히고 있다(농림축산식품부, 2014). 2018년 외국인 관광객 3천만 명을 돌파하며 관광대국으로 급부상하고 있는 일본의 사례에서도 해외관광객 유치와 음식의 중요성을 찾아볼 수 있다. 일본정부관광국Japan National Tourism Organization, JNTO의 해외 프로모션 팀은 일본 관광시장이 성장한 여러 가지 이유 중, 전통음식 문화 등 체험관광 프로그램을 대거 개발하면서 해외 여행사들의 호평을 받고 있는 부분이 크다고 분석한 바 있다(문화체육관광부, 2013). 특히, 도쿄의 레스토랑은 미쉐린 가이드에서 발표하는 스타 레스토랑 중에서 프랑스 파리를 제치고 1위를 차지할 정도로 유명세를 타고 있다. 다양한 지역의 일본 음식을 경험하기 위해 일본의 소도시까지 여행을 다니는 일본 여행 마니아의 수 또한 최근 급증하고 있는 추세이다.

한편, 지역의 색다른 음식을 즐기고자 하는 음식 여행의 인기는 일반 레스토랑에서 경험하기 어려운 지역local 특유의 특성과 호스트의 개성을 동시에 느낄 수 있는 음식 공유 경험으로 확장되고 있다. 여행을 자주 다니는 소비자들은 이전보다 훨씬 실험적이고, 새로우며, 독특한 관광 경험을 원하고 있다. 음식 공유 서비스는 이러한 니즈를 충족시키기에 충분하므로, 호스트가 직접 요리한 지역의 독특한 음식을 경험하는 것은 여행의 경험을 확장하는 좋은 콘텐츠가 될 수 있다. 때로는 호스트가 진행하는 쿠킹 클래스cooking class에 참여해서 여행자가 직접 로컬 음식을 만들어보는 색다른 경험을 할 수도 있다. 이처럼 진정성 있고 차별화된 미식 경험에 대한 수요가 증가하고 '현지인처럼 살아보기'라는 여행 트렌드와 결합하면서, 기존 관광시장에 비해 좀 더 세분화된 틈새 관광시장이 확장되고 있다. 대표적 관광 공유경제 모델인 에어비앤비(Airbnb, 숙박), 우버(Uber, 차량)와 잇위드(Eatwith, 음식)가 어떤 곳이고, 이들 비즈니스 모델이 스마트관광 활성화에 어떠한 역할을 하고 있는지 살펴보도록 하자.

3) 대표적 관광 공유경제 모델: 에어비앤비, 우버, 잇위드

에어비앤비는 2008년 8월 샌프란시스코에서 시작된 세계 최대의 숙박 공유 서비스이다. 자신의 방이나 집, 별장 등 사람이 지낼 수 있는 모든 공간을 임대할 수 있다. 190곳이 넘는 국가에 위치한 3만 개 이상의 도시에서 숙박을 중개하고 있으며, 전 세계적으로 2초당 한 건씩 예약이 이뤄지고 있다. 에어비앤비는 누구나 하는 천편일률적인 여행에서 벗어나 맞춤형, 현지형 여행 수요가 증가하는 여행 트렌드를 배경으로 급속도로 성장했다. 에어비앤비는 공급자로서의 소비자인 '호스트'와 구매자로서의 소비자인 '게스트'가 에어비앤비 '플랫폼'을 통해 중개되어 공간을 공유하고, 이에 따른 수익이 분배되는 P2P Peer-to-Peer 방식으로 운영된다. 지난 수년간 넓은 공간과 주방을 원하는 가족 단위 여행객, 여유를 즐기고자 하는 여행객 등 수백만 명이 원하는 다양한 여행 목적에 맞춘 온디맨드 서비스를 제공함으로써 관광 공유경제 플랫폼을 정착시키는 데 기여했다. 〈그림 4〉는 에어비앤비의 모바일 플랫폼 화면이다.

에어비앤비 최고경영자 Chief Executive Officer, CEO인 브라이언 체스키 Brian Chesky는 2018년 발표한 『에어비앤비의 미래』에서 10년 후 연 10억 명이 넘는 사람이 에어비앤비를 이용해 숙박할 것이라는 미래 비전을 제시했다. 나아가, 일반적인 숙박 중개를 넘어 5성급 호텔 서비스를 경험할 수 있는 '플러스 Airbnb Plus'[3]와 '럭스 Airbnb Lux'[4] 서비스를

3 예술품, 가구, 편의시설 등 저마다의 개성을 갖춰 디자인된 숙소를 제공하는 서비스이다.

4 펜트하우스와 고급 맨션 숙소를 제공하는 프리미엄 서비스이다.

〈그림 4〉 에어비앤비 모바일 플랫폼

출처: 에어비앤비 홈페이지.

통해 좀 더 다양한 경험을 공유하겠다는 포부를 밝혔다. 에어비앤비는 숙소뿐만 아니라 여행 경험 서비스를 강화하기 위해 2016년 11월부터 시행하고 있는 '트립Airbnb Trip' 서비스도 확대할 계획을 세우고 있다. 에어비앤비 트립은 개성 있는 현지인이 기획하고 진행하는 여행 액티비티activity 제공 서비스로, 이를 통해 관광객이 여행하는 도시의 매력과 호스트만의 특별한 세계에 푹 빠질 수 있다. 트립 서비스의 호스팅은 숙소를 공유하고 있지 않아도 가능하고, 자신이 가진 취미나 기술, 전문지식 등을 공유할 수 있도록 제공되고 있다. 트립 서비스를 통해 관광객에게 잘 알려지지 않은 특별한 장소로 떠나는 여행, 사하라 사막에서 살아보기, 호스트와 함께 준비하는 다이닝 체험 등 다양한 경험을 할 수 있다. 또한, 이케아Ikea, 레고Lego, 타코벨Taco Bell, 루브르 박물관 등과 연계해, 숙박 공유 플랫폼을 넘어 특별한 '여행 경험'을 제공하는 경험경제 기업으로 거듭나려는 노력을 하고 있다(김지현, 2019).

우버는 2009년 미국 캘리포니아에서 시작된 스마트폰 기반의 승차 공유 서비스이다. 실질적인 우버 서비스는 2010년부터 시작되었으며, 공유된 차량의 운전기사와 승객을 모바일 앱을 통해 중개하는 서비스를 제공한다. 우버 2.0으로 일컬어지는 우버의 새 비전은 차량 공유 회사를 넘어 '토털 모빌리티total mobility' 기업으로 성장하는 것이다. 창업 10주년을 맞아 우버 최고운영책임자Chief Operating Officer, COO 바니 하포드Barney Harford는 우버를 자전거, 킥보드, 트럭, 헬기는 물론 로봇택시robot taxi, 자율주행 자동차 등 모든 이동수단을 연결하는 '다중 연결운송 서비스 플랫폼multi-modal mobility service platform'을 제공하는 회사로 성장시키겠다는 비전을 제시했다. 즉, 하나의 플랫폼을 통해 다양한 운송수단에 대한 솔루션을 동시에 제공하는 시스템을 구축하겠다는 것이다. 〈그림 5〉는 우버의 모바일 플랫폼 화면이다.

우버는 미래 교통시장을 선점하기 위해 천문학적인 비용을 자율주행 자동차 및 로봇택시에 투자하고 있다. 2020년 댈러스, LA, 두바이 등의 도시에서 유인 드론 형태로 개발되는 에어택시air taxi를 테스트하고, 2023년 상용화를 거쳐 2028년 보편적 서비스로 확대하는 것을 목표로 미항공우주국National Aeronautics and Space Administration, NASA과 무인교통 관리시스템 공동 개발에 착수했다. 에어택시의 승하차 지역은 도심 외곽에 위치하고 있으나, 이 지점까지 우버나 공유자전거, 공유킥보드를 타고 이동할 수 있으므로 자연스럽게 스마트관광도시smart tourism city 구현을 위한 멀티 모달 모빌리티multi-modal mobility 플랫폼 구

〈그림 5〉 우버 모바일 플랫폼

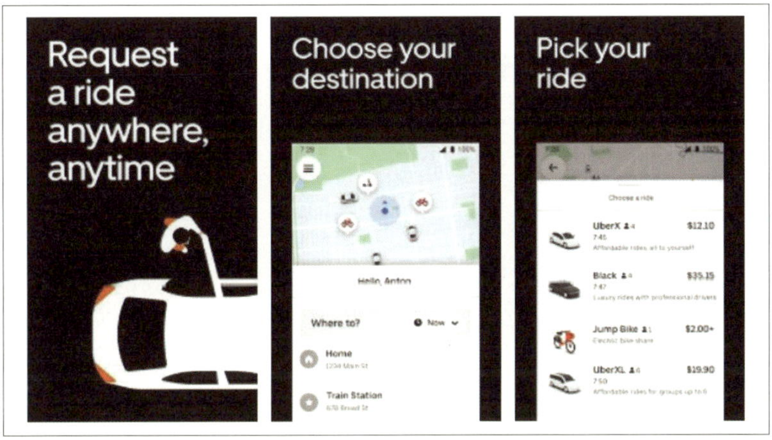

출처: 우버 홈페이지.

현이 가능하다. 향후 자율주행 로봇택시를 활용한 차량 공유 서비스가 이뤄질 경우, 사용자는 기존의 'door-to-door' 단계의 이동을 넘어 'point-to-point' 단계로 보다 정교하게 이동할 수 있게 된다. 이를 통해 원하는 층의 번호를 누르면 알아서 움직이는 엘리베이터와 같은 서비스를 받을 수 있게 될 것으로 기대된다.

식사와 여행 경험 분야에서 공유경제 모델은 아직 걸음마 단계에 있다. 잇위드는 이 분야에서 주목받고 있는 스타트업으로, 여행객과 지역주민을 전 세계 도시의 호스트가 제공하는 식사 경험과 연결해주는 플랫폼을 제공하며 관광시장을 더 매력적이고 흥미로운 곳으로 만들고 있다. 잇위드의 비즈니스 모델은 에어비앤비와 유사하다. 전문요리사 또는 개인적으로 요리를 제공할 수 있는 제공자(호스트)는 직접 집에서 조리한 식사 메뉴와 제공 장소를 가격과 함께 잇위드 플랫폼 목록에 올린다. 여행자와 지역주민은 식사 옵션을 확인하고 식사비를 지급함으로써 식사 경험을 예약할 수 있다. 이때 잇위드 플랫폼은 일정 규모의 수수료를 제외하고 호스트에게 서비스 비용을 전달한다. 또한 신뢰를 바탕으로 한 안정적인 시스템 운영을 위해 식사 이미지, 호스트 정보, 식사 장소의 위치와 지도, 식사 이벤트에 대한 구체적인 정보, 이전 고객들의 식사 경험 후기 등을 추가로 제공한다. 잇위드의 식사 공유 서비스는 트립어드바이저TripAdvisor와 같은 다른 온라인 리뷰online review 플랫폼과의 파트너십으로 브랜드를 더욱 공고히 하는 동시에 고객이 꾸준히 접근할 수 있도록 지원하고 있다. 〈그림 6〉은 잇위드 비즈니스 모델의 작동 원리를 설명한다.

〈그림 6〉 잇위드 비즈니스 모델의 작동 원리

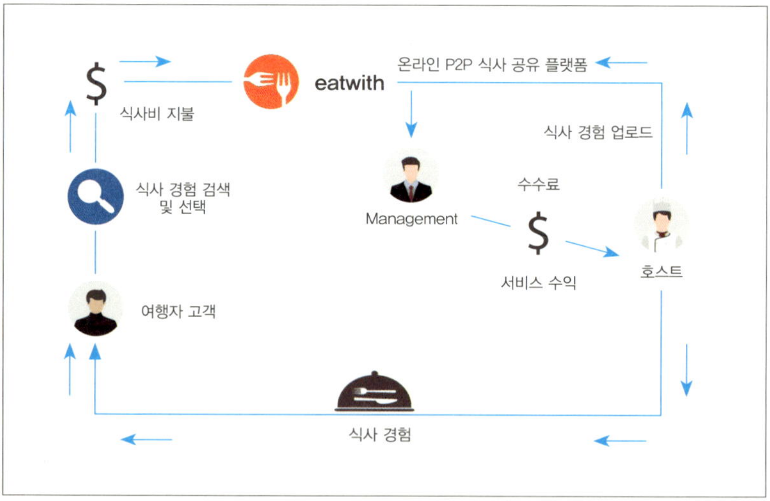

출처: 정남호 외, 2019.

2. 공유경제 시대의 스마트관광도시

1) 공유경제로 인한 일상의 관광화, 글로컬 관광이 답이다

새로운 매력을 발견할 수 있는 소도시 및 구도심 여행이 최근 많은 주목을 받고 있다. 2018년 여행 트렌드로 한국관광공사는 "구도심 여행", 하나투어는 "낯선 소도시에 대한 수요"를 꼽은 바 있다. 지역마다 구도심을 중심으로 지역 고유의 문화·예술·역사를 콘텐츠화 한 "지역 밀착형 도시재생 프로젝트"를 펼치고 있는 것도 이러한 트렌드의 연장선상에 있는 것으로 이해할 수 있다. 또한, 오랜 세월을 담고 있는 국내 전통시장은 낡은 이미지를 벗고 지역의 특색 있는 먹거리가 넘쳐나는 푸드트럭 거리, 핸드메이드 상점, 지역색을 살린 야시장 등으로 탈바꿈하여 새로운 관광수요를 창출하고 있다. 이러한 현상은 관광과 일상이 융합되고, 관광의 형태가 단순한 관람이 아닌 직접 체험 형태로 진화하면서 생겨난 것들이다. 외래 관광객들은 지역의 독특한 정체성이 살아 있고, 주민들의 살아 있는 일상을 경험하며, 직접 현지인처럼 살아보는 체험여행의 목적지로 구도심, 소도시, 전통시장 등을 꼽는다. 특히, 여행 경험이 많은 관광객들은 역사유적이나 뛰어난 자연풍경 등으로 잘 알려진 유명 관광지보다 현지 문화를 직접 경험해볼 수 있는 마을, 거리, 시장 등 지역주민들의 일상생활 공간을 더 선호하는 경향을 보인다. 이러한 현상은 일상 공간이 관광 공간화되는 '일상의 관광화'로 해석될 수 있다(Uriely, 2005).

이러한 '일상의 관광화' 현상은 숙박 공유, 차량 공유 등의 공유경제 서비스가 활성화되면서 본격적으로 나타나기 시작했다. 이는 공유경제 이용으로 인한 여행경비 감소로 여행에 대한 진입장벽이 낮아짐과 동시에, 단체 패키지 여행에서 개별적인 여행으로, 다시 구도심·소도시·골목·전통시장 등을 직접 체험하는 동네 여행으로 관광 트렌드가 바뀌면서 그 속도가 점점 빨라지고 있다. 최근 온라인 리뷰 사이트, 블로그, SNS, 유튜브, 여행 커뮤니티 등을 통한 개인 간 여행 경험의 활발한 공유도 이러한 현상에 일조하고 있다. 예를 들어, 일본 야마구치현 나가토시의 모토노스미 신사는 잘 알려지지 않은 관광지였지만, 2004년 SNS를 통해 '절경지'로 화제를 모으며 널리 알려져 2017년에만 무려 108만 명이 방문하는 관광명소가 되었다. 이는 지방 곳곳에 숨어 있는 원석을 발굴하여 세계적인 관광자원 콘텐츠화에 성공한 일본의 '글로컬 관광glocal tourism'[5] 전략이 빛을 발한 사례다. 여기에 통신, 교통, 결제 환경, 언어문제 해결을 위한 지역의 스마트관광도시 구축 전략이 한데 어우러져 일본의 소도시 여행 열풍이 일어나게 된 것이다.

이러한 구도심 및 소도시 관광의 인기는 부작용을 초래하기도 한다. 대규모 관광객을 수용할 준비가 되어 있지 않은 특정 지역으로 관광객이 급증하면서 다양한 부정적 사회문제가 생기는 것이다. 지역의 관광 수용 한계를 초과하는 관광객이 유입되면서(오버투어리즘) 거주지의 지나친 혼잡, 환경 훼손, 소음 발생 등으로 인한 주민 삶의 질 저하 문제가 나타나기도 했다(박주영, 2018). 이로 인해 투

5 세계화(global)와 현지화(local)를 합성한 단어로, 지역 특성을 살리는 동시에 세계화를 추구하는 관광을 의미한다.

어리스티피케이션touristification[6], 관광혐오증tourism-phobia, 디즈니피케이션disneyfication[7] 등 다양한 신조어를 양산하며 각종 사회문제를 일으키고 있다. 관광혐오증이 퍼지고 있는 바르셀로나, 베네치아, 암스테르담 등 유럽의 대표 관광도시들은 공통적으로 에어비앤비와 우버를 투어리스티피케이션을 조장하는 제1공적으로 지목하고 있다. 관광 공유경제는 어쩌다가 시민들에게 환영받지 못하는 '적'의 대상이 되어버린 것일까? 관광객과 지역주민이 함께 잘살 수 있는 지속가능한 관광sustainable tourism을 실현하면서, 관광 공유경제 산업이 함께 성장할 수 있는 방법은 없는 것일까? 정답은 바로 글로컬 관광과 스마트관광도시에서 찾을 수 있다.

우선, 글로컬 관광은 지방 분권화 시대에 지역경제 활성화에 도움을 줄 수 있는 핵심산업이다. 일본은 2014년까지 한국에 비해 외래 관광객 수에서 뒤처지고 있었으나, 2015년 한국을 따라잡은 이후 그 격차가 크게 벌어지고 있다. 이러한 일본의 관광진흥 정책은 글로컬 관광의 성공으로 요약할 수 있다. 즉, 내·외국인 관광객이 찾을 만한 지역마다 특색 있는 볼거리와 체험상품을 개발하고, 이들이 다시 찾아올 수 있도록 도시 인프라를 정비한 것이다. 일본관광청은 "글로컬 관광은 인구 감소를 겪고 있는 일본 소도시 성장 전략의

6 '관광지화되다'라는 의미의 'touristify(투어리스티파이)'와 외부인이 유입되면서 월세나 임대료가 올라 원주민이 쫓겨나는 현상을 의미하는 'gentrification(젠트리피케이션)'의 합성어이다.

7 1991년 피터 팔론(Peter Fallon) 뉴욕대학교 교수가 처음 사용한 용어로, 도시가 고유의 정취를 잃고 미국 놀이공원인 디즈니랜드처럼 관광객 놀이터로 변해간다는 뜻의 신조어이다.

기둥이자 지방 발전을 위한 비장의 카드"라고 말한 바 있다(한국경제, 2019). 일본의 글로컬 관광은 2003년 '비지트 재팬visit Japan' 캠페인을 시작으로 본격적으로 추진되었다. 예를 들어, 홋카이도 지역을 중심으로 이와테, 아키타, 아오모리 등 4개 현이 지역의 공동 마케팅에 참여하며, 지역 어디서나 스트레스 없이 편리하게 여행할 수 있도록 인프라를 세심하게 구축하는 방식으로 진행되었다. 대도시나 유명 관광지뿐 아니라 한적한 시골 역에도 행선지 밑에 한국어, 중국어, 영어를 병기했으며, 통신과 교통, 결제 환경 등 여행에 필수적인 인프라 또한 여행객의 관점에서 최적화했다. 일본은 '관광대국화'를 위해 관광 관련 규제 완화 또한 적극적으로 추진했다. 2018년 6월 에어비앤비 등 공유숙박업을 내국인도 이용하고, 국가자격증이 없는 일반인도 통역안내사로 활동할 수 있도록 하여 노년층 일자리 창출을 적극적으로 지원한 것이 대표적이다. 2013년 6월부터 중국, 동남아에 대한 비자 발급 요건을 대폭 완화했으며, 외국인 관광객의 경우 편의점에서도 5,000엔 이상 구매할 경우 바로 면세 혜택을 누릴 수 있도록 조치했다.

글로컬 관광의 흐름 속에서, 우리나라의 관광정책은 어떻게 진행되고 있을까? 한국은 외국인들이 주로 방문하는 도시가 서울과 수도권(80.5%)에 심각하게 편중되어 있는데, 경기(15.8%), 부산(15.1%), 인천(8.7%), 제주(7.9%) 순으로 그 뒤를 잇고 있다(한국관광공사, 2018). 이러한 현상을 해소하기 위해 2016년 3월부터 서울-지방을 잇는 외국인 버스 여행상품 'K트래블 버스'를 운행하고 있다. 또한, 2018년 1월 문화체육관광부와 한국관광공사는 외래 관광객들의 수도권 집중 현상을 완화하고, 지역의 매력 있는 관광자원을 개발하기 위해 "2018 글로컬 관광 육성 사업"을 확대 추진한 바 있다. 총 10개의 지역별 테마와 대표 여행 코스를 정리하고 홍보·마케팅을 진행했다. 대표적으로 대구 근대골목과 서문시장, 동성로 등의 콘텐츠로 구성된 "진짜 즐기는 진짜 대구 여행", 전남(여수, 순천)의 돌게장정식, 돌산갓김치 등 먹거리와 연계한 "여수 밤바다" 등의 여행 코스가 있다. 또한, 2019년 "코리아 그랜드세일"에서는 외국인 관광객이 선호하는 관광상품에 맞춰 다양한 할인행사뿐 아니라 "K트래블 버스 1+1" 행사를 통해 서울과 지방을 잇는 버스 여행상품도 홍보했다. 구도심의 매력을 경험할 수 있도록 유명 요리사와 함께 둘러보는 청진옥, 우래옥, 하동관 등 "노포투어"도 마련한 바 있다.

외국인 개별 여행자Free Individual Traveler, FIT는 관광산업에서 롱테일에 해당한다. 인구 감소를 겪고 있는 지방의 수요가 줄어들어 돈 쓸 사람이 없으면, 돈 쓸 사람을 불러오는 것이 해결책이 될 수 있다. 외국인 개별 여행자는 연령, 관심, 사고방식 등이 다양하다. 따라서 '꼭 봐야 할', '추천하는' 여행지보다 좀 더 색다르게 여행을 즐길 가능성이 크다. 그들은 좀 더 유연하게 관심사에 맞춰 여행 일정을 조정하고, 새로운 관심거리가 생기면 누군가에게 의지하지 않고 예정치 않은 곳으로 스스로 이동하며 경험한다. 이런 점에서 한국의 글로컬 관광정책은 좀 더 '스마트'하게 구성될 필요가 있다. 즉, 스스로 결정할 수 있는 여행자의 자기결정성self-determination을 강화하고, 현지인의 삶을 그대로 느낄 수 있는 지역성locality을 보장하며, 마지막으로 스마트 관광도시로 나아가기 위한 지속가능성sustainability을 확보하는 방향으로 발전해야 한다. 이제, 오버투어리즘 문제를 해결하기 위한 스마트 관광도시들의 대표적 사례를 통해 공유경제 모델의 역할을 살펴보도록 하자.

2) 스마트관광도시 구축을 위한 공유경제 모델의 역할

최근 전 세계의 유명 관광지가 오버투어리즘 문제로 고통받고 있다. 프랑스 파리, 스페인 바르셀로나, 이탈리아 베니스, 네덜란드 암스테르담 등 유럽의 유명 도시뿐만 아니라 인도 타지마할, 캄보디아 앙코르와트, 중국 리장, 페루 마추피추 등이 대표적이다. 굴뚝 없는 산업으로 지속가능성을 자랑하던 관광산업이 주민들의 삶을 파괴하는 골칫거리로 전락할 위기에 놓인 것이다. 이들 도시는 관광객의 급증이 지역사회를 어떻게 변화시킬지에 대한 파급력을 미처 예상하지 못한 채, 관광객으로 인해 지역경제가 활기를 띠고 일자리를 찾는 젊은이들의 유입으로 도시의 활동성이 강화될 것만을 기대하며 관광 촉진 일변도의 정책을 펼쳐왔다. 그 결과, 넘쳐나는 관광객으로 인한 환경 훼손, 소음공해, 교통혼잡, 임대료 상승, 범죄 발생, 주민 삶의 공간 침해 등 각종 사회문제가 일어났으며, 이에 항의하는 시위가 곳곳에서 일어나고 있다. 이로 인해 삶의 터전을 떠나는 주민이 생겨나고, 살고 있는 주민마저 예전의 평온했던 삶을 잃어버리는, 즉, 관광객만 남고 주민은 없는 도시로 전락하는 상황이 발생하고 있다.

이러한 오버투어리즘이 나타나게 된 배경을 수요, 공급, 접근성 측면에서 생각해볼 수 있다. 우선, 관광수요 측면에서 살펴보면, 관광을 즐길 수 있는 여유 있는 중산층이 전 세계적으로 증가하면서 여행이 대중화, 일상화된 것에서 근거를 찾을 수 있다. 특히, 저성장 국가였던 중국, 인도 등 동남아시아 국가들의 경제적 부흥으로 관광수요가 최근 급증하게 되었다. 관광 공급 측면에서는 저비용항공사Low Cost Carrier, LCC, 고속철도 등 편리하게 이용할 수 있는 빠른 교통수단이 이전보다 저렴하게 제공되면서 언제 어디로든 가볍게 여행을 떠나는 여행객이 증가한 것이 그 원인이다. 마지막으로, 스마트폰을 비롯한 ICT 기술의 발전, SNS를 통한 개인 간 관광정보 공유의 활성화도 관광상품 접근성 차원에서 중요한 이유로 꼽을 수 있다. 결국, 관광수요의 증가, 공급의 편리성, 접근의 용이성이 서로 시너지 효과를 일으키면서, 이미 알려진 유명 관광명소는 기존의 관광 수용력을 초과하게 되었고, 새롭게 떠오른 신흥 관광지는 관광수요에 대비하지 못한 채 과잉관광으로 인한 몸살을 앓게 된 것이다.

세계의 스마트관광도시들은 이러한 오버투어리즘 문제를 해결하기 위해 많은 노력을 기울이고 있다. 바르셀로나는 2014년 다큐멘터리 〈바이바이 바르셀로나Bye Bye Barcelona〉를 제작하여 오버투어리즘 현상에 대한 경각심을 불러일으켰다. 이후, 도시의 다양성과 정체성을 잃어버릴 수 있다는 주민의 호소에 부응해, 2015년부터 공무원, 학계, 지역주민 등으로 구성된 관광위원회를 구성하여 각종 이슈를 해결해 나가고 있다. 새로운 호텔 건축허가와 관광객 대상 단기임대 제한, 숙박업소를 통한 관광세 징수, 크루즈 관광객 입항 규제 정책 등이 모두 관광위원회의 결정으로 이뤄졌다. 또한, 스페인 내 잘 알려지지 않은 새로운 여행지를 "이곳보다 더 좋은 곳"으로 소개하는 방법을 통해 관광객을 분산시키고 있다. 한편, 베네치아는 매년 2천만 명이 넘는 방문객으로 인해 발생하는 임대료 상승, 교통 혼잡, 유적 훼손, 오염 등의 문제를 해결하기 위해 "방문객 카운팅 시스템"을 도입해 시행 중이다. 암스테르담은 2016년 "도시균형정책"을 발표하고, 맥주 바이크[8] 금지, 여행세 인상, 유람선의 시 중심가 정박 금지 등의 결정을 내렸다. 암스테르담의 경우, 공유경제 모델에 제한을 둔 정책도 눈에 띈다. 관광객 유입으로 공유숙박과 불법 숙박업이 성행하자 시 중심가에서의 에어비앤비 영업 제한, 24시간 불법 에어비앤비 신고 핫라인 제도 등을 도입하여 운영 중에 있다. 또한, 여행객이 암스테르담 시티카드를 사용하는 것에 착안하여 카드에 칩을 내장해 여행자들의 행동 패턴을 분석했다. 그리고 그 결과를 토대로 시간대별 여행객이 몰리는 장소를 찾아내어, 관광객이 집중되는 시간에 다른 여행 코스를 안내하는 방법으로 관광객을 분산시킨다. ICT 기술이 오버투어리즘 원인 중 하나로 지적받고 있는 상황에서, 다시 ICT 기술을 사용해서 문제를 해결한다는 측면에서 흥미로운 방식이다. 한편, 코펜하겐은 새로운 레스토랑이나 바 개업을 금지하고 주민 밀집 거주지역을 "silent area"로 정해 관광객의 소음을 강력하게 통제하는 정책을 펴고 있다. 또한 산토리니는 하루 크루즈 여행 방문객 수를 8천 명으로 제한하는 정책을 시행하고 있다.

한국의 경우, 북촌 한옥마을과 이화 벽화마을 등에서 관광객을

8 자전거 의자와 바 테이블을 혼합해 만든 이동식 바로, 관광객이 올라타 맥주를 마시며 암스테르담 시내를 구경할 수 있다.

반대하는 주민 시위가 일어나기도 했다. 이화 벽화마을은 2013년 예술가의 지원으로 벽화거리가 조성되어 현지인과 관광객이 찾는 인기명소가 되었으나, 2016년 방문객들의 사생활 침해 등 과잉관광 문제를 견디지 못한 주민들이 벽화를 철거하기에 이르렀다. 북촌 한옥마을의 경우, 서울시와 종로구는 주민의 민원에 부응하기 위해 평일 오전 10시부터 오후 5시까지, 그리고 일요일에는 관광을 금지하는 "관광 허용시간 제도" 도입을 계획하고 있으며, 주민들로 구성된 '마을 지킴이'를 통해 지정 시간 외 관광 자제를 유도할 방침이다. 〈그림 7〉은 이화 벽화마을에서 진행하고 있는 "정숙관광 캠페인"을 소개한다. 낭만적인 밤바다와 포장마차의 만남으로 2016년 5월에 여수 종포 해양공원에 문을 연 낭만포차 거리도 해양공원의 쓰레기 문

〈그림 7〉 이화 벽화마을 정숙관광 캠페인

출처: 위키백과.

제와 취객 소음으로 주민들의 이전 요구가 계속되고 있다. "이전이냐? 폐지냐? 존치냐?"를 두고 고민이 깊어지고 있는 것이다. 이러한 상황에서 수원시는 획기적인 발상의 전환을 통해 공유자전거를 민관협력사업Public-Private Partnership, PPP의 파트너로 삼아 '스마트 교통 도시'로의 탈바꿈을 추진하고 있는 모범사례로 꼽힌다. 민간 공유자전거 업체인 모바이크의 시내 사업을 허용하는 대신, 일체의 금전적 지원 없이 시민들의 안전과 편의를 위한 '스마트한' 교통 인프라 구축을 위한 협력을 얻기로 한 것이다. 공유자전거를 통한 민관협력사업이 성공적으로 정착할 수 있을지에 대해서는 요금 결제, 개인정보 유출 등 산적한 문제가 많아 좀 더 지켜보아야겠지만, 아직 공유자전거를 도입하지 않은 지자체가 충분히 고려해볼 대안이 될 수 있다(김창훈, 2018).

이웃은 온데간데없고 시민이 살기 어려운 도시는 지역의 정체성이 사라져 결국 관광객들도 등을 돌리고 말 것이며, 지속가능한 성장력을 갖춘 매력적인 도시가 될 수 없을 것임은 자명한 사실이다. 오버투어리즘 문제를 해결하기 위한 대응은 해당 도시가 처한 상황과 관광객 현황에 따라 다르게 나타날 수밖에 없다. 하지만 중요한 점은 주민, 정부, 공공기관, 관광산업 관계자, 관광객 등 다양한 이해관계자가 모여 거버넌스 협의체governance council를 구성하고, 경제적 효과와 공공적인 관점을 모두 고려해 문제를 해결해 나가야 한다는 것이다. 이것저것 임시방편의 대응책을 마련하기보다 한국의 현실에 맞는 정책 마련이 시급하다. 관광선진국이 되기 위해서는 문제가 생기고 나서 해결하기보다 단계별 대응책에 대한 가이드라인guideline이

먼저 마련되어야 한다. 역설적으로 들릴 수 있지만, 오버투어리즘의 주범으로 지목받고 있는 공유경제 모델과 그 기반이 되는 플랫폼 기술 및 ICT를 적용하여 관광객의 자기결정권을 보장하면서도, 지역적 특성과 지속가능성을 확보하여 회복력resilience이 강한 스마트관광도시를 구축할 수 있게 되기를 기대해본다.

빅데이터와 함께 떠나는 상하이와 모스크바 여행

홍태호 _부산대학교 경영대학

1. 여행 온라인 리뷰의 빅데이터 분석을 활용한 스마트관광 가이드

1) 여행 온라인 리뷰와 빅데이터 분석

여행을 마치고 작성한 온라인 리뷰는 다른 이와 여행 경험을 공유하고, 잠재 여행자가 여행지에 대한 인상을 형성하는 데 도움을 준다. 또한, 여행 목적지에 대한 신뢰도뿐만 아니라 여행 의도에도 긍정적인 영향을 미친다. 여행은 경험적 특성이 있어서, 이미 여행을 다녀온 소비자의 온라인 리뷰를 통해 확보된 지식은 여행을 준비하는 소비자가 여행상품과 서비스를 선택하는 데 매우 유용하다. 새로운 여행을 준비하는 여행자들은 온라인 소셜네트워크를 통해 여행 경험을 광범위하게 공유하는데, 온라인 구전 eWOM, electronic word-of-mouth 은 다른 여행을 준비하는 여행자가 여행 관련 상품을 선택하는 데 중요한 영향을 끼친다. 여행을 준비하는 여행객들은 온라인 리뷰를 통해 풍부한 정보를 얻을 수 있지만, 온라인 고객정보 처리능력에 한계가 있어서 온라인 사용자들이 정보를 구별해내기가 어렵다. 반면에 텍스트로 제공되는 온라인 리뷰를 컴퓨터의 도움을 받아 수집·분석하게 되면, 인간의 처리 한계를 넘어서 원하는 온라인 리뷰를 여행을 준비하는 데 활용할 수 있다. 이미 많은 연구에서 긍정적·부정적 의견을 수집한 온라인 리뷰에 빅데이터 분석 기법을 적용하여, 온라인 리뷰에 대한 감성분석을 수행했다. 그뿐만 아니라 온라인 리뷰에 포함된 작성자의 감정을 분석하여, 작성된 글이 기대anticipation, 놀람surprise, 즐거움joy, 신뢰trust, 분노anger, 두려움fear, 역겨움disgust, 슬픔sadness 등의 **감정분석**을 수행할 수 있게 되었다.

이처럼 온라인 리뷰를 빅데이터로 분석하기 위한 핵심 기술은 온라인 리뷰 수집을 위한 웹 크롤링 기술과 수집된 리뷰의 분석을 위한 텍스트 마이닝으로 크게 나눌 수 있다. 웹 크롤링 기술이란 온라인 리뷰가 제공되는 해당 사이트를 일종의 에이전트가 방문하여 온라인 리뷰를 읽고, 분석하고자 하는 컴퓨터에 저장하는 과정에 해당한다. 문제는 우리가 읽고 쓰는 온라인 리뷰의 문장들은 모두 자연어라서, 웹 크롤링 후에는 이를 분석에 적합하도록 미리 전처리를 해야 한다는 것이다. 이러한 전처리로는 문장 부호와 같은 불용어를 제거하는 과정, 그리고 온라인 리뷰의 의미를 전달하는 핵심 키워드 추출이 있다. 핵심 키워드를 추출하면 이 키워드가 사용된 빈도와 분석된 의미를 해석할 수 있게 된다.

여행을 준비하는 관광객은 대부분 관광지를 찍은 사진을 보고 방문할 관광지에 대한 이미지를 형성하게 된다. 그러나 온라인 리뷰와 더불어 관광지 사진도 종류가 다양해서, 사진을 제공하는 리뷰 작성자의 의도를 명확히 파악하지 않으면 사진을 보고서 관광지를 정확히 이해할 수 없다. 예를 들어, 겨울에 설경이 매우 아름다운 관광지의 사진을 찍어서 온라인 리뷰와 같이 올렸다면, 이 리뷰를 보고 여름에 방문한 관광객은 눈 덮인 아름다운 관광지를 볼 수 없을 것이다. 이처럼 사진은 보이는 내용도 중요하지만, 그 속에는 작성자의 의도가 포함되어 있다. 이러한 작성자의 의도는 온라인 리뷰와 함께 관광지를 방문할 때 매우 중요한 단서가 된다. 따라서 온라인 리뷰에 대한 빅데이터 분석을 통해서 관광객들에게 적절한 사진을 추천해 주는 스마트관광 가이드를 프로그램으로 개발할 수 있다면, 방대한 온라인 리뷰를 이용해서 누구나 손쉽게 개인 관광 가이드를 둘 수 있게 된다. 여기서는 이러한 온라인 리뷰 빅데이터 분석을 활용한 스마트관광 가이드를 개발하는 방법을 알려줄 것이다. 또한 실제 적용가능한 예로 중국 상하이와 러시아 모스크바를 대상으로 빅데이터와 떠나는 스마트관광 가이드를 제안한다.

2) 온라인 리뷰 빅데이터 분석을 이용한 스마트관광 가이드

관광지에 대한 관광객의 온라인 리뷰를 제공하는 트립어드바이저와 같은 웹사이트를 대상으로 대량의 온라인 리뷰를 수집하고 분석하여 여행을 준비하는 관광객에게 관광 가이드를 제공하는 스마트관광 가이드의 프레임워크는 〈그림 1〉과 같이 구성된다. 첫 번째 단계로 데이터 수집과 전처리를 수행한다. 트립어드바이저와 같이 온라

〈그림 1〉 온라인 리뷰 빅데이터 분석을 활용한 스마트관광 가이드 프레임워크

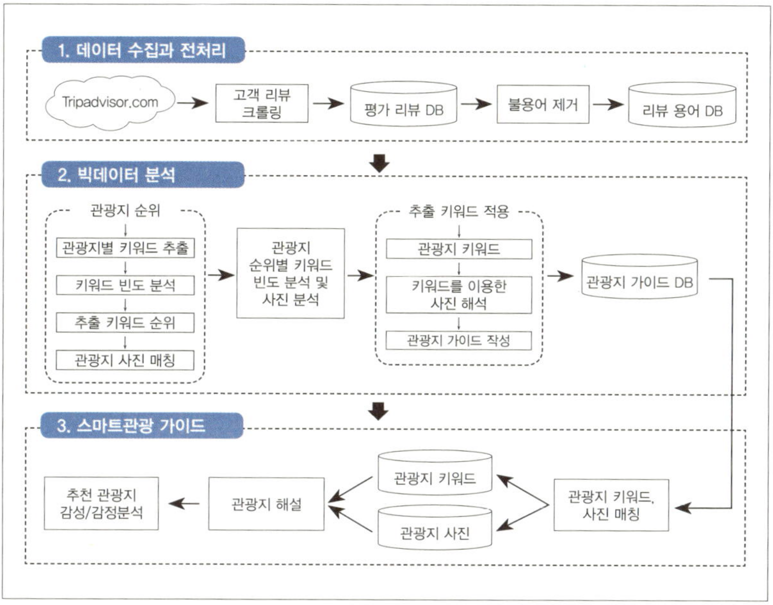

인 리뷰가 제공되는 사이트를 선정해서 자동으로 관광객의 리뷰를 크롤링하여 저장하고, 전처리를 통해 리뷰 용어 DB에 저장한다. 지금까지 많은 연구에서 사용된 전형적인 기술로, 본 장의 후반부에서 이러한 웹크롤링 기술을 적용할 수 있는 프로그램에 대해 구체적으로 살펴보도록 하겠다.

대부분의 관광객이 사전 정보를 통해서 방문할 도시를 결정하면, 도시 안의 관광지를 선정하는 절차를 거치게 된다. 두 번째 단계인 빅데이터 분석을 통해서 가장 많이 방문하는 상위 5개 관광지를 선정하여 키워드 분석을 수행한다. 이때 다른 관광객이 많이 방문한 것이 중요한 것이 아니라, 해당 관광지에 대한 설명을 들으면 훨씬

만족도 높은 관광을 할 수 있다는 점이 중요하다. 예를 들어, 케이블카를 타고 알프스산맥 정상에 올라가서 절경을 감상하는 것과 트램을 타고 알프스산맥 정상에 올라가는 것은 전혀 다른 관광이다. 관광을 준비하는 관광객 입장에서는 관광지가 정해졌어도 어떻게 관광지를 방문할지 결정하기가 어렵다. 만약, 이 과정에서 관광 가이드가 친절히 설명해준다면 한결 손쉽게 관광지 방문 계획을 짤 수 있을 것이다. 즉, 온라인 리뷰 빅데이터를 이용해서 스마트관광 가이드가 관광지를 방문하는 방법을 설명해준다면 관광 계획을 세우는 데 많은 도움이 될 것이다. 〈그림 1〉의 두 번째 단계에서 온라인 리뷰의 관광지별 빅데이터 분석을 통해 키워드를 추출하여 관광지에 대한 설명뿐 아니라 관광지를 방문하는 방법을 추천해줄 수 있다. 또한, 키워드 분석과 더불어 해당 관광지 이미지를 여행을 준비하는 관광객에게 같이 제공한다. 해당 관광지에 대한 수많은 사진 중에서 관광객에게 제공할 사진을 선별하는 것이 이 과정에서 무엇보다 중요하다. 관광지에 대한 설명과 이에 적합한 사진을 같이 제공하는 것이 세 번째 단계가 된다. 즉, 온라인 리뷰의 빅데이터 분석을 통해서 스마트관광 가이드가 방문 예정인 관광지 사진과 이에 알맞은 설명을 제공할 수 있게 된다.

이처럼 스마트관광 가이드를 개발해 활용하게 되면 관광을 준비하는 과정에서 여러 리뷰를 오랜 시간 읽고 분석하는 시간을 단축할 수 있다. 또한, 실제 방문 전에 관광지에 대한 설명을 제공받기 때문에 관광지에 대한 관광객의 만족도가 더욱 향상될 수 있다. 그동안 온라인 리뷰에 의존하여 여러 관광지를 방문하는 데 급급했다면, 이제는 스마트관광 가이드를 통해 해당 관광지의 특성에 걸맞은 스마트관광을 즐길 수 있다. 여기서는 중국의 상하이와 러시아의 모스크바를 대상으로 한 스마트관광 가이드를 예로 들겠다.

2. 스마트관광 가이드로 떠나는 상하이 여행

온라인 리뷰를 수집하는 에이전트agent는 일종의 소프트웨어로, 주어진 업무를 사람을 대신해서 수행하며 최근 R로 쉽게 구현할 수 있다. 중국 상하이 여행을 계획하는 한 관광객이 트립어드바이저에서 가장 인기 있는 관광지를 검색해 본인이 원하는 5개의 관광지를 선택한다고 해보자. 이런 경우 온라인 빅데이터 분석을 활용한 스마트관광 가이드의 적용 과정은 다음과 같다.

1) 상하이 관광 리뷰의 수집

중국 상하이는 과거와 현재가 공존하는 도시로서 현대적 관광지뿐만 아니라 중국 전통의 관광지 여러 곳이 있다. 트립어드바이저는 전 세계 호텔, 식당, 그리고 관광지에 대한 3억 1,500만 명 이상의 리뷰어와 5억 건 이상의 리뷰를 보유하고 있어 여행을 준비하는 관광객이 가장 많이 검색하는 사이트이다. 〈그림 2〉는 트립어드바이저의 리뷰 중 하나로, 리뷰 내용을 사이트에서 크롤링하여 빅데이터 분석에 주로 사용한다.

상하이의 관광지 중 동방명주를 대상으로 작성된 온라인 리뷰

〈그림 2〉 트립어드바이저의 리뷰 사례

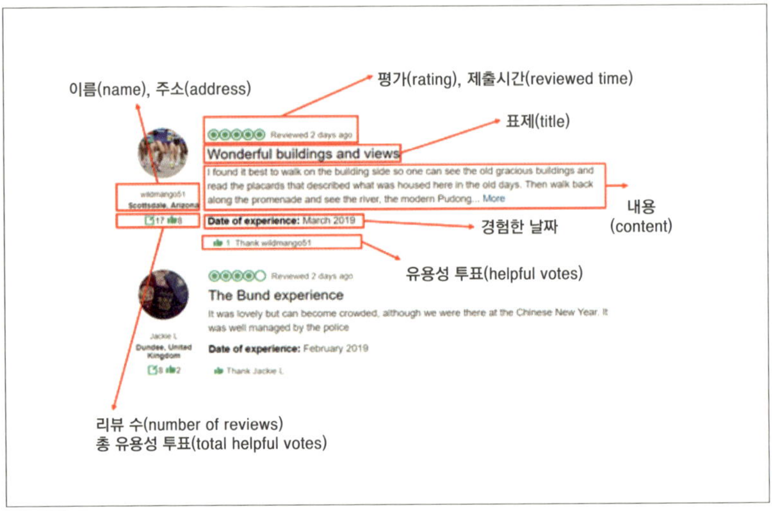

출처: 트립어드바이저 웹사이트.

의 웹 크롤링을 수행하는 에이전트를 R을 이용하여 〈그림 3〉과 같이 개발했다(단, 코드는 2021년 1월 기준으로 작성되었으며, 웹사이트의 구조가 변경되는 경우에는 프로그램이 추가로 수정되어야 함).

2) 상하이 스마트관광 가이드: 동방명주

동방명주탑은 467m로 1991년 7월 30일에 착공하여, 1994년 10월 1일에 완공되었다. 동방명주탑은 세계에서 다섯 번째로 높은 타워로 상하이를 대표하는 상징이다. 대부분의 관광객은 〈그림 4〉와 같이 외부 전경을 주간과 야간에 보는 것으로 관광 일정을 짜게 된다.

동방명주에 대한 온라인 리뷰 빅데이터를 분석해보자. 〈그림 5〉와 같이 R을 이용한 스마트관광 가이드로 "World Cloud Analysis"를

〈그림 3〉 트립어드바이저의 상하이 동방명주 웹 크롤링 에이전트 코드

```
#Shanghai Oriental Pearl Tower (Dongfang Ming-
zhu) web-crawling
#loading package
library(xml2)
library(rvest)
library(readr)
library(magrittr)
library(stringr)
#Target webpage contain reviews
urlmainlist=c(shanghai="https://www.tripadvisor.
com/Attraction_Review-g308272-d311602-Re
views-Oriental_Pearl_Tower_Dongfang_Ming-
zhu-Shanghai.html"
morepglist=list(shanghai=seq(5,10,5) #from 5 to
** length 5
)
#Restructure link of target page
pickattraction="shanghai"
urllinkmain=urlmainlist[pickattraction]
morepg=as.numeric(morepglist[[pickattraction]])
morepg=c("",morepg)
n<-length(morepg)
urllinkpre=paste(strsplit(urllinkmain,"Reviews-")
[[1]][1],"Reviews",sep="")
urllinkpost=strsplit(urllinkmain,"Reviews-")[[1]]
[2]
table.review <- data.frame()
for(i in morepg){
  urllink=paste(urllinkpre,"-or",i,"-",urllink-
post,sep="")
#한 페이지 내의 모든 리뷰를 추출
  reviews <- urllink %>%
    read_html() %>%
    html_nodes(".Dq9MAugU")

  #리뷰어의 정보
  #name
  name<-reviews %>%
    html_node(".ui_header_link") %>%
    html_text()

  # Review Title & link
  title <-reviews %>%
    html_node(".ocfR3SKN")%>%
    html_text()
  title_link <- reviews %>%
    html_node(".ocfR3SKN") %>%
    html_attr("href")

  # image count
  image<-reviews%>%
    html_node("._2ORvxE3b")
  image_count<-str_count(image,"_2K3Kg4pa")
#리뷰 내용
  # Star Rating
  rating <- reviews %>%
    html_node(".nf9vGX55") %>%
    html_node("span") %>%
    html_attr("class")%>%
    gsub("ui_bubble_rating bubble_", "",.)%>%
    gsub("0", "",.)%>%
    as.numeric()

  #date of experience
  date_of_experience<-reviews %>%
    html_node("._34Xs-BQm") %>%
    html_text() %>%
    gsub("Date of experience: ", "",.)
  #country
  country<-reviews %>%
    html_node("._1TuWwpYf") %>%
    html_text(".default")

  #helpful
  helpful<-reviews %>%
    html_node("._3d_mZXGr") %>%
    html_text()
  helpful <-gsub("[a-zA-Z]", "", helpful) %>%
    parse_number()


  temp.review <- data.frame(name, title, title_link,
image_count, rating,date_of_experience,coun-
try,helpful)
  table.review <- rbind(table.review,temp.review)
}## for "more" information
idd<-table.review$title_link
idd<-idd%>% paste("https://www.tripadvisor.
com",.,sep="")
table.reviewer <- data.frame()
for(i in idd){
  url<-i

  reviews <- url %>%
    read_html() %>%
    html_node(".review-container")

  content<- reviews %>%
    html_node(".fullText") %>%
    html_text()%>%
    gsub("\n\n", "",. )

  temp_1.reviewer <- data.frame(content)
  table.reviewer <- rbind(table.reviewer,temp_1.
reviewer)
}review <-cbind(table.review,table.reviewer)
write.csv(review, file="Shanghai Oriental Pearl
Tower_reviews.csv")
```

분석하면 동방명주에서 Shanghai, tower, view, glass 등의 핵심단어를 추출하게 된다. Shanghai, tower, view는 일반적으로 관광객이 기대하

〈그림 4〉 주간과 야간의 동방명주 전경 사진

출처: https://kids.kiddle.co(왼쪽) | https://www.askideas.com(오른쪽).

〈그림 5〉 동방명주의 워드 클라우드 분석을 활용한 스마트관광 가이드

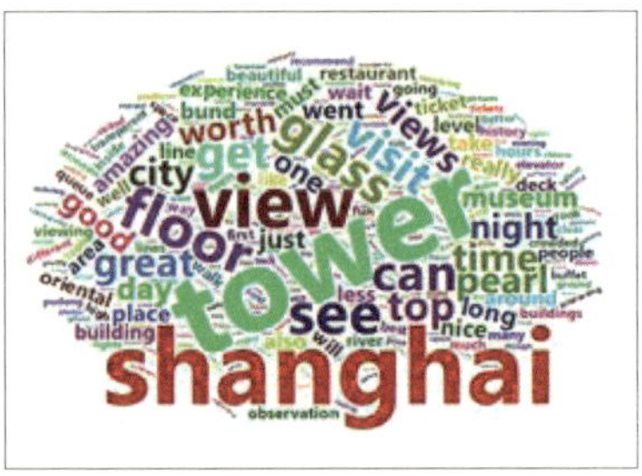

출처: https://worldwidewill.co.uk

는 관광지에 대한 이미지로서, 〈그림 4〉와 같이 외부에서 관광하는 것만으로도 충분하다. 그러나 네 번째 핵심 키워드인 "glass"를 통해 스마트관광 가이드는 동방명주 내부로 들어가, 유리 위에서 전망을

보라고 추천할 수 있다. 즉, 스마트관광 가이드는 내부에서 유리바닥을 통해 관람할 수 있는 사진을 같이 추천하여, 사람 관광 가이드가 관광객을 직접 안내하듯이 동방명주의 특성을 모두 활용하여 관광할 수 있게 도와준다.

동방명주에 대한 온라인 리뷰 빅데이터를 R을 통해 웹크롤링하여 "Word Cloud Analysis"를 활용한 프로그램 코드는 〈그림 6〉과 같다.

〈그림 6〉 동방명주 리뷰의 워드 클라우드 분석 에이전트 코드

```
library(tm)
library(wordcloud2)
mydata<- read.csv("review_data.csv")
attach(mydata)
corpus<-Corpus(VectorSource(mydata$content))
#corpus[[1]][1]
#Text cleaning
#Convert the text to lower case
corpus<- tm_map(corpus, content_transformer(tolower))
#Remove numbers
corpus<-tm_map(corpus, removeNumbers)
#Remove english common stopwords
corpus<-tm_map(corpus, removeWords, stopwords("english"))
#Remove punctuations
corpus<-tm_map(corpus, removePunctuation)
#Eliminate extrra white spaces
corpus<-tm_map(corpus, stripWhitespace)
#Remove additional stopwords
corpus<-tm_map(corpus, removeNumbers,c("get","told","gave","took","can","said","asked","will","even","
spoke","got","really"))
#corpus[[1]][1]
#Create TDM
tdm<- TermDocumentMatrix(corpus)
m<- as.matrix(tdm)
v<-sort(rowMeans(m),decreasing = TRUE)
d<-data.frame(word=names(v), freq=v)
#Delete values that are too small
newdata<-d[which(d$freq>0.02),]
wordcloud2(newdata, size = 1, minSize = 0, gridSize = 0,
        fontFamily = 'Segoe UI', fontWeight = 'bold',
        color = 'random-dark', backgroundColor = "white",
        minRotation = -pi/4, maxRotation = pi/4, shuffle = TRUE,
        rotateRatio = 0.4, shape = 'circle', ellipticity = 0.65,
        widgetsize = NULL, figPath = NULL, hoverFunction = NULL)
```

3) 상하이 관광지: 와이탄

상하이를 방문하는 관광객들이 가장 선호하는 관광지인 와이탄은 상하이를 반으로 가르는 황푸강黃浦江의 서쪽에 있다. 정확히는 1.5km에 이르는 강변대로로, 1920~1930년대에 지은 유럽풍 건물이 죽 늘어선 거리다. 당시는 상하이가 영국, 미국, 프랑스, 일본의 공동 조계지였던 시절이다. 중국 사람들은 이곳을 '외국인이 점령한 물가'라는 뜻에서 와이탄이라고 불렀는데, 이 거리는 지금도 80년 전 그대로다. 〈그림 7〉과 같이 1900년대 초 유럽식 건물이라, 관광객들은 중국에서 영국식 건물 양식을 즐길 수 있다.

스마트관광 가이드의 워드 클라우드 분석 결과를 보면 상하이에서 가장 인기 있는 키워드는 와이탄bund이라는 것을 알 수 있으며, 빌딩buildings 등 볼거리도 많다. 그리고 낮에는 볼 수 없었던 "night"라는 핵심 키워드를 통해서 야경이 더욱 보기 좋은 곳이라는 것을 설명한다. 또한 "river"라는 핵심 키워드를 통해 강변에 위치한 곳이라는 것을 알 수 있다. 상하이 와이탄 야경을 여유 있게 관광하기 위해서

〈그림 7〉 와이탄 거리의 영국식 건물 양식

출처: https://www.afar.com(왼쪽) | https://www.freepik.com(오른쪽).

〈그림 8〉 와이탄 거리의 영국식 건물 양식과 야경

출처: https://support.shutterstock.com

는 황포강의 유람선을 이용하는 것을 추천한다.

4) 상하이 관광지: 프랑스 조계지 이전거리

아편전쟁 이후 체결된 난징조약으로 외국인들이 거주할 수 있게 되면서 생긴 프랑스 조계지는 상하이에서 가장 유명한 조계지 중 하나이다. 아기자기한 유럽풍 건물과 석조물을 개조해 만든 상점들은 이곳의 매력을 한층 더 높여준다. 인근에 상하이 관광의 핵심인 상해임시정부 청사가 있어서 한국 사람들은 자연스럽게 이곳을 경유지로 많이 방문하기도 한다. 다만 트립어드바이저에 온라인 리뷰를 남긴 사람들 중 한국 사람의 비중이 매우 낮아서 이러한 한국만의 특징이 빅데이터 분석에 반영되지 않은 점은 아쉽다. 그럼에도 트립어드바이저 대신에 한국어 온라인 여행 사이트를 지금과 같은 방법으로 분석한다면 상해임시정부 청사에 대한 스마트관광 가이드를 한국인에게 알맞은 콘텐츠로 제공할 수 있다.

온라인 리뷰에 대한 워드 클라우드 분석을 해보면 프랑스 조계

〈그림 9〉 상하이 프랑스 조계지 이전거리와 워드 클라우드 분석

출처: http://es.meet-in-shanghai.net

지[french concession]가 핵심 키워드로 제시되며, shop과 restaurant이 추가로 핵심 키워드로 제공됨을 알 수 있다. 스마트관광 가이드는 이곳이 상하이에서 유명한 쇼핑거리일 뿐 아니라, 상하이 관광지 중에서 프랑스 식당이 유명하다는 것을 알려준다. 프랑스 조계지에는 유명한 디저트 식당이 있는데, 이 지역 관광객들이 방문하는 주요 관광지이기도 하다. 특히 라크레페리[La Creperie] 식당은 중국에서 즐기는 프랑스 디저트 카페로, 상하이 관광의 색다른 경험을 제공한다.

5) 상하이 관광지: 예원

상하이는 전통과 현대, 그리고 근대가 공존하는 특별한 도시이다. 도시 관광의 매력은 방문하는 도시의 역사를 잘 이해하고 관광지를 역사와 함께 조명하는 것이다. 여행을 준비하는 관광객이 방문 도시의

〈그림 10〉 예원의 전경과 워드 클라우드 분석 결과

출처: https://www.tripadvisor.com

역사를 별도로 공부하고, 관광지를 선정해서 그곳에 대해 이해하기는 쉽지 않은 일인데, 스마트관광 가이드는 역사에 기반한 관광지의 매력을 설명해줄 수 있다. 〈그림 10〉의 예원Yu Garden은 400년 전 명나라 관료였던 반윤단이 아버지를 기쁘게 하려고 조성한 정원이다. 조성 기간만 20년이나 걸린 아름다운 전경으로 유명하다. 흔히 말하는 고사성어 '점입가경漸入佳境'의 유래가 된 곳이기도 하다.

예원에 대한 워드 클라우드 분석 결과를 보면 핵심 키워드인

〈그림 11〉 구부러진 다리 구조로 지어진 예원의 모습

출처: https://www.myrealtrip.com(왼쪽) | https://www.edwud.com(오른쪽).

"garden", "shanghai", "beautiful"은 이미 예상한 내용이다. 여기서 "chinese"와 "old"라는 핵심 키워드를 통해 중국 전통의 건물 양식임을 추가로 알 수 있다. 이를 바탕으로 예원에 얽힌 내용을 더 깊게 들어가면, 과거 부정한 귀신이 집으로 들어오지 못하도록 물 위에 집을 짓고 연결되는 다리를 직각으로 꺾어서 9번 구불구불하게 만든 건축 양식은 매우 흥미롭다(〈그림 11〉).

6) 상하이의 온라인 리뷰 빅데이터의 감성분석과 감정분석

상하이 관광지 예원, 프랑스 예전 조계지, 상하이 세계금융센터, 동방명주, 와이탄 등에 대한 온라인 리뷰의 감성분석 결과, 평균 약 70% 정도의 관광객이 긍정적인 반응을 보인 반면 약 30%가 부정적인 반응을 보였다. 긍정적인 반응이 73.8%로 가장 높았던 관광지는 예원이었다. 결국 관광객들은 중국 역사 속의 불행한 과거이기도 한 상하이 조계지, 또는 동방명주와 세계금융센터 같은 현대적 관광지보다는 예원같이 중국 역사와 아름다움을 동시에 보여주는 관광지를 선호한다는 것을 알 수 있다. 감정분석 결과를 보면 8개 감정 중 기대anticipation, 기쁨joy, 신뢰trust, 놀람surprise 등 4대 감정이 주요하게 분석되었다. 즉, 상하이 관광지를 방문하여 온라인 리뷰를 작성할 때 관광객의 감정은 기대감, 기쁨, 신뢰, 그리고 놀람이 강하게 작용했다고 분석된다.

〈그림 12〉 상하이 관광지에 대한 감성 및 감정분석 결과

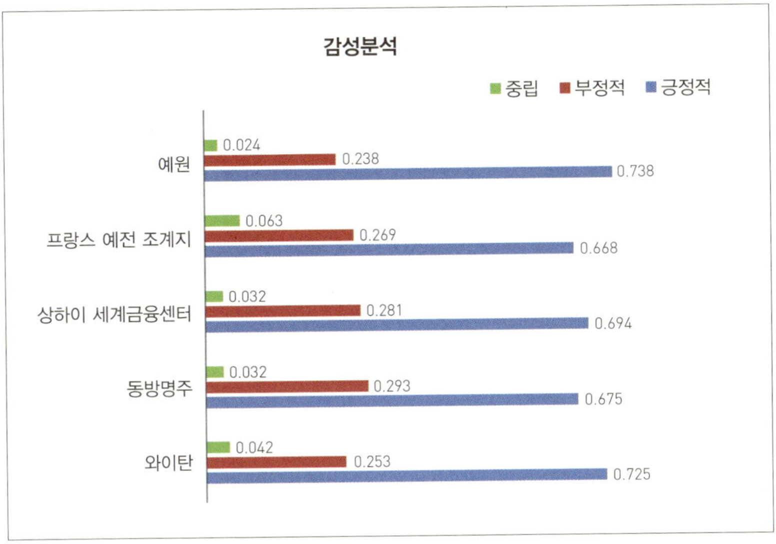

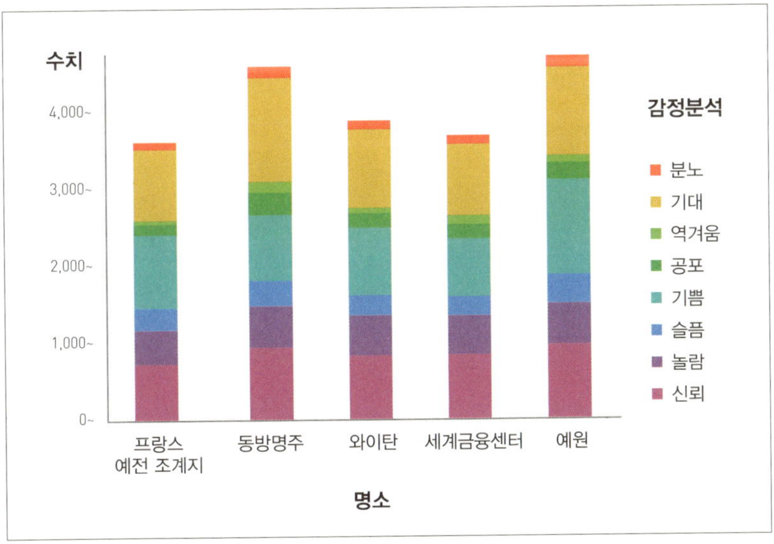

3. 스마트관광 가이드와 떠나는 모스크바 여행

러시아는 유럽과 아시아에 걸친 방대한 영토를 자랑하며 역사적·정치적·문화적으로 한국 사람들에게 다양한 이미지로 각인되어 있다. 특히 러시아의 수도 모스크바는 서유럽과는 거리가 많이 떨어져 있어 유럽 여행을 가는 관광객에게도 접근성 측면에서 쉽지 않은 관광지이다. 따라서 중국 상하이처럼 사전지식이 많지 않은 대표적인 관광지 모스크바의 온라인 리뷰를 빅데이터로 분석함으로써 모스크바에 대한 스마트관광 가이드를 할 수 있다. 트립어드바이저의 모스크바 리뷰를 기반으로 스마트관광 가이드를 실행하기 위해서, 웹크롤링에는 요즘 기계학습과 AI 프로그램에 가장 많이 사용되는 파이썬Python을 사용했다. 워드 클라우드 분석에는 상하이 관광지 분석에 사용된 것처럼 R을 사용했다.

1) 모스크바 관광지: 지하철

모스크바의 지하철은 기능성보다는 예술적 아름다움으로 많은 관광객의 사랑을 받고 있다. 모스크바 지하철에 대한 온라인 리뷰의 워드 클라우드 분석 결과 핵심 키워드는 "beautiful(아름다움)"이었다. 〈그림 13〉의 혁명광장 지하철역은 1938년에 건설되어 76개의 청동상이 있는 것으로 유명하다. 모스크바 사람들은 이 청동상에 손을 대면 소원이 이루어진다고 믿으며, 학생들은 청동개의 코를 문지르면 시험에 합격할 거라고 생각한다. 시인 마야콥스카야Vladimir Mayakovskaya의 이름을 따서 지은 마야콥스카야 지하철역은 제국 양식으로 지어져 제

〈그림 13〉 모스크바 지하철의 워드 클라우드 분석 결과

출처: http://swapcrossing.com(상단 오른쪽)
https://cdni.rbth.com(하단 왼쪽) | https://ko.m.wikipedia.org(하단 오른쪽).

2차 세계대전 때에는 대피처로도 활용되었다. 또한 지하철의 샹들리에를 보면 모스크바 지하철을 지하궁전이라고 하는 이유를 알 수 있다. 결국 스마트관광 가이드에 따르면 모스크바 지하철은 “Moscow,” “metro,” “station” 외에 “beautiful”만이 핵심 키워드로 추천된다.

2) 모스크바 관광지: 붉은광장

러시아를 상징하는 붉은광장Red Square의 온라인 리뷰에 대한 웹크롤링 빅데이터를 대상으로 워드 클라우드 분석과 사진 매칭을 해보면 붉은광장 외에 크렘린 궁전, 성당, 아름다움이라는 핵심 키워드를 스마트관광 가이드가 추천한다. 크렘린 궁전은 14~17세기 건축양식으

〈그림 14〉 모스크바 관광지의 워드 클라우드 분석 결과

출처: https://commons.wikimedia.org

로 러시아정교회를 대표하는 상트 바실리 대성당과 함께 붉은광장에 있다. 붉은광장에 대한 워드 클라우드 분석 결과는 크렘린 궁전, 성당, 그리고 아름다움으로 요약된다.

3) 모스크바 관광지: 트레티야코프 미술관

러시아의 대표적인 미술관 중 하나인 트레티야코프The State Tretyakov Gallery 미술관은 1918년부터 국유화되었다. 18세기 이후 러시아 미술 작품을 가장 많이 소장하고 있어 “gallery,” “art,” “painting” 등의 핵심 키워드로 요약된다. 상하이 온라인 리뷰와 다른 점은, 러시아 온라인 리뷰는 해당 관광지를 직접적으로 설명한다는 것이다. 대표적인 관광지의 성격이 광장, 궁전, 지하철, 미술관 등이어서 상하이와는 좀 더 다른 의미의 스마트관광 가이드 결과가 도출된다는 점도 재미있다.

〈그림 15〉 모스크바 트레티야코프 미술관의 워드 클라우드 분석 결과

출처: https://commons.wikimedia.org

4. 결론

도시 관광을 목적으로 방문하는 국가와 도시의 역사를 이해하면 관광이 훨씬 재미있고 더 많은 감동을 느낄 수 있다. 또한 관광지의 특성을 자세하게 파악한다면 더할 나위 없이 즐거운 여행으로 기억에 남을 것이다. 지금까지는 관광지의 현지 가이드가 제공하는 지식에 의존하거나, 여행을 준비하는 관광객 스스로 공부하고 정보를 찾아야 했다. 관광은 단순히 가서 보는 것이 아니라, 관광지 내면에 숨겨진 의미를 감정적으로 느끼고 체험하는 것이다. 게다가 코로나19의 영향으로 가이드가 함께하는 패키지 여행은 당분간 쉽지 않아 보여, 개별 관광이 가장 기대되는 영역으로 급부상하고 있다. 그렇지만 지금까지의 개별 관광은 개인이 일정을 짜는 데 시간과 노력이 많이 드는 것이 가장 큰 장애물로 작용했다. 물론 스마트폰 사용과 인터넷 검색에 익숙한 젊은 세대에게는 개별 관광을 위해 일정을 짜는 것이 흥미롭고 즐거운 과정이 될 수 있지만, 그렇지 않은 관광객들은 관광

가이드를 개별적으로 활용하기에는 비용이 부담스러워 결국 개별 관광을 포기하게 된다. 그러나 오늘날처럼 온라인 리뷰가 활성화되어 있고, 온라인 리뷰 빅데이터 분석을 통해 '스마트관광 가이드'를 개발 및 활용할 수 있다면, 누구나 손쉽게 관광 일정을 세우고 추억에 남는 여행을 떠나게 될 것이다. 더불어 개별 관광의 활성화에도 크게 기여할 수 있으므로, 머지않아 한국의 관광지를 대상으로 '한국형 스마트관광 가이드'의 개발과 보급 또한 기대해볼 수 있을 것이다.

인공지능을 활용한 관광수요 예측

김은미 _경희대학교 스마트관광연구소

1. 빅데이터와 관광수요

1) 빅데이터 환경에서의 관광수요

정보기술과 인터넷의 보편화로 사용자들은 소셜미디어와 같은 온라인 플랫폼에 자신의 경험과 의견을 직접 작성하며 다양한 형태의 정보를 생성하고 있다. 텍스트, 영상, 이미지 등 다양한 형태로 제공되는 방대한 정보가 타인과 실시간으로 공유되고 있다. 특히 관광지에 직접 방문했던 사용자들이 제공하는 정보는 직접 방문하여 경험하지 않으면 파악하기 어려운 구체적인 정보로, 잠재 관광객들의 관광지 선택에 유용한 정보를 제공한다. 관광 목적지를 선택하기 위해 관광지에 대한 정보 검색은 필수이며, 인터넷은 새로운 정보 검색의 수단이 되었다. 사용자들이 직접 작성한 관광 경험은 관광지에 대한 마케팅 채널 중 하나가 되었으며 관광지 방문에 대한 잠재 관광객들의 욕구를 자극할 수 있다.

관광수요는 경제, 사회, 정치 등 다양한 요인에 영향받으며, 그 반응속도도 매우 빠르게 나타난다. 빅데이터 환경에서 제공되는 방대한 데이터는 정치적인 이슈나 전염병과 같은 현재의 사회적 이슈를 빠르게 반영할 수 있으며 관광지의 현재 상황도 실시간으로 파악할 수 있다. 또한, 관광 밈meme 현상도 두드러진다. 관광 밈은 인터넷 밈의 영향을 강하게 받은 것으로, 자신의 관광 경험이 인터넷과 소셜미디어를 매개로 많은 사람에게 확산되며 하나의 관광 문화가 되는 현상이다(구철모, 2020). 사람들은 소셜미디어에 올라온 관광지와 동일한 관광 경험을 하기 위해 같은 관광지를 방문하기도 한다.

기존의 관광수요 예측은 관광지식정보시스템(www.tour.go.kr)에서 제공하거나 지자체에서 집계하는 통계자료를 많이 활용했다. 그러나 비교적 정확한 데이터를 제공하는 유료 관광지와 달리 무료 관광지에 대해서는 정확한 측정이 어려우며, 관광지식정보시스템에서도 현재는 특정 관광지에 대한 통계만 제공하고 있다. 따라서 이제는 기존 통계자료를 활용한 수요 예측에서 벗어날 필요가 있다. Gawlik et al.(2011)은 관광객 수요와 관광지, 숙박, 식당 등 여행과 관련된 인터넷 검색 키워드 데이터의 월별 수치를 비교·검증했으며, 인터넷 검색 데이터 수치가 관광객 수요를 예측하는 데 매우 유용하다는 것을 보여주었다. 인터넷 검색 키워드 데이터는 소비자의 관심뿐 아니라 시간의 흐름에 따른 소비자의 행동 변화도 파악할 수 있다는 장점을 가지고 있다. 이와 같이 관광수요는 인터넷에서 제공하는 다양한 정보에 영향을 받고 있다. 따라서 보다 정확하게 관광수요를 예측하기 위해서는 빅데이터를 활용한 새로운 방식의 수요 예측이 이루어져야 한다.

2) 관광수요 예측의 필요성

관광수요 예측은 미래에 창출할 잠재 관광객의 수요를 예측하는 것으로, 관광상품을 개발하거나 관광정책을 수립할 때 중요한 자료로 활용된다. 관광 사업에 대한 목표 설정이나 타당성 검토를 위해서도 관광수요 예측은 필요하다. 관광지 관리, 운영 및 정책적 의사결정을 할 때에도 위험을 최소화하는 기준을 제시해줄 수 있어 반드시 필요하다. 관광수요를 과소 예측하게 되면 관광지 내 편의시설 부족으로 인한 관광객의 불편으로 관광지에 대한 이미지가 손상되며, 관광수요를 과대 예측하게 되면 불필요한 공급으로 인한 예산 낭비가 발생한다. 갑작스러운 변화에 대한 대응책을 미리 강구하고 방안을 마련하기 위해서도 관광수요 예측 정보는 중요하다.

관광수요 예측을 통해 국내 관광의 총량을 예측할 수 있으며 특정 지역이나 관광지에 대한 수요를 예측할 수도 있다. 관광수요 예측은 일반적으로 과거의 자료를 기반으로 하고 있으나 과거 데이터에 대한 주기가 짧아지고 있어, 예전 자료가 존재하지 않는 새로운 관광상품일 경우에는 적용하기 어렵다. 더구나 한국처럼 경제가 빠르게 성장하고 급속한 인구 고령화가 일어나는 국가에서는 과거의 정보에만 의존하는 시계열 모형이 적절하지 않을 수 있다. 향후 과거와 유사한 패턴으로 성장하지 않을 가능성이 상당히 높기 때문이다(김형종·강현수, 2020).

관광수요 변동의 특징을 미리 파악하고 예측하면 관광 공급에 대한 효율성을 높이고 사회적 비용을 감소시킬 수 있다. 수요 예측은 장기적 관점에서 지역 여건과 관광 수용력 등을 고려하여 적정 수요량을 파악하고 계획적으로 이루어져야 하나, 예측 기간이 길수록 예측의 정확도는 급격히 떨어지므로 과거 자료를 이용한 장기적 예측은 바람직하지 않다. 관광수요의 장기적 예측은 지역적 편익을 극대화할 수 있도록 정책적으로 계획되어야 한다. 또한 중·단기 수요 예측은 이러한 목표에 접근하는 과정에서 수요 흐름에 따라 신속하게 대응할 수 있도록 유연성을 갖추어야 한다. 관광수요 분석은 관광산업의 질적 성장을 위해 반드시 필요한 과정이다. 관광 생태계를 구성하는 모두를 위한 전체적인 계획과 목표하에 지속적인 모니터링이 이루어져야 하며 단계적·체계적으로 실행되어야 한다.

3) 관광수요의 결정요인

관광수요에 영향을 미치는 변수 중 가장 많이 검증되어 온 것은 소득과 가격이다. 소득과 가격은 주로 대리변수를 이용한다. 소득의 대리변수로 국내총생산GDP, 국민총소득GNI 등이 많이 사용되며, 가격의 대리변수로는 환율이나 소비자물가지수 등이 많이 이용되어 왔다. 최근에는 관광수요의 특성을 고려하여 항공료에 영향을 미치는 국제유가를 가격변수로 이용하기도 한다. 경제협력개발기구Organization for Economic Cooperation and Development에서는 중·장기적인 관광수요를 형성하는 주요 요인으로 인구 통계적 변수를 들고 있으며, 관광객의 인구 통계적 특성(연령, 성별 등)이 관광수요를 결정짓는 요인이라고 보았다.

송운강·이혜진(2018)은 제주도의 내·외국인에 대한 관광수요 특성을 통해 외국인 관광객의 수요가 전염병, 정치·외교적 이슈 등 외부적 요인에 대해 내국인 관광객보다 민감하게 반응하며 관광산업의 불안정성을 높이는 요인으로 작용하는 것을 확인했다. 이인지·윤현식(2020)은 지역축제의 수요에 미치는 특성 변수를 지역 고유의 특성을 반영한 지역 관련 변수와 축제의 특성을 반영한 축제 관련 변수로 나누었으며, 개최 지역의 도 구분이 가장 큰 영향을 미치는 것으로 보았다. 개최 월, 축제의 종류, 날씨 등의 변수도 관광수요에 영향을 미치는 것으로 나타났다. 관광수요는 예측하고자 하는 대상에 따라 상이한 요소가 검토되어야 한다. 세계와 국내 경제 상황, 항공 수용력과 항공 운임, 국내 숙박시설 공급과 객실료, 원천 시장에 영향을 미칠 수 있는 중요한 사건 등이 관광수요에 영향을 미친다. 교통시설이나 대도시권과의 거리, 소득, 인구, 공휴일, 계절성 등의 변수도 관광수요를 결정하는 요인으로 작용할 수 있다. 관광산업을 둘러싼 국내외 환경은 급격히 변화하고 있으므로 앞으로의 관광 트렌드와 현재 상황을 반영할 수 있는 요인들을 파악하여 관광수요에 적용할 수 있어야 한다.

2. 인공지능과 관광수요 예측기법

1) 수요 예측기법

예측forecasting은 추정estimation에 기반하고 있다. 수요 예측을 위한 방법은 크게 정량적인 방법quantitative technique, 정성적인 방법qualitative technique, 그리고 정량적인 방법과 정성적인 방법을 결합한 방법combined technique으로 분류된다. 정량적인 방법은 과거 자료를 기반으로 하며 시계열 모형time series과 인과관계 분석법causal forecasting 등이 있다. 정성적인 방법에는 델파이 기법, 시나리오 기법, 사례분석법 등이 있으며 외부 환경의 변화에 영향을 받기 때문에 주관적 판단이 개입된다. 관광 분야의 수요 예측은 주로 정량적 기법 중 시계열 모형을 중심으로 이루어져 왔다. 과거 자료를 기반으로 한 단변량의 시계열 기법이 주로 사용되어 왔으며, 최근에는 예측의 정확성을 높이기 위해 인공지능을 활용한 기법과 빅데이터를 활용한 예측법이 적용되고 있다. 여기서는 관광수요 예측에 많이 사용되는 시계열 기법과 인공지능 기법에 대해 살펴보고자 한다.

〈표 1〉 수요 예측기법

기법		설명
정량적 기법	시계열 모형	과거부터 현재까지의 모든 정보를 실질값으로 획득할 수 있고 미래에도 지속될 것이라는 가정하에 예측(나이브, 추세분석법, 이동평균법, 지수평활법, 분해법, ARIMA 등)
	인과관계 모델	원인과 결과로 나타내어 예측하는 방법(회귀 모델, 여행비용 접근법, 중력모델, 개재기회 모형, 공적분기법 등)
정성적 기법	시나리오 기법	예상되는 여러 개의 시나리오를 설정하여 미래를 예측
	델파이 모델	관련 분야 전문가들의 지식과 경험을 조합한 예측
	판단기법	전문가 집단의 일치된 의견 도출을 통한 예측
	사례분석법	유사 지역의 사례를 통한 지역의 추계를 예측
결합기법		두 개 이상의 정량적 기법, 정량적 기법과 정성적 기법을 결합한 예측

2) 시계열 예측기법

시계열은 시간의 흐름에 따른 변수값을 일정한 시간의 간격으로 정리해놓은 것이다. 시계열 예측기법은 과거의 데이터를 기반으로 수요 패턴을 파악하고 미래의 수요를 예측하는 것으로, 쉽게 적용이 가능하고 예측 기간이 단기일 경우 유용하다. 월별 소비자 물가지수, 일별 주가지수, 월별 방문자 수 등을 예로 들 수 있다. 관광 분야에서는 수요 예측을 위해 ARIMA 모형이 많이 적용된다. ARIMA 모형을 적용하기 위해서는 ① 이상치outliers, ② 계절성seasonality, ③ 정상성stationary 여부를 확인해야 한다. 편의를 위해 이상치와 계절성은 제거해주는 것이 좋다. 정상성은 시점에 상관없이 시계열의 특성이 일정함을 의미한다. 정상성을 만족하기 위해서는 다음과 같은 조건들이 전제되어야 한다.

① 평균이 일정하다(시간 t에 종속되지 않음).

② 분산이 일정하며(시간 t에 종속되지 않음) 유한하다.

③ 공분산은 단지 시차에만 의존하고 시점과는 무관하다.

대부분의 시계열 자료는 비정상 시계열이기 때문에 정상 시계열 자료로 만든 후 시계열 분석을 적용해야 한다. 시계열 모형에는 자기회귀 모형, 이동평균 모형, 자기회귀 누적 이동평균 모형이 있다.

자기회귀 모형AutoRegressive model, AR은 현 시점의 자료가 p 시점 전의 과거 자료로 설명될 수 있다는 의미로 AR(p) 모형이라 하며, 식(1)과 같이 나타낼 수 있다.

$$yp_t = \beta_1 y_{t-1} + \beta_2 y_{t-2} + \cdots + \beta_1 y_{t-p} + \varepsilon_t \qquad \text{식(1)}$$

y_t는 현재 시점의 시계열 자료, β_p는 p 시점이 현재 시점에 어느 정도 영향을 주는지 나타내는 모수, ε_t는 시계열 분석의 오차항으로 백색잡음 과정을 나타낸다. 자기회귀 모형은 현 시점의 시계열 자료에 몇 번째 전 자료까지 영향을 주는지를 알아낼 수 있다. 자기회귀 모형인지 판단하기 위해서는 자료에서 자기상관함수Auto-Correlation Function, ACF와 부분자기상관함수Partial Auto-Correlation Function, PACF를 이용하여 식별한다. 일반적으로 자기상관함수는 시차가 증가함에 따라 점차적으로 감소한다. 부분자기상관함수는 $p+1$ 시차 이후 급격히 감소하여 절단된 형태인데, 이를 AR(p) 모형이라고 판별한다.

이동평균 모형Moving Average model, MA은 q 시점 전 항에서의 오차를 이용하여 현재 항의 상태를 추론해 MA(q) 모형이라 하며, 식(2)와 같이 나타낼 수 있다. 이동평균 모형은 유한개의 백색잡음이 결합한 것이기 때문에 항상 정상성을 만족한다. 자기회귀 모형과 마찬가지로 자기상관함수와 부분자기상관함수를 이용하여 식별한다. 자기회귀 모형과 반대로 자기상관함수는 $q+1$ 시차 이후 절단된 형태가 된다.

$$y_t = \varepsilon_t + \beta_1 \varepsilon_{t-1} + \cdots + \beta_q \varepsilon_{t-q} \qquad \text{식(2)}$$

자기회귀 누적 이동평균AutoRegressive Integrated Moving Average models, ARIMA은 예측된 오차값의 자기상관뿐만 아니라 시계열 값의 자기상관을 모형화한다. 이는 비정상 시계열 모형이기 때문에 차분difference이나 변환transform을 통해 AR 모형, MA 모형, 또는 이 둘을 합친 ARIMA 모형으로 정상화할 수 있다. ARIMA 모형은 일반적으로 ARIMA(p, d, q)로 표현된다. p는 자기회귀 모형의 차수로 AR 모형과 관련이 있으며 d는 차분의 횟수를 나타낸다. 차분은 현재 상태의 값에서 바로 전 상태의 값을 빼주는 것으로 시계열 데이터의 불규칙성을 보정해준다. q는 이동평균 모형의 순서로 MA 모형과 관련이 있다.

3) 인공지능 기법

인공지능artificial intelligence 기법은 다양한 예측문제에 적용되고 있으며 우수한 예측성과를 보여주고 있다. 인공지능 알고리즘 중 신경망 모형neural networks은 인공신경망이라고도 불린다. 인공신경망 알고리즘은 인간의 뇌 속에 있는 뉴런neuron들이 서로 연결되어 경험을 통해 학습하며 상호작용하는 것을 모형화한 것이다(Zang et al., 1999). 인공신경망은 예측변수와 출력변수 간의 복잡한 관계를 지원하며 신경망 모형 설정 시 사용자가 입력할 필요가 거의 없다. 하지만 신경망이 파악한 관계를 이해하기 어려운 블랙박스 모형이라는 단점이 있다. 따라서 인공신경망은 설명이 목적인 경우보다 정확한 예측을 위해 많이 사용된다.

인공신경망의 기본 구조는 〈그림 1〉과 같이 다층인공신경망multi-layer neural network의 형태로 입력층input layer, 은닉층hidden layer, 출력층output layer으로 구성된다. 입력층은 목표변수에 대한 설명변수로 구성되어 있으며, 마지막으로 출력층을 통해 도출된 값을 이용하여 목표변수에 대한 예측 및 분류를 할 수 있다.

〈그림 1〉 다층인공신경망의 구조

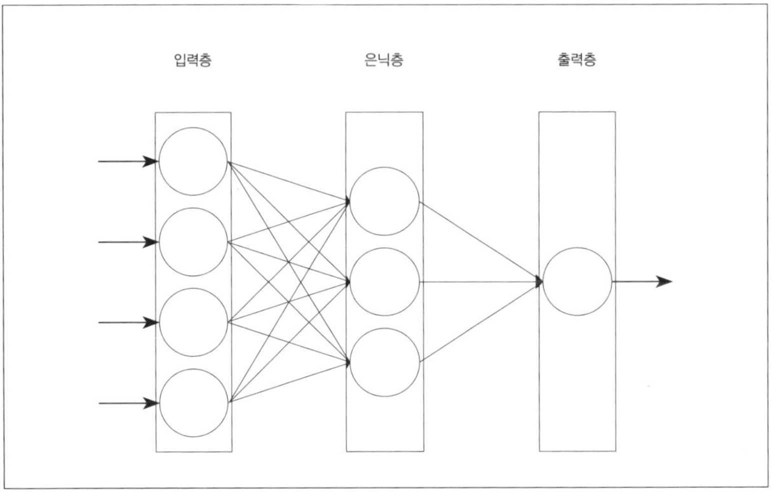

최근 각광받고 있는 딥러닝 기법은 1980년대의 인공신경망을 기반으로 설계된 머신러닝의 한 종류로, 여러 층의 인공신경망을 통해 학습하는 방법이다. 순환신경망Recurrent Neural Network, RNN은 딥러닝 기법 중 하나로 가장 기본적인 시퀀스sequence 모델이다. 음악, 동영상, 주식과 같이 연속된 순서가 있는 데이터를 시퀀스라고 하며 RNN은 시퀀스 데이터를 모델링하기 위한 기법이다. RNN은 과거와 현재의 입력정보를 연결하는 구조로 이루어져 있다. 과거 정보에 대한 이해를 바탕으로 학습이 이루어지기 때문에 시계열 데이터에 적합한 것으로 알려져 있다. RNN의 기본 구조는 〈그림 2〉와 같이 입력층(x_{t-1}, x_t, x_{t+1}), 은닉층(h_{t-1}, h_t, h_{t+1}), 출력층(y_{t-1}, y_t, y_{t+1})으로 구성되며, 입력층과 은닉층을 연결하는 가중치 U, 은닉층과 출력층을 연결하는 가중치 V, 은닉층과 각 노드들을 연결하는 가중치 W로 구성되어 있다.

〈그림 2〉 RNN의 구조

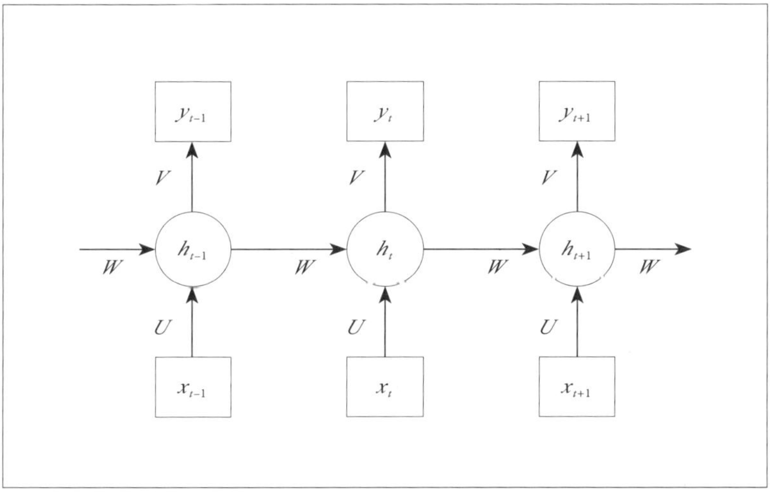

은닉층에서 활성화 함수를 통해 결과를 내보내는 역할을 하는 노드를 셀cell이라고 하는데, 이전의 값을 기억하려고 하는 일종의 메모리 역할을 수행한다. 이를 메모리 셀 또는 RNN 셀이라 하는데, 각각의 시점에서 바로 이전 시점의 은닉층 메모리 셀에서 나온 값을 자신의 입력으로 사용하는 재귀적 활동을 한다. 시점 t에서의 메모리 셀은 과거의 메모리 셀들의 값에 영향을 받은 값을 의미하며, t-1 시점의 메모리 셀은 t 시점의 은닉 상태 계산을 위한 입력값으로 사용된다. 수요 예측의 성과를 향상시키기 위해 다양한 기법이 적용되고 있으며 빅데이터의 활용도 증가하고 있다. 관광지와 관련된 인터넷 검색 키워드 데이터는 특정 관광지에 방문하는 관광객의 수와 수요를 예측하는 데 유용한 자료가 될 수 있다(Gawlik et al., 2011).

3. 딥러닝과 빅데이터를 활용한 관광수요 예측

1) 온라인 리뷰 데이터

온라인 고객 리뷰online customer reviews는 온라인 구전electronic word of mouse의 한 형태로, 텍스트나 이미지 등을 포함하고 있으며 상품 및 서비스에 대한 온라인 고객의 정보와 생각을 공유하고 의견을 표출할 수 있도록 하는 중요한 매개체이다(Guy et al., 2017). 온라인 리뷰는 소비자의 경험에 의해 작성된 주관적인 평가이며 특별한 관계가 없는 모든 사람과 공유할 수 있다는 점에서 오프라인과 차이가 있다. 실제 관광지를 방문한 고객이 관광지에 대한 정보나 여행 경험에 대한 의견을 온라인에 게시하고 있으며, 이는 잠재고객들에게 새로운 여행정보로 인식된다(Law et al., 2014). 관광지에 대해 긍정적인 평가가 이루어진다면 방문할 의향이 있지만 관광지에 대해 부정적인 평가가 이루어진다면 방문을 꺼리게 될 것이다. 따라서 온라인 리뷰는 관광지를 결정하게 되는 중요한 요인 중 하나이며, 관광수요 예측을 위해 온라인 리뷰를 정보로 활용할 수 있다.

트립어드바이저는 세계 최대의 여행정보 공유 사이트로 호텔, 레스토랑, 관광명소 등에 대한 8억 만 건 이상의 사용자 리뷰를 보유하고 있다. 〈그림 3〉과 같이 관광지에 대한 평점, 리뷰 내용, 방문한 날짜, 유용성 등에 대한 다양한 정보를 제공한다. 평점을 통해 관광지에 대한 전반적인 평가를 알 수 있으며, 텍스트로 작성된 리뷰로 관광지에 대한 정보를 보다 구체적으로 확인할 수 있다.

〈그림 3〉 트립어드바이저 리뷰에서 제공하는 정보

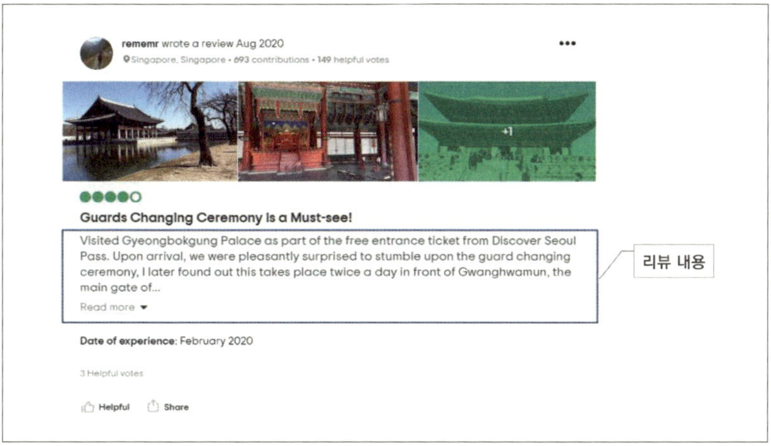

출처: TripAdvisor.com

2) 온라인 리뷰의 감성분석

감성분석sentiment analysis은 텍스트에 내재되어 있는 감성을 추출하여 분석하는 기법이다. 일반적으로 감성분석을 하는 방법은 문서수준document-level, 문장수준sentence-level, 그리고 개체 특성수준entity and aspect-level으로 분류할 수 있다(Liu, 2012). 문서수준의 감성분석은 문서 전체를 하나의 단위로 보고 감성을 표현하는 빈도수에 따라 긍정 또는 부정으로 분류한다. 문장수준의 감성분석은 하나의 문서에 포함된 문장이 긍정적인지 혹은 부정적인지 분류한다. 개체 특성수준의 감성분석은 문서에 포함된 개체의 특성을 기반으로 특성과 관련된 감성이 긍정인지 혹은 부정인지 분류한다.

감성분석을 위한 기법은 〈그림 4〉와 같이 크게 어휘 기반lexicon-based 접근방법, 기계학습machine learning 접근방법, 그리고 통합hybrid으로

〈그림 4〉 감성분석 기법

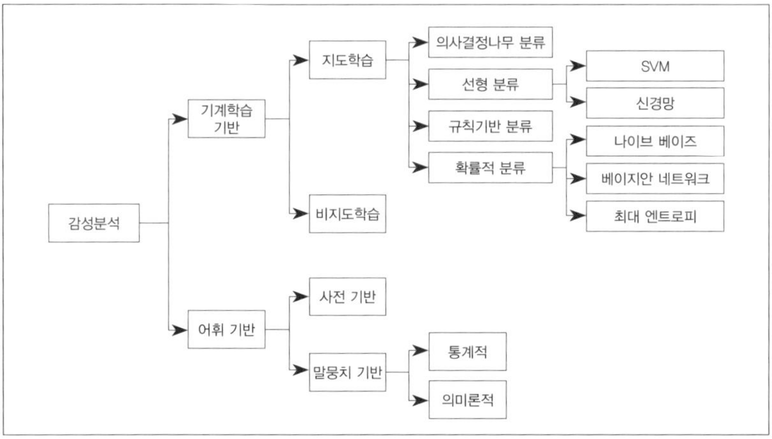

출처: Medhat et al., 2014.

접근하는 방법으로 나뉜다(Medhat et al., 2014). 어휘 기반 접근방법은 사전 기반과 말뭉치 기반으로 나눌 수 있는데, 사전 기반은 기존의 감성사전을 활용하는 방법이다. 구축된 감성사전을 통해 단어의 극성을 분류하여 긍정적인지 혹은 부정적인지 분류한다. 기계학습 접근방법은 지도학습 기법과 비지도학습 기법으로 나눌 수 있다. 통합 접근방법은 어휘 기반 접근방법과 기계학습 기반 접근방법을 결합하는 방법으로, 감성 어휘가 중요한 역할을 한다.

감성사전은 긍정적인 의견을 나타내는 단어와 부정적인 의견을 나타내는 단어들을 구분해놓은 단어사전으로 Hu & Liu(2004)가 만든 영어 '감성어휘사전opinion lexicon'과 Esuli and Sebastiani(2006)에 의해 구축된 'SentiWordNet'(http://sentiwordnet.isti.cnr.it)이 많이 사용된다. 감성어휘사전은 단어를 긍정과 부정으로만 나누었으며, 긍정 단어

2,006개와 부정 단어 4,783개로 구성되어 있다. SentiWordNet은 명사, 동사, 형용사, 부사로 단어를 구분하고 해당 품사에 속한 단어의 긍정, 부정, 중립을 분류했다. SentiWordNet은 형용사 18,576개, 명사 82,115개, 부사 3,621개, 동사 13,767개에 대한 감성정보를 제공한다. 감성점수의 경우 식(3)과 같이 문서에 나타나는 긍정적인 단어 수와 부정적인 단어 수의 차를 이용해 나타낸다. 즉, 감성점수가 0보다 크면 긍정, 0보다 작으면 부정, 0이면 중립으로 구분한다.

감성점수(SentimentScore) = 긍정 감성점수 – 부정 감성점수 식(3)

3) 온라인 리뷰 정보 기반의 관광수요 예측 모형 구축[1]

기존의 관광수요 예측모형은 관광객 수에 대한 시계열 자료를 주로 활용하고 있으나, 이는 과거 자료로는 예측할 수 없는 새로운 이슈가 발생했을 경우 현재의 상황을 반영하기 어렵다. 빅데이터 정보를 활용하면 현재의 상황을 관광수요 예측 모형에 반영할 수 있으며 새로운 변화에 대비할 수 있다. 특히 관광상품은 경험재이자 무형재이기 때문에 이미 경험한 관광객의 온라인 리뷰는 잠재 관광객의 의사결정에 중요한 영향을 미치게 된다.

문화체육관광부의 외래관광객 실태조사(2017)에 따르면 한국 여행을 결정하는 시점은 1개월 전이 가장 높게 나타난다. 이에 따라 여

1 본 내용은 김은미(2021)의 "온라인 리뷰의 감성분석과 순환신경망을 적용한 국내 인바운드 관광수요 예측 모형" 연구에 기반하여 재구성한 것이다.

행 1개월 전에 작성된 여행지에 대한 리뷰는 방문지 선택에 영향을 미칠 것으로 보인다. 또한 한국을 방문하는 관광객의 70% 이상이 서울을 방문하는 것으로 나타났기 때문에 세계 최대의 여행 플랫폼인 트립어드바이저에서 제공하는 서울 관광지 Top 10에 대해 리뷰 데이터를 수집했다. 2010년 12월부터 2018년 11월까지 총 29,467개의 리뷰 데이터와 관광지식정보시스템(www.tour.go.kr)에서 제공하는 입국관광 통계자료에서 2011년 1월부터 2018년 12월까지의 입국자 수에 대한 데이터를 활용하여 관광수요 예측 모형을 구축한다.

온라인 리뷰는 감성분석을 통해 리뷰의 감성값을 계산하여 1개월 시차를 두고 관광수요 예측 모형에 반영했다. 관광수요 예측 모형을 구축하기 위해 ARIMA, 인공신경망, 순환신경망을 적용했다. 모형의 성과는 평균 제곱 오차Mean Square Error, MSE, 평균 제곱근 오차Root Mean Square Error, RMSE, 평균 절대 오차Mean Absolute Error, MAE, 평균 절대 비율

〈그림 5〉 온라인 리뷰 기반 관광객 수요 예측을 위한 프레임워크

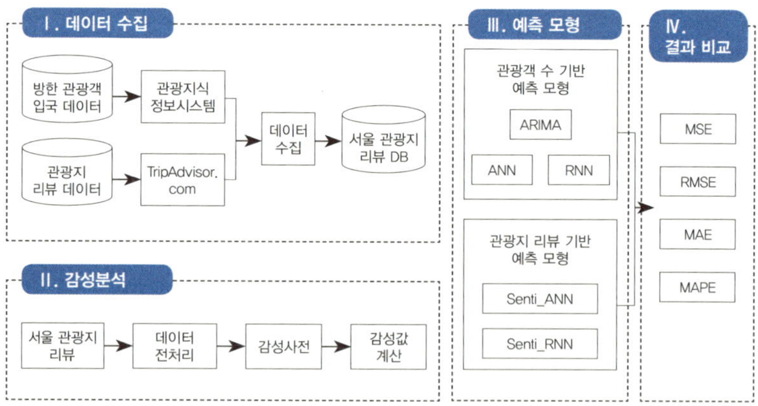

〈표 2〉 ARIMA와 인공신경망 모형의 예측 성과

	ARIMA	ANN		Senti_ANN	
		Training	Validation	Training	Validation
MSE	129201768.3	113620907.3	439693695.8	94632438.7	298464083.0
RMSE	11366.7	10659.3	20968.9	9727.9	17276.1
MAE	9860.6	8561.6	18374.6	8153.5	14751.5
MAPE	12.24	13.27	21.40	14.40	17.56

〈표 3〉 순환신경망 모형의 예측 성과

	RNN		Senti_RNN	
	학습용	검증용	학습용	검증용
MSE	67048271.7	140652406.7	18984401.0	116578953.0
RMSE	8188.3	11859.7	4357.1	10797.2
MAE	6899.2	9591.2	3430.2	8558.7
MAPE	10.96	11.29	5.31	10.29

오차 Mean Absolute Percentage Error, MAPE 로 비교한다. 온라인 리뷰 기반의 관광객 수요 예측을 위한 프레임워크는 〈그림 5〉와 같다. 리뷰의 감성값 정보가 추가되지 않은 관광객 수 기반의 예측 모형인 ARIMA, ANN, RNN 모형과 관광지에 대한 리뷰의 감성값을 반영한 Senti_ANN, Senti_RNN 모형을 구축했다.

2011년 1월부터 2017년 12월까지의 데이터는 모형을 구축하기 위한 학습용 데이터로 사용했으며, 2018년 1월부터 2018년 12월까지의 데이터는 모형의 검증을 위한 검증용 데이터로 사용했다. 미래의 값을 정확하게 예측한다는 것은 매우 어려운 일이다. 예측 모형을 평가하기 위한 방법으로 실제값과 예측한 값의 차이값을 활용하여 MSE, RMSE, MAE, MAPE로 예측 성과를 나타냈는데, 오차가 작을수록 예측 성과가 우수하다. 〈표 2〉는 ARIMA와 인공신경망 모형의 예측 성과이며 〈표 3〉은 딥러닝 기법인 RNN으로 구축한 예측 모형의 성과이다. 과거의 시계열 데이터만으로 관광수요 예측 모형을 구축했을 때보다 온라인 리뷰의 정보를 반영한 모형의 예측 성과가 우수한 것으로 나타났으며, 딥러닝을 적용한 Senti_RNN에서 MAPE가 10.29%로 가장 우수한 성과를 보였다.

모바일 빅데이터 분석과 네트워크 과학

박상원 _경희대학교 스마트관광원

1. 들어가며

정보기술(TripAdvisor와 yelp 같은 모바일 기술과 소셜미디어)의 발전에 따라 관광 연구원들은 관광 빅데이터를 라벨링하여, 진위 포맷과 빠른 데이터 흐름을 포함하는 엄청난 양의 데이터를 수집할 수 있게 되었다. 빅데이터에서 파생된 통찰력을 스마트관광smart tourism, 스마트관광 목적지smart tourism destination에 활용할 수 있다. 사용자 생성 콘텐츠(온라인 평가, 리뷰, 사진)와 모바일 센서 데이터 등 다양한 관광 빅데이터 중에서, 본 장은 글로벌 위치측정 시스템Global Positioning Systems, GPS, 와이파이 위치측정, 블루투스 위치측정, 셀룰러 네트워크 기반 위치측정 등으로 구성된 모바일 위치측정 데이터Mobile Positioning Data에 관해 살펴보고자 한다(Wang, He & Leung, 2018). 각 위치측정 기술별 센서 데이터의 특징을 살펴본 후, 교점nodes과 변edges으로 구성된 대규모 네트워크의 구조적·동적 특징을 이해하고 평가하는 연구인 네트워크 과학network science을 소개한다(Barabási, 2016). 네트워크 과학은 관광 목적지의 구조와 메커니즘을 대표하는 다측면의 요소(목적지의 이해관계자)와, 요소들 간의 동적이고 비선형적 상호작용을 포함하는 복합계complex system를 평가하는 데 적합한 접근법이다(Pechlaner 외, 2010). 그러므로 여기서는 모바일 위치측정 빅데이터에 관한 네트워크 과학의 개념을 살펴보고, 관광 흐름을 어떻게 파악하고 적용할지에 대해서 이야기하고자 한다.

2. 모바일 위치측정 데이터

모바일 센서의 비약적 발전으로 모바일 사용자들은 수많은 양의 공간적·시간적 정보를 높은 정확도로 제공받는다(Shoval & Ahas, 2016). 모바일 데이터는 일반적으로 GPS 위치측정, 와이파이 위치측정, 블루투스 위치측정과 셀룰러 네트워크 기반 위치측정의 네 가지가 있다(Hardy 등, 2017; Wang 등, 2018). GPS 위치측정은 위성 시스템으로부터 전송된 전파 신호를 활용해 휴대전화 장치의 위치를 식별하는 방법이다(〈그림 1〉 참조).

GPS 시스템을 통해 이동통신사는 지속적으로 공간 및 시간 이동을 나타내는 높은 해상도의 데이터를 얻을 수 있다. 관광 연구자들은 다양한 맥락에서 관광 패턴을 이해하기 위해 GPS 위치측정 방법

〈그림 1〉 GPS 수신기

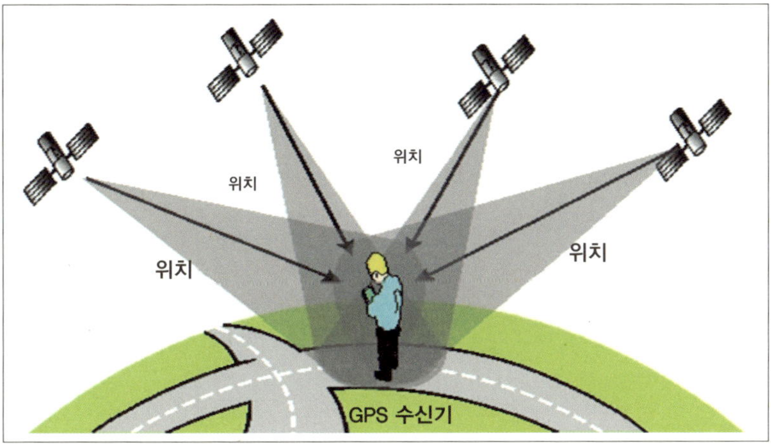

출처: Blippar의 도시 시각적 위치측정 시스템 웹사이트.

의 이점을 활용해왔다. 예를 들어, 호주 빅토리아 국립공원의 방문객 흐름과 혼잡 수준 사이의 관계를 파악하기 위해서 GPS 추적 도구가 활용되었다(O'Connor, Zerger & Itami, 2005). 이 연구는 관광객 행동의 유형뿐 아니라 국립공원 기반시설 수용력 관리에 대한 접근법도 제시한다. McKercher는 일련의 연구들에서 목적지에서 관광객들의 이동을 추적하기 위해 GPS 방식을 적용했다. 일례로, Shoval, McKercher, Ng, Birenboim(2011)은 홍콩을 방문하는 관광객들에게 궤적을 추적하는 GPS 로거GPS loggers를 가지고 다니도록 했다. 그들은 사람들이 가장 많은 시간을 보내는 특정 장소와 홍콩의 다른 핫플레이스들을 살펴보는 평균 시간과 같은 국제 관광객들의 공간적·시간적 패턴을 확인했다. Mckercher, Hardy, Aryal(2019)은 글로벌 위성 내비게이션 시스템Global Navigation Satellite System, GNSS 네트워크가 있는 스마트폰 앱을 활용해 연구원들이 20m×20m의 셀을 포함한 각 그리드의 체류점을 확인할 수 있는 유사한 방법을 적용했다. 이 연구는 목적지에 방문한 각각의 관광 목적에 따라 달라지는 관광객들의 이동 패턴을 추적했다.

최근 많은 관광지에서 수신 신호 강도Received Signal Strength Indication, RSSI 기술을 적용하여 사람들이 무선 인터넷에 접속할 수 있게 하는 방식으로 와이파이 접속 지점을 제공한다(Kotaru, Joshi, Bharadia & Katti, 2015)(〈그림 2〉 참조).

와이파이는 엑세스 포인트access point에 연결되었을 때 광대역 속도broadband speed로 인터넷을 사용할 수 있도록 표준 회선 네트워크를 대신하는 무선 프로토콜을 의미한다(Hashem 외, 2016). 특정 지역(일반적으로 100m) 내에서 휴대전화 간의 원활한 무선 정보 교환을 위해, 시중에 나온 휴대전화들은 블루투스 시스템을 포함하고 있다. 모바일 장치가 비콘 장치beacon device를 거치면, 위치와 시간 기반 정보가 기록된

〈그림 2〉 와이파이 기반 위치측정 시스템

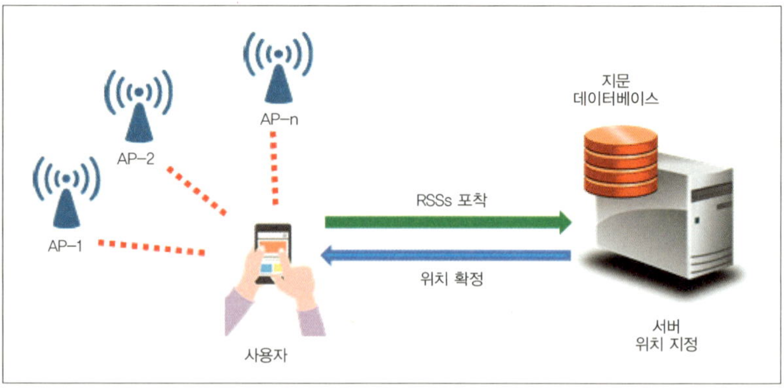

다(Barcelö, Montero, Marqués & Carmona, 2010). Versichele와 연구진(2014)은 블루투스 추적 데이터를 분석함으로써 시공간적인 관광 행동을 보다 잘 이해할 수 있는 방법론을 제안했다. 이 연구는 각 방문자 유형에 따른 명소의 연관성을 발견했고, 복잡한 결과를 패턴 맵pattern map에 시각화했다. 이들은 도심과 도시 외곽의 관광 명소에서의 방문객들의 경향을 발견했다.

마지막으로, 셀룰러 네트워크 기반 위치측정 데이터는 넓은 공간적 커버리지로 셀룰러 네트워크를 발전시키는데, 궁극적으로 가입자들에게 높은 품질의 이동통신 서비스를 제공하는 통신 회사에 의해 개발되었다(Wang 외, 2018).

실질적으로 공간 해상도spatial resolution는 통신사나 지역마다 다른 무선전화 기지국cellular tower의 반경에 의존한다. 중국의 경우, 도심 지역의 VRS 반경은 100~500m이고, 교외 지역의 VRS 반경은 400~1000m인 것으로 나타났다(Wang 외, 2018). 통신의 질과 운영 비

〈그림 3〉 모바일 네트워크 기반 위치측정 시스템

용과 연관되어 있는 네트워크 인프라(무선전화 기지국) 관리에 관한 중요한 고찰이 이루어졌다. 이에 전용 하드웨어에 대한 의존도를 완화하기 위해 네트워크 기능 가상화Network Function Virtualization, NFV가 개발되었다(Hashem et al., 2016; Hawilo, Shami, Mirahmadi & Asal, 2014). NFV는 하드웨어 기반의 네트워크를 소프트웨어 기반으로 바꾸는 혁신적인 이동통신기술이다. 이를 통해 확장성(모바일 위치 정확도), 성능 발전(서비스 품질), 운영 지출 등의 부분에서 많은 이점을 확보할 수 있다.

관련 문헌을 참고한 결과, GPS, 블루투스, 와이파이 데이터는 관광객들의 시공간적 데이터를 장기적으로 추적할 때 심각한 문제에 직면하게 됨을 발견했다. 모바일 데이터 분석에 관한 선행 연구는 주로 당일 여행(혹은 일별 동선)에 초점을 맞추고 있다. 그 이유로는 ① GPS 기기의 제한적인 수명, ② 하루 이상의 관광정보 수집의 어려움, ③ 실내 혹은 고도로 도시화된 장소에서의 제한된 신호 등이 있을 수 있다(Hardy 외, 2017). 여기서는 이러한 한계점들을 해결할 수 있는 NFV를 활용한 셀룰러 네트워크 기반 위치추적 적용에 대해 다루고, 궁극적으로 관광 연구에 있어서 보다 포괄적인 관광 행동 조사를 가능하게 하고자 한다.

3. 네트워크 과학

네트워크 과학은 수학적 이론에 기반하여 네트워크 행동을 분석하고 특징짓는 네트워크 모델에 관한 연구이다(Javed, Younis, Latif, Qadir &

Baig, 2018). 네트워크에 관한 연구는 대규모 네트워크의 구조적·동적 특성을 이해하고 평가하는 부분에서 상당한 진전을 이루었다. 이로 인해 연구자들은 네트워크의 위상학적topological 특성과 그것이 행동과 발전에 미치는 영향을 파악할 수 있는 일련의 도구와 기술들을 활용할 수 있게 되었다(Newman, 2003). 통상적으로 네트워크는 그래프 이론에 따라, 노드vertices(정점)와 이들 사이의 관계를 나타내는 변edges으로 이루어진 그래프로 표현된다. 네트워크 이론은 원인, 결과 혹은 객체(측면) 간의 연관성이 네트워크로 개념화될 수 있다는 가정을 기반으로 한다(Barabási, 2013). 즉, 네트워크 시스템은 연결된 요소들의 총체로 모델링될 수 있다(Baggio, 2017). 기본적으로 네트워크 과학은 동적 행동의 일반적인 패턴과 법칙을 찾고, 드러난 구조적인 특징을 설명하는 통합적 원칙을 발견하는 것이다. Newman, Barabási, Watts(2006)는 네트워크 과학이 실증적·이론적 질문으로부터 파생된 실제 네트워크의 특성에 초점을 맞추고 있으며, 네트워크를 위상학적 대상일 뿐만 아니라 동적 시스템의 체계로 이해하고 있음을 보여주었다. 네트워크 시스템은 일관된 요소들의 단순한 합이 아닌 패턴이다. 무작위 그래프 이론random graph theory은 Erdős and Rényi(1960)에 의해 제안되었다. Erdős and Rényi(1960)는 네트워크의 변들links이 노드들의 쌍들 사이에 무작위로 배치되는 것을 나타내는 그래프의 불변invariant을 보여주었다. 실제로 차수degree 분배(즉, 노드로의 연결 수)는 네트워크의 평균 차수를 따른다.

그러나 무엇보다 중요한 것은 최근 학자들이 링크들ties 사이에 종속dependence의 존재를 밝혀냈다는 점이다. 즉, 부익부 현상처럼 유명 액터actor를 중심으로 한 링크들이 그 액터 쪽으로 더 많은 링크를 끌어온다는 것이다. 연결의 분포는 대체로 고르지 않다. 몇몇 노드들은 수많은 링크들과 연결되어 큰 중심 역할을 하기도 하지만, 대부분의 노드는 링크 수가 적다(Milo 외, 2002). 이러한 점은 멱법칙power-law적인 분포를 보이는 스케일 프리 네트워크scale-free network의 필요성을 촉구한다.

링크 종속, 혹은 멱함수 분포는 네트워크 구조가 진화하고 자체적으로 체계화됨을 의미한다. 이는 복잡 네트워크 시스템complex networked system의 개념을 나타낸다.

단단한 이론적 체계와 함께, 네트워크 시스템 내의 요소들(액터들) 사이의 연결 패턴을 계산, 도식화하고 분석하기 위한 다양한 네트워크 분석 방법들이 개발되었다. 네트워크 분석은 연구자들이 각

〈그림 4〉 무작위 네트워크(a)와 스케일 프리 네트워크(b)

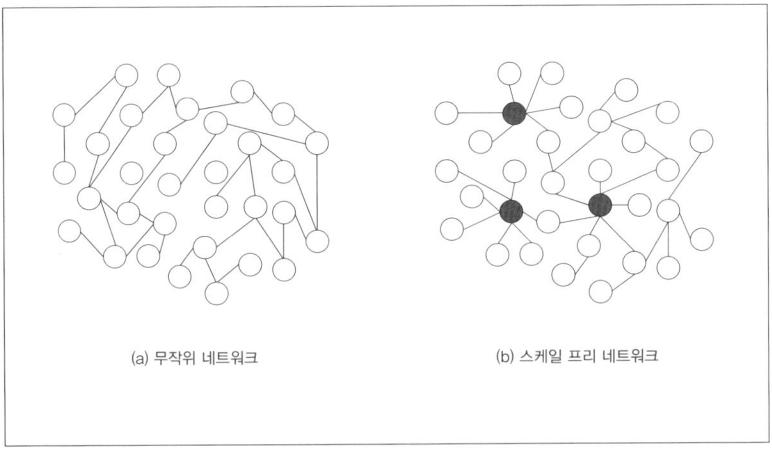

출처: 위키피디아.

〈그림 5〉 무작위 네트워크와 스케일 프리 네트워크의 차수 분포

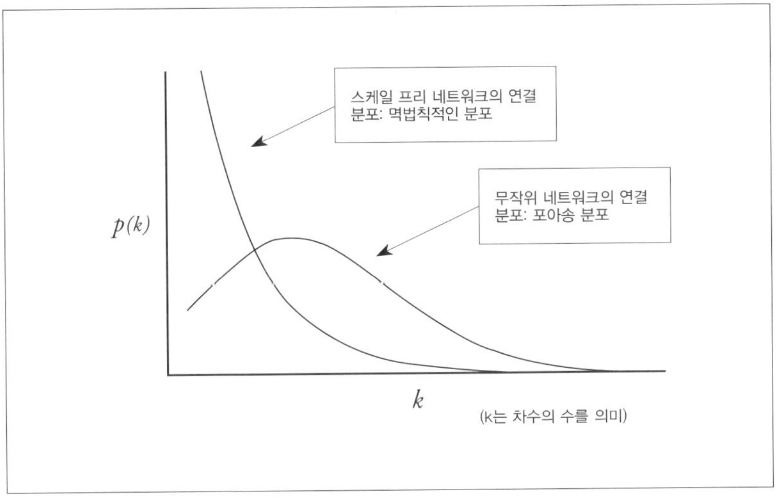

요소(네트워크의 노드, 정점)의 총체를 모델링하고 연결 가중치linkage weight와 방향을 포함하는 관계(변)를 식별할 수 있게 해준다. 소셜네트워크 분석은 사회과학에서 널리 사용되는 정량적 방법으로, 개인, 그룹, 조직과 같은 네트워크 구조 속 액터들의 조직화와 통합의 배열을 조사하는 방법이다(Leung 외, 2012). 네트워크 분석은 ① 사업의 발전을 이해하고 조직 간의 관계를 평가하며(Scott, Baggio & Cooper, 2011), ② 공공, 민간 부문 간의 관계와 이해관계자를 포함한 관광 목적지의 구조를 평가하기 위해(Baggio & Cooper, 2010; Erkuş-Öztürk & Eraydın, 2010) 주로 활용된다. 네트워크 분석의 결과는 관광 조직이 협업을 통해 가치를 창출하는 상호적 네트워크를 통해 행동한다는 것을 보여준다(Williams & Hristov, 2018).

4. 복잡 네트워크 시스템으로서의 관광 목적지

'네트워크'는 일반적으로 비선형 방식으로 상호작용하는 구성요소들의 집합을 의미한다. 복잡계complex system는 새로운 행동의 발달을 촉진하기 위해 완전히 규칙적이지도, 완전히 무작위적이지도 않은 자체 조직화의 발전을 포함하고 있다(Sayama, 2015). 관광 목적지는 많은 양의 자연적·문화적·예술적·경제적인 자원뿐 아니라 관광 서비스를 제공하는 기관적인 액터까지 포함하는 상호연관된 요소들로 구성된 동적 복잡 시스템으로 여겨져 왔다(Baggio, Scott & Cooper, 2010; D'Agata, Gozzo & Tomaselli, 2013). 이러한 시스템의 요소들은 상호의존적 관계를 공유하며, 시스템은 외적·내적 요인들의 영향에 대처할 수 있도록 발전한다(Baggio, 2008). 지역의 회사, 조직, 협회, 사람들과 같은 액터들은 '정점nodes'을 나타낸다. 목적지 네트워크에서 밀접하게 연결되어 관광 상품과 서비스를 생산하는 다중액터 구조multi-actor structure는 '변links'을 나타낸다. McKercher(1999)는 관광 기능들이 비선형적이고 동적인 방식으로 작동하여 행동들 사이의 직접적인 인과관계를 파악하기 어렵다는 점을 시사한 바 있다. 관광 목적지에서 조직(혹은 이해관계자) 사이의 동적 관계를 나타내는 네트워크는 관광에서 '실세계real world'를 나열하는 데 도움을 준다. McKercher 연구의 시사점을 기반으로 몇몇 관광 연구자들은 존재론적 현실주의ontological realism, 비선형적이고 복잡한 연관 관계, 예측의 어려움, 갑작스러운 방향 전환에 취약한 시스템, 모듈러 구조물modular structure 등과 같은 복잡계 이론과 복잡 속성complex attributes을 적용하여 관광 시스템의 복잡한 구조를 나타냈다(Baggio 외, 2010; Byrne & Callaghan, 2013; Paget, Dimanche & Mounet, 2010). Sainaghi와 Baggio(2017)는 실증적인 방법으로 관광 목적지의 복잡 구조를 보여주었고, 오랜 시간에 걸쳐 구조적인 발전을 이루고 있는 것을 확인했다. Williams와 Hristov(2018)는 네트워크 구조가 목적지 네트워크에서 통신 효율성과 지식 공유 활동에 영향을 미친다는 가정하에서, 구성원 사이의 통신과 같은 목적지 네트워크의 상호작용하에서 DMO[Destination Marketing Organizations]의 역할과 효과를 연구했다.

네트워크 과학의 범위는 넓고 관광 분야의 광범위한 측면을 다루고 있다. 초기에는 다수의 이해관계자(Hede & Stokes, 2009), 내부 구성 목적지 네트워크의 기본적 특성(Scott, Cooper & Baggio, 2008), 글로벌 공항 네트워크(Guimera, Mossa, Turtschi & Amaral, 2005) 등의 부분에서 관광 목적지의 구조적 특징을 확인하기 위해 적용되었다. 네트워크 과학 적용의 또 다른 흐름은 관광 목적지의 협업을 강조하는 관광 공급 사슬(Baggio, 2011; Erkuş-Öztürk & Eraydın, 2010), 목적지 가치 시스템(Stienmetz & Fesenmaier, 2019), 지식 교류(Baggio & Cooper, 2010), 호텔 성과를 고려한 비즈니스 네트워크(Sainaghi & Baggio, 2014) 등에 초점을 맞추고 있다. 이러한 연구들은 네트워크 과학으로부터 통찰력을 얻고 네트워크 진화를 이해함으로써 목적지의 경쟁 우위를 창출 및 보완하고, 새로운 타겟들의 흥미를 끌기 위한 전략 수립이 가능하다는 결론을 내렸다(Leiper, 2000). 관광 연구자들은 관광 모빌리티에 대한 이해가 관광 계획 수립에 있어 가장 중요한 안건 중 하나가 되었음을 암시했다(Grinberger & Shoval, 2019). 네트워크 과학은 글로벌적(Lozano &

Gutiérrez, 2018) 관점과 지역적(Gonzalez-Diaz, Gomez & Molina, 2015) 관점 모두에서 관광의 흐름을 더 잘 이해하기 위해 적용되었다. 예를 들면 Hwang, Gretzel, Fesenmaier(2006)의 선행연구는 미국 내 국제 관광객들의 다도시multicity적 여행 패턴을 발견했다. 그들은 장소를 노드로, 도시 간의 이동을 링크로 표현하여 다중목적지multidestination 여행 패턴을 네트워크 구조로 나타내었고, 다도시 여행의 구조적 특성을 형성할 수 있게 되었다. 각기 다른 출발지에서 온 관광객들을 고려하는 과정에서 노드 중심성node centrality, 매개 중심성betweenness centrality, 근접 중심성closeness centrality의 세 가지 네트워크 관련 개념이 발전했다. 또한 Shih(2006)는 연결 중심성degree centrality, 근접 중심성, 매개 중심성과 구조적 공백structural hole을 측정하는 방식의 네트워크 분석을 통해 대만 난터우 현 관광지의 구조적 구성을 조사했다. 그 결과 관광 이동 패턴을 보다 잘 이해할 수 있는 주요 장소들을 발견할 수 있었다.

네트워크 분석은 관광수요 구성을 평가하는 데에도 활용되었다. Gonzalez-Diaz 등(2015)은 시간에 따른 호텔과 비호텔 숙박지의 관광객 흐름의 변화를 기반으로 지역 관광 네트워크의 구조적 역학을 조사했고, 스페인의 점진적인 관광 트렌드를 발견했다. 디지털 흔적digital footprint과 같은 다양하고 광대한 관광 빅데이터 자원의 접근성이 높아지면서, 관광 연구자들의 네트워크 이론과 관련된 네트워크 분석 활용이 가속화되었다(Lozano & Gutiérrez, 2018). 예를 들어, Flickr의 위치정보 태그geotagged 데이터를 검색하는 방문자 흐름의 구조는 관광 목적지의 경제적 가치와도 연관이 있다(Stienmetz & Fesenmaier, 2019). 관광 목적지는 다양한 활동과 자원 공유 등을 통해 상호 의존적인 특성을 보이는 서로 다른 공급 측면의 액터들로 구성된 시스템으로 간주된다. Steinmetz와 Fesenmaier(2019)는 총수요의 네트워크 구조가 목적지에서 창출되는 가치를 만들어내는 메커니즘을 설명했다. 네트워크 과학은 관광 연구자들이 관광 모빌리티의 공간적 분포를 실증하고 네트워크 내의 구조적 동형성structural equivalence에 기반한 목적지 클러스터링clustering을 발전시킬 수 있도록 한다(D'Agata et al., 2013). 결과적으로 네트워크 과학은 관광 연구자들이 전체적인 현상과 관광의 복잡성complexity을 이해하기 위해 현실 세계의 복잡 목적지 네트워크의 구조를 발견하고 관광 네트워크 내의 커뮤니티를 식별할 수 있게 해준다(Newman et al., 2006).

최근 네트워크 과학의 원리를 적용하여 모바일 센서 빅데이터를 탐구하는 두 가지 연구가 진행되었다. Park, Xu, Jiang, Chen, Huang(2020)은 한국을 방문한 국제 관광객들의 휴대전화 추적 자료를 취합한 광범위한 휴대전화 데이터 세트를 분석했다. 이들은 3곳의 목적지에서 관광객 행동의 공간적 구조를 이해하기 위해 궤적 데이터 마이닝trajectory data mining 방식을 활용했다. 공간 군집 분석spatial clustering analysis과 순차 패턴 마이닝sequential pattern mining을 통해, 이 연구는 관광 목적지의 '핫스팟'(인기 지역)을 107곳 발견했고(〈그림 6〉 참조), 이러한 장소에서의 공간적 상호작용을 평가했다(〈그림 7a〉, 〈그림 7b〉 참조).

Park 등(2020)이 도시 내(intra-city) 수준의 이동 패턴을 연구했다면 Xu, Li, Belyi, Park(2020)은 한국의 250개 시·군·구에 걸친(inter-city levels) 관광 이동 행동을 분석했다. Xu 등(2020)의 연구는 대규모의 관광 모빌리티 데이터가 관광 목적지와 이들의 상호작용을 더욱 잘 이

〈그림 6〉 전주 내 '잡음 분석'(noise analysis)에 따른 밀도 기반 공간 군집화 결과

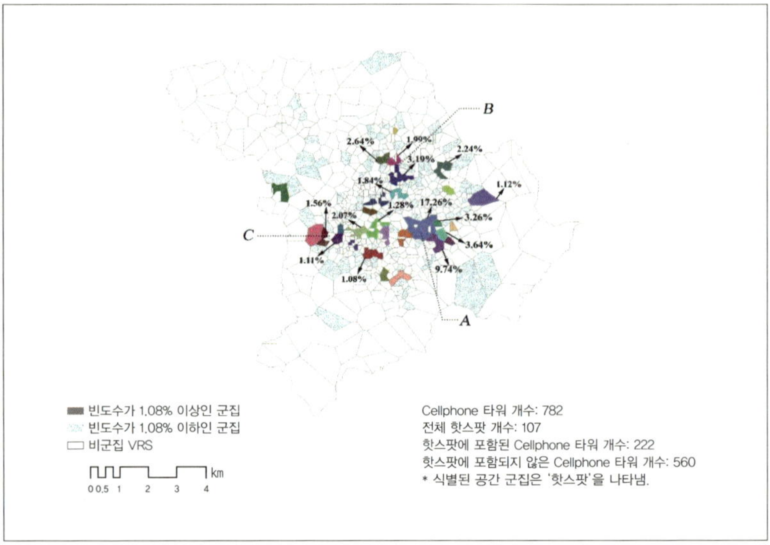

〈그림 7a〉 공간 군집화의 네트워크 분석

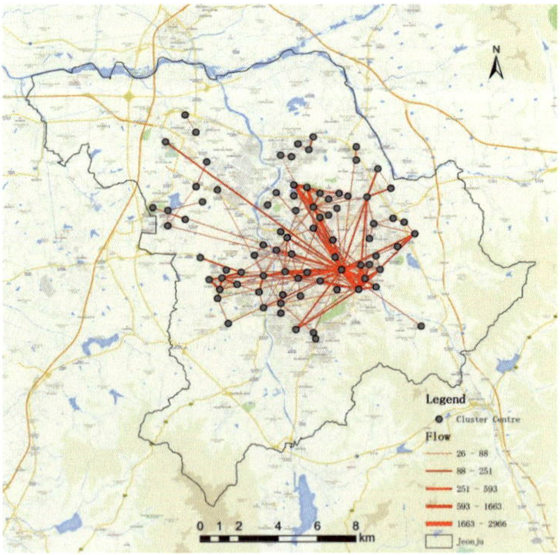

* 식별된 공간 군집은 '핫스팟'을 나타냄.

〈그림 7b〉 전주의 순차 패턴 마이닝(Length-2 sequences) 결과

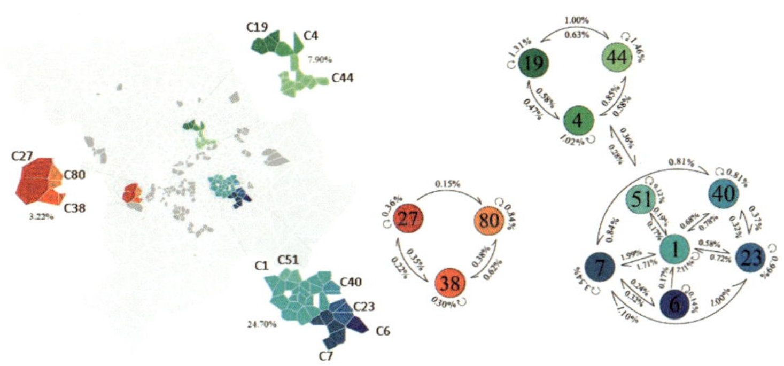

* C(Cluster)는 '핫스팟'을 의미함.

해하기 위해서 네트워크 과학 접근법과 어떻게 연계될 수 있는지 보여준다. 그들은 관광객 이동의 집단적 역학관계와 국적에 따른 주요 차이점들을 성공적으로 밝혀냈다. 특히 커뮤니티 탐지 알고리즘community detection algorithm은 한국을 관광객 흐름과 밀접하게 연관된 목적지 세트(서브 네트워크)를 담당하는 몇몇 관광 지역으로 분할한다.

5. 결론

지금까지 관광 목적지 계획 수립에 있어 필수적·궁극적으로 목적지를 '스마트'하게 만드는 모바일 위치측정 데이터의 특징과 이것이 관

광 모빌리티를 이해하는 데 끼치는 중요성에 관해 살펴보았다. 목적지가 관광 흐름의 다양한 공간적 상호작용을 포함하는 복잡계라는 점을 인지하면서, 관광 연구자들이 네트워크 과학을 통해 관광 모빌리티의 유형과 구조를 발견할 수 있다는 점도 이야기했다. 기술의 발전으로 연구자들이 더 광대하고 정교한 데이터를 얻을 수 있게 됨에 따라, 관광 연구자들이 관광 빅데이터로부터 중요한 통찰력을 얻기 위해서는 네트워크 과학을 통한 접근이 필수적이다.

Part **2**

끊임없이 변화하는 스마트관광도시

최적화된 스마트관광도시를 위한 발전 모델

함주연 _경희대학교 스마트관광연구소

1. 스마트관광도시의 개념적 프레임워크

1) 스마트관광도시의 등장

정보통신기술Information and Communication Technology, ICT이 발전함에 따라 우리가 살고 있는 도시의 개념과 모습도 함께 변화해왔다. 가장 먼저 1990년대 중반 인터넷의 발전과 함께 **디지털도시**라는 개념이 등장했다. 디지털도시는 미국에서 처음 시작되었으며, 이후 핀란드의 헬싱키, 일본의 교토 등으로 확산되었다(한국법제연구원, 2018). 이 시기에는 통신사와 같은 공급자가 주도하여 기존 도시 전반을 연결하는 네트워크를 구축함으로써 그 도시의 시민이 활동할 수 있는 온라인 가상공간을 만드는 것이 주요 목표였다(한국정보통신기술협회, 2018). 따라서 정보는 일방향으로 전달되었으며 주로 활용되는 ICT는 인터넷이었다(서울관광재단, 2019).

2003년 한국에서는 **유비쿼터스 도시**Ubiquitous City, U-City가 등장했다. 'IT 기술로 만드는 살기 좋은 도시'를 목적으로, 중앙정부와 지자체가 주도하여 도시 기반시설에 ICT를 융합한 신도시를 건설하고자 했다(서울관광재단, 2019). 신도시와 기존 도시를 대상으로 스마트 인프라를 구축함으로써 궁극적으로 시민의 삶의 질을 향상시키는 것이 U-City의 주된 목적이었으며, 인터넷, 3G, 유선 인터넷망 등이 주로 활용되었다.

2016년에는 에너지, 교통, 의료 등의 주요 도시문제를 신기술로 해결하고자 하는 **스마트도시**가 등장했다. 이전 시대에는 주로 공급자(예: 정부, 지자체, 기업, 건설사 등) 중심으로 인프라 구축이 이루어졌다면, 스마트도시 시대에는 서비스를 이용하는 시민의 수요에 맞는 서비스를 제공하는 것에 보다 중점을 두게 되었다. 즉, 이전 시대에는 구축의 대상이 주로 인프라에 중점을 두었다면, 스마트도시 시대에는 그 대상이 인프라와 서비스 중심으로 확장되었다(한국정보화진흥원, 2018). 따라서 시민의 삶의 질 또는 만족도를 향상시키고, 그 도시가 직면한 다양한 도시문제를 해결하는 것을 주요 목표로 하였다. 이를 위해서 정보가 양방향으로 공유되며, 기존의 유·무선 통신망뿐만 아니라 인공지능Artificial Intelligence, AI 기술, 사물인터넷Internet of Things, IoT, 빅데이터 등이 활용되기 시작했다(서울관광재단, 2019).

한편 특정 도시에 관광객이 대거 유입됨에 따라 발생한 여러 도시문제를 해결하고 궁극적으로 시민과 관광객, 그리고 다양한 이해관계자들이 함께 상생하는 방안으로 **스마트관광도시**라는 개념이 등장했다. ICT의 발전으로 오늘날의 관광객들은 여행의 전 과정을 스마트폰 하나로 해결하게 되었다. 이러한 스마트관광은 스마트도시가 제공하는 기능들이 관광의 주요 서비스와 밀접하고 유기적으로 연계되어 있을 때 비로소 가능해진다. 즉, 스마트관광과 스마트도시는 서로 상호보완적인 관계에 있으며, 스마트관광이 가능한 생태계와 시스템이 체계적으로 잘 갖추어진 곳이 바로 스마트관광도시라고 할 수 있다(구철모, 2016; 정남호 등, 2019). 따라서 스마트관광도시에서는 무엇보다 관광 목적지의 거주민이 이용하는 공공 시스템이나 인프라를 관광객 또한 자신의 관광 목적에 알맞게 최대한 활용할 수 있도록 환경이 조성되어야 한다(정남호 등, 2019). 한국의 서울과 부산을 비롯해 네덜란드의 암스테르담, 스페인의 바르셀로나, 영국의 런던 등 현재 국내외의 많은 도시가 ICT를 활용한 스마트관광도시로 변화하고 있다. 이들은 초고속 통신 네트워크와 지능정보기술을 활용한 도로 시스템 등을 토대로 스마트도시 서비스를 제공하고 있다. 특히 서울은 공공 무선 인터넷 구축사업 확대를 통해 서울시 전역의 서비스 제공 영역을 확대하고자 하였으며, 자전거 무인대여 시스템, 스마트 주차장 등 스마트관광도시를 조성하기 위해 노력하고 있다(구철모·정남호, 2019; 서울관광재단, 2019). 이처럼 스마트관광도시는 그 도시가 보유하고 있는 통신 네트워크 등을 통해 도시에서 생성되는 다양한 데이터를 수집·분석하고 각종 도시문제를 해결하여 거주민의 삶의 질을 향상시키는 한편, 관광객에게는 관광 목적에 최적화된 편의를 제공함으로써 기억에 남을 만한 다양한 관광 경험을 가능하게 하는 데 그 목적이 있다(정남호 외, 2019). 더 나아가 건강하고 지속가능한 스마트관광 생태계를 구축하고 이를 통해 공유가치를 창출함으로써 장기적으로 경제적·사회적·문화적 가치를 창출하는 데 목적이 있다.

2) 스마트관광도시의 개념적 프레임워크

스마트관광도시의 개념을 보다 종합적이고 체계적으로 살펴볼 수 있는 개념적 프레임워크는 〈그림 1〉과 같다. 이 프레임워크는 Gretzel et al.(2015)의 연구를 기반으로 스마트관광도시를 스마트 목적지, 스마트 비즈니스 생태계, 스마트 경험의 세 가지 영역으로 나누어 살펴본다(서울관광재단, 2020).

스마트 목적지smart destination는 관광 목적지를 구성하는 주요 영역

〈그림 1〉 스마트관광도시의 개념적 프레임워크

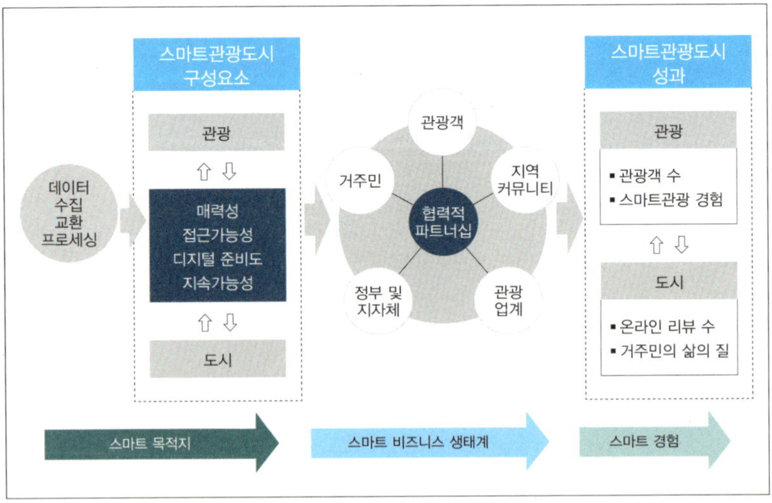

출처: 서울관광재단, 2020: p. 58, 저자 재구성.

이 디지털화 또는 스마트화되어 있는 도시를 의미한다. 스마트 목적지는 매력성, 접근가능성, 디지털 준비도, 지속가능성의 네 가지 영역으로 구분되며, 도시의 측면과 관광의 측면을 함께 고려하고 있다(서울관광재단, 2020). 스마트 목적지는 특히 ICT를 활용하여 도시 전반에 걸쳐 수집, 교환, 프로세싱한 데이터를 적절한 곳에서 효율적으로 사용하는 것이 주요 특징 중 하나이다. 스마트 목적지의 네 가지 주요 영역(즉, 구성요소)은 유럽연합의 "European Capital of Smart Tourism"에서 제시한 네 가지 영역을 기반으로 하였으며(European Union, 2019)[1], 각 영역은 다음과 같이 정의할 수 있다(서울관광재단, 2020). 첫 번째 영역인 **매력성**Attractiveness은 해당 도시가 보유하고 있는 유형 또는 무형의 관광 매력물이 인터넷이나 스마트 기술을 통해 제공되고 있는 정도를 의미한다. 즉, AR이나 VR, 또는 AI와 같은 기술을 유형 또는 무형의 관광 매력물에 접목시켜 관광객들에게 보다 풍부하고 현장감 있는 관광 경험을 제공할 수 있는 정도를 말한다. 두 번째 영역인 **접근가능성**Accessibility은 해당 도시에서 누구나 차별 없이 접근 가능한 관광정보 서비스와 교통 시스템을 갖추고 있는 정도를 의미

1 해당 보고서에서는 네 가지 영역을 접근가능성, 지속가능성, 디지털화, 문화유산과 창의성으로 나누고 있으며 각 영역을 다음과 같이 정의하고 있다. 접근가능성은 모든 관광객이 연령이나 국적, 신체적인 장애의 유무와 관계없이 해당 도시가 제공하는 시스템을 자유롭게 사용할 수 있는지를 의미한다. 지속가능성은 경제·사회·문화적인 측면의 균형 잡힌 발전을 유지하면서 한편으로는 지속적으로 자연환경을 유지하고 관리할 수 있는가를 의미한다. 디지털화는 ICT를 통해 해당 도시가 도시 이용자의 다양한 요구사항에 맞는 혁신적이고 풍부한 관광 경험을 제공하고 있는가를 의미한다. 문화유산과 창의성은 해당 도시가 보유하고 있는 문화유산과 관광 관련 창조 산업이 보다 풍부한 관광 경험을 제공하기 위해 얼마나 전략적으로 활용되고 있는지를 의미한다.

한다. 즉, 장애인이나 비장애인에 관계없이 누구나 손쉽고 편리하게 그 도시가 제공하는 각종 관광 관련 정보와 교통 시스템을 사용 가능하게 함으로써 보다 높은 수준의 접근성을 제공하고 있는 정도를 말한다. 세 번째 영역인 **디지털 준비도** Digitalization readiness는 최신 ICT를 기반으로 보다 높은 품질의 스마트관광 정보를 제공할 수 있는 데이터 개발 및 해당 인프라를 구축한 정도를 의미한다. 스마트관광도시는 도시 전반에 걸쳐 수집된 데이터를 기반으로 주요 서비스가 제공된다. 즉, 양질의 데이터 수집이 가능한 인프라와 시스템을 갖추고 있으며, 수집된 데이터가 적재적소에 가치 있게 활용되도록 개방함으로써 데이터 활용이 가능해지는 정도를 의미한다. 네 번째 영역인 **지속가능성** Sustainability은 해당 도시가 사회적·경제적·환경적으로 지속가능한 성장을 할 수 있는 기반을 갖추고 있는 정도를 말한다. 즉, 그 도시가 사회적·경제적·환경적으로 기반을 잘 갖추고, 지속적인 관리를 통해 도시의 경쟁력을 제고하고 장기적인 발전이 가능하도록 하는 정도를 의미한다.

스마트 비즈니스 생태계smart business ecosystems는 스마트 목적지를 구성하는 다양한 이해관계자들로 구성된다(Koo et al., 2019). 즉, 정부 및 지자체 등과 같은 유관기관, 해당 도시에 거주하는 시민, 지역 커뮤니티 등 해당 도시와 직접적인 관련이 있는 이해관계자뿐만 아니라, 해당 도시를 방문하는 관광객과 관광업계를 포함한다. 따라서 스마트 비즈니스 생태계는 도시 영역뿐만 아니라 관광 영역을 함께 아우르고 있다(서울관광재단, 2020). 그러나 건강하고 지속가능한 스마트 비즈니스 생태계를 유지하기 위해서는 이들 간의 상호 유기적인 관계

형성을 통해 **협력적인 파트너십** Collaborative partnership 을 잘 구축하는 것이 무엇보다 중요하다(서울관광재단, 2020). 즉, 적극적 참여를 통한 이해관계자 상호 간의 협력적 파트너십을 기반으로 서로 상생할 수 있는 유기적인 관계를 형성할 수 있다. 이는 곧 지속적이고 건강한 스마트 비즈니스 생태계를 유지하는 원동력으로 작용하게 된다.

스마트 경험smart experience은 해당 도시에서 관광객 또는 거주민이 느끼는 기억에 남을 만한 스마트관광 경험의 정도를 의미한다. 스마트 기술의 활용으로 보다 풍부한 관광 경험을 제공할 수 있게 되었다(Lee et al., 2020). 이는 도시와 관광 영역에서 여러 가지 성과를 통해 살펴볼 수 있다. 도시 영역에서는 대표적으로 트립어드바이저와 같은 온라인 사이트에서 해당 도시에 대한 온라인 리뷰 수의 증가를 통해 살펴볼 수 있으며, 해당 도시 거주민의 삶의 질이 어느 정도 향상되었는지 확인할 수도 있다. 관광 영역에서는 해당 도시의 관광객 수 증가를 통해 살펴볼 수 있으며, 해당 도시를 방문한 관광객의 스마트관광 경험에 대한 인식과 만족도가 어느 정도인지를 확인할 수도 있다.

이처럼 스마트관광도시의 개념적 프레임워크는 스마트 목적지와 스마트 비즈니스 생태계의 상호작용을 통해 스마트 경험에 영향을 미치게 된다. 따라서 스마트관광도시를 보다 체계적으로 관리하고, 궁극적으로 해당 도시가 스마트관광도시로서 경쟁력 있는 수준을 갖추기 위해서는 현재의 상태를 파악하고 관리할 수 있는 평가지표가 필요하다. 이러한 스마트관광도시의 평가지표를 개발하기 위한 분류체계는 〈표 1〉과 같이 정리할 수 있다(서울관광재단, 2020).

〈표 1〉 스마트관광도시 평가지표 분류 체계

대분류	정의	중분류
매력성 (Attractiveness)	유·무형의 관광 매력물이 인터넷 또는 ICT(스마트 기술)를 통해 제공되는 정도	• 스마트 매력물 • 스마트 편의시설 • 스마트 콘텐츠 • 온라인 인기도
접근가능성 (Accessibility)	누구나 접근가능한 관광정보(관광정보 서비스) 및 교통 시스템을 갖춘 정도	• 스마트 편의성 • 스마트 모빌리티 • 배리어 프리 디자인
디지털 준비도 (Digitalization readiness)	최신 ICT를 기반으로 고품질의 스마트 관광 정보 제공이 가능한 데이터 개방 및 인프라 구축 정도	• 디지털 인프라 • 정보 개방성 • 스마트 플랫폼 • 스마트 서비스 기술
지속가능성 (Sustainability)	스마트관광도시의 사회·경제·환경적 지속 성장을 위한 기반을 갖춘 정도	• 생활 및 관광 환경 • 관광 창의 혁신성 • 관광 안전성 • 도시 회복 탄력성
협력적 파트너십 (Collaborative partnership)	스마트관광도시 이해관계자 집단(거주민, 관광객, 유관기관)의 상생을 위한 스마트관광 생태계 구축 정도	• 주민과 관광객 상생 • 리빙랩 활성화 • 스마트관광 거버넌스

출처: 서울관광재단, 2020, 저자 재구성.

2. 스마트관광도시의 발전 모델

1) 성숙도 모델의 개념 및 정의

성숙도 모델maturity model은 측정하고자 하는 대상(예: 비즈니스 프로세스)에 대한 성숙도 수준으로 구성된다. 즉, 성숙도 모델은 측정 대상의 수준을 정의하는 몇 개의 발전 단계로 구성되어 있으며, 단계가 높아질수록 해당 조직이나 기관이 원하는 이상적이고 바람직한 수준의 모습을 나타내게 된다. 최하위 단계와 최상위 단계에 있는 두 극단 사이의 발전 경로를 진행하려면 해당 조직이나 대상의 역량 또는 프로세스 성과에 관한 지속적인 관리가 필요하다. 따라서 성숙도 모델은 발전 단계, 즉 진화 경로에서의 위치 평가를 위한 척도의 역할을 할 수 있다. 또한 성숙도 모델은 특정 성숙도 수준에 도달하기 위해 충족해야 하는 기준과 특성을 제공하므로, 성숙도 수준 평가를 통해 해당 조직이나 기관의 현재 상태가 어떤지 그 순간을 포착할 수 있는 스냅샷snapshot을 얻을 수 있게 된다. 따라서 성숙도 모델은 현재 상태에 대한 분석 결과를 기반으로 개선 조치에 대한 권장 사항을 도출하고 우선순위를 지정함으로써 더 높은 성숙도 수준에 도달할 수 있는 가이드라인을 제시할 수 있다(Becker et al., 2009; ISACA, 2012).

2) 성숙도 모델의 주요 단계

성숙도 모델은 정보기술 또는 소프트웨어 품질 보증을 위해 널리 쓰이고 있는데, 대표적인 모델은 〈표 2〉와 같다. CMMICapability Maturity Model Integration는 소프트웨어 품질 보증 기준으로 널리 알려진 CMMCapability Maturity Model의 후속 모델이다. 이 모델은 소프트웨어 제품이나 서비스의 개발, 획득, 유지보수 등을 위한 조직의 프로세스 및 관리 능력을 향상시킬 수 있는 가이드라인을 제공하며, 총 5단계로 구성되어 있다. SPICESoftware Process Improvement and Capability dEtermination, ISO 15504 모델은 국제표준화기구International Standardization Organization, ISO의 소프트웨어 프로세스 모델로, 소프트웨어 프로세스 평가를 위한 프레임워크를 제공한다. 고객-공급, 공학, 지원 관리, 조직 프로세스 등을 평가 대상으로 하며 총 6단계로 구성되어 있다. ISACAInformation Systems Audit

〈표 2〉 소프트웨어 및 정보기술 분야 성숙도 모델 예시

모델명/연구자	레벨 0	레벨 1	레벨 2	레벨 3	레벨 4	레벨 5
CMM	–	초기 (Initial)	반복됨 (Repeatable)	정의됨 (Defined)	관리됨 (Managed)	최적화됨 (Optimizing)
CMMI	–	초기 (Initial)	관리됨 (Managed)	정의됨 (Defined)	정량적으로 관리됨 (Quantitatively Managed)	최적화됨 (Optimizing)
SPICE	불완전함 (Incomplete)	수행됨 (Performed)	관리됨 (Managed)	수립됨 (Established)	예측됨 (Predictable)	최적화됨 (Optimizing)
COBIT	존재하지 않음 (Non-existent)	초기/일시적임 (Initial/Ad-Hoc)	반복됨 (Repeatable)	정의된 프로세스 (Defined Process)	관리됨 & 측정가능함 (Managed & Measurable)	최적화됨 (Optimized)
Curley & Kenneally (2011)	–	초기 (Initial)	기본 (Basic)	중간 (Intermediate)	고도화됨 (Advanced)	최적화됨 (Optimizing)
Donnellan et al. (2011)	–	초기 (Initial)	기본 (Basic)	중간 (Intermediate)	고도화됨 (Advanced)	최적화됨 (Optimizing)

and Control Association에서 제안한 COBIT Control Objectives for Information and Related Technology 모델은 정보기술의 보안 및 통제에 관한 지침과 프레임워크를 제시하고 있으며, 총 6단계로 구성되어 있다.

CMM, CMMI, SPICE, COBIT 모델은 대체적으로 초기 initial 단계, 반복/관리 repeatable/managed 단계, 정의 defined 단계, 정량적 관리 quantitatively managed 단계, 최적화 optimizing 단계로 구성되어 있음을 알 수 있다. **초기 단계**는 대상 프로세스가 존재하지 않는 단계를 의미한다. **반복/관리 단계**에서는 프로세스가 반복적으로 수행되거나 규칙화된 프로세스가 존재하며 기본적인 관리 체계를 수립하게 된다. 즉, 전사 차원의 표준 프로세스는 아직 정립되지 않았지만, 개별 프로젝트마다 프로

세스가 존재한다. **정의 단계**는 조직 차원의 표준화된 프로세스가 존재하며, **정량적 관리 단계**는 측정 가능한 정량적인 프로세스가 존재하는 단계를 의미한다. **최적화 단계**는 지속적인 프로세스 개선 활동이 이루어지는 단계를 의미한다(김치수, 2015).

Curley & Kenneally(2011)는 5단계로 구성된 IT Capability Maturity Framework[IT-CMF]를 제시했다. IT 예산관리[managing the IT budget], IT 역량관리[managing the IT capability], 비즈니스 가치를 위한 IT 관리[managing IT for Business Value], 비즈니스와 같은 IT 관리[managing IT like a Business]의 네 가지 영역이 핵심 프로세스로 구성되어 있다. Donnellan et al.(2011)은 지속가능한 ICT를 위한 역량 성숙도 모델을 개발했다. 이 모델은 5단계로 구성되어 있으며, 전략 및 계획[strategy and planning], 프로세스 관리[process management], 사람 및 문화[people and culture], 거버넌스[governance]를 주요 평가 영역으로 포함하고 있다.

한편 공공 분야에서는 전자정부 개발을 위해 다양한 성숙도 모델이 개발되었다. 특히 컨설팅 회사나 국제기구, 연구자들은 전자정부[e-government] 개발 가이드라인과 함께 향후 발전 방향을 제공하고 관련 이니셔티브 평가를 촉진하기 위해 다양한 성숙도 모델을 제안했다(〈표 3〉 참조). 이러한 성숙도 모델의 대부분은 데이터 제공을 전자정부 개발의 첫 번째 단계로 간주한다(Kalampokis et al., 2011). Deloitte Research(2000)는 6단계로 구성된 성숙도 모델을 제시했으며, 웹 기반 앱의 우수성과 기업 혁신의 정도라는 두 가지 축을 사용하여 모델을 설명했다. Layne & Lee(2001)는 전자정부 발전을 위한 4단계 성숙도 모델을 제시했으며, 조직적·기술적 복잡성 측면뿐만 아니라 다양한 수준의 통합적인 측면을 함께 고려했다. West(2004)는 4단계로 이루어진 전자정부 발전 트랜스포메이션에 대해 설명했다. Siau & Long(2005)은 해당 영역의 연구자와 실무자를 위한 공통 참조 프레임을 만들기 위해 당시의 전자정부 단계 모델을 통합하는 5단계 모델을 개발했다. 이 모델에서는 시간, 복잡성, 통합, 이점, 비용 측면에서 각 단계에 관해 설명하고 있다. Andersen & Henriksen(2006)은 Layne & Lee(2001)의 모델을 기반으로 4단계로 구성된 전자정부 모델을 제안했으며, 활동 중심 웹사이트의 정도와 최종 사용자의 정보 및 서비스 요청 처리를 주요 차원으로 구성했다. European Union(2009)은 5단계로 구성된 전자정부 성숙도 모델을 제시했다. Lee(2010)는 기존의 전자정부 개발 모델을 비교하여 여러 단계 모델에 대한 공통 참조 프레임워크를 제안했다. 이 프레임워크는 5단계로 구성되어 있으며 시민/서비스 관점과 운영/기술 관점의 차원에 중점을 두고 있다.

도시 분야에서는 주로 스마트도시를 대상으로 성숙도 모델 연구가 이루어지고 있다(〈표 4〉 참조). IDC(2013)는 해당 도시의 거버넌스 프로세스 향상을 위한 5단계로 구성된 스마트도시 성숙도 모델Smart City Maturity Model을 제시했다. UrbanTide(2015)는 스코틀랜드 도시Scottish cities를 지원하기 위한 스마트도시 평가 모델을 개발했다. 이 모델은 IDC(2013)의 모델과 British Standards Institute(BSI)(2014)가 발표한 보고서에서 제안한 지표를 통합하여 개발한 것으로, 전략적 의도strategic intent, 데이터 및 ICT data and ICT, 기술과 혁신technology and innovation, 서비스 제공service delivery, 도시 전체 참여city-wide engagement를 주요 차원으로 구성했다. 또한, ISO는 스마트도시의 표준화 및 지속가능한 스마트도시

〈표 3〉 전자정부 성숙도 모델 예시

연구자	레벨 1	레벨 2	레벨 3	레벨 4	레벨 5	레벨 6
Deloitte Research (2000)	Information publishing/ dissemination	Official two-way transactions	Multi-purpose portals	Portal personalization	Clustering of common services	Full integration and enterprise transformation
Layne & Lee(2001)	Cataloguing	Transaction	Vertical integration	Horizontal integration	-	-
West(2004)	Billboard	Partial service delivery	Portal	Interactive democracy	-	-
Siau & Long (2005)	Web presence	Interaction	Transaction	Transformation	e-Democracy	-
Andersen & Henriksen (2006)	Cultivation	Extension	Maturity	Revolution	-	-
European Union(2009)	Information	One-way interaction	Two-way interaction	Transaction	Targetization/ Automation	-
Lee(2010)	Presenting	Assimilating	Reforming	Morphing	e-Governance	-

〈표 4〉 스마트도시 성숙도 모델 예시

연구자	레벨 1	레벨 2	레벨 3	레벨 4	레벨 5
IDC (2013)	Ad Hoc (Siloed)	Opportunistic (Intentional)	Repeatable (Integrated)	Managed (Operationalized)	Optimized (Sustainable)
UrbanTide (2015)	Ad-Hoc (Siloed)	Opportunistic (System collaboration)	Purposeful & Repeatable (System integration)	Operationalised (Managed system)	Optimised (Sustainable and open 'system of systems')
ISO (2018)	Poor	In progress	Mature	Advanced	Excellent

〈표 5〉 DMO 및 스마트관광 성숙도 모델 예시

연구자	레벨 1	레벨 2	레벨 3	레벨 4	레벨 5
Marchiori et al. (2012)	Unrecognized	Recognized	Considered	Implemented	Integrated
Lim et al.(2019)	Ad-Hoc	Basic	Intermediate	Advanced	Optimizing

개발을 위해 2018년 스마트도시 국제인증인 ISO 37106을 제정했다. 이 모델은 5단계의 성숙도 수준으로 구성되어 있으며, 도시의 비전, 시민 중심의 통합 서비스 구현, 로드맵, 인프라 관리 등의 네 가지 원칙을 기준으로 총 24개 영역에 대해 성숙도 수준을 평가한다.

관광 분야에서도 성숙도 모델 연구가 이루어지고 있으나 아직 다른 분야에 비해서 연구가 많이 이루어져 있지 않다. 대표적으로 살펴볼 수 있는 모델은 〈표 5〉와 같다. Marchiori et al.(2012)은 온라인 커뮤니케이션 관리와 관련하여 DMO Destination Management Organization의 성숙도를 평가하는 이투어리즘 커뮤니케이션 성숙도 모델 eTourism Communication Maturity Model, eTcoMM을 제안했다. 직원교육 staff training, 검색엔진 search engines, Back-links, 사용분석 usages analysis, eWOM 분석 eWOM analysis 프로세스를 대상으로 평가하며 5단계의 성숙도로 구성되어 있다. Lim et al.(2019)은 지속적인 스마트관광을 위한 능력 성숙도 수준을 측정하는 스마트관광 능력 성숙도 모델 Smart Tourism Capability Maturity Model을 제안했다. 이 모델은 스마트관광 관리/운영 governing smart tourism, 데이터 및 관광자원 관리 managing data and tourism resources, 인프라 및 서비스 관리 managing infrastructure and services, 공공 관광 인식 촉진 fostering public tourism management, 공동 창작 촉진 facilitating co-creation, 관광 가치 실현 realizing tourism values을 대상으로 5단계의 성숙도 수준을 제시한다.

3) 스마트관광도시의 발전 단계 제안

앞서 살펴본 성숙도 모델을 토대로 스마트관광도시의 성숙도 수준을 구성하는 발전 단계를 〈표 6〉과 같이 구성해볼 수 있다. **초기 단**

〈표 6〉 스마트관광도시의 발전 단계 제안

영역	레벨 1 초기 단계 (Initial)	레벨 2 기본 단계 (Basic)	레벨 3 중간 단계 (Intermediate)	레벨 4 고도화 단계 (Advanced)	레벨 5 최적화 단계 (Optimized)
매력성 (Attractiveness)	유·무형의 관광 매력물이 인터넷이나 스마트 기술을 통해 거의 세공뇌시 않음	유·무형의 관광 매력물이 인터넷이나 스마트 기술을 통해 제한적 또는 부분적으로 제공됨	유·무형의 관광 매력물이 인터넷이나 스마트 기술을 통해 대부분 제공됨	유·무형의 스마트관광 매력물, 콘텐츠 등이 인터넷이나 스마트 기술을 통해 통합 및 연계되어 제공됨	유·무형의 스마트관광 매력물, 콘텐츠 등이 개별 관광객의 선호도와 상황에 맞게 제공됨
접근가능성 (Accessibility)	누구나 접근 가능한 관광정보 서비스 및 교통 시스템이 거의 갖추어지지 않음	누구나 접근 가능한 관광정보 서비스 및 교통 시스템이 제한적 또는 부분적으로 갖추어짐	누구나 접근 가능한 관광정보 서비스 및 교통 시스템이 대부분 갖추어짐	누구나 접근 가능한 관광정보 서비스 및 교통 시스템이 서로 통합 및 연계됨	누구나 접근 가능한 관광정보 서비스 및 교통 시스템이 개별 사용자의 상황에 맞게 제공됨
디지털 준비도 (Digitalization readiness)	데이터 개방, 디지털 인프라 및 스마트 플랫폼 구축이 거의 이루어지지 않음	데이터 개방, 디지털 인프라 및 스마트 플랫폼 구축이 제한적 또는 부분적으로 이루어짐	데이터 개방, 디지털 인프라 및 스마트 플랫폼 구축이 대부분 이루어짐	데이터 개방, 디지털 인프라 및 스마트 플랫폼 구축이 서로 통합 및 연계되어 이루어짐	데이터 개방, 디지털 인프라 및 스마트 플랫폼이 보다 지능화됨
지속가능성 (Sustainability)	사회·경제·환경적 지속 성장을 위한 기반이 거의 갖추어지지 않음	사회·경제·환경적 지속 성장을 위한 기반이 제한적 또는 부분적으로 갖추어짐	사회·경제·환경적 지속 성장을 위한 기반이 대부분 갖추어짐	사회·경제·환경적 지속 성장을 위한 기반이 상호 유기적으로 연계됨	사회·경제·환경적 지속 성장을 위한 기반을 통해 가치 창출이 가능함
협력적 파트너십 (Collaborative partnership)	스마트관광 생태계가 거의 구축되지 않음	스마트관광 생태계가 제한적 또는 부분적으로 갖추어짐	스마트관광 생태계가 대부분 갖추어짐	스마트관광 생태계를 이루는 이해관계자 집단이 상호 유기적으로 연계됨	스마트관광 생태계를 이루는 이해관계자 집단의 상생이 가능함

계 Initial는 아직 스마트관광도시에 필요한 대부분의 서비스나 인프라에 대한 역량이 갖추어지지 않은 단계이다. 대부분의 서비스나 인프라가 아직 갖추어지지 않았거나 필요에 따라 일시적으로 제공되기도 한다. **기본 단계** Basic는 스마트관광도시에 필요한 서비스나 인프라가 제한적 또는 부분적으로 제공되거나 갖추어진 단계이다. **중간 단계** Intermediate는 스마트관광도시에 필요한 서비스나 인프라 대부분이 제공되거나 갖추어진 단계이다. **고도화 단계** Advanced는 중간 단계에서 갖추어진 서비스나 인프라가 서로 유기적으로 통합 및 연계된 단계로, 이를 통해 시너지 효과를 창출할 수 있다. 마지막 단계인 **최적화 단계** Optimized는 이전 단계까지 갖추어진 역량을 바탕으로 더욱 지능화된 인프라와 서비스를 통해 관광객 개개인에게 최적화된 다양하고 풍부한 관광 경험을 제공해줄 수 있으며, 스마트관광 생태계를 구성하는 이해관계자들의 상생이 가능해지는 단계이다.

3. 결론

스마트관광도시는 해당 도시에서 생성되는 데이터를 수집·분석함으로써 각종 도시문제를 해결하여 거주민의 삶의 질을 향상시키는 한편, 관광객에게는 관광 목적에 최적화된 편의를 제공함으로써 기억에 남을 만한 관광을 경험하게 하는 데 그 목적이 있다(정남호 외, 2019). 따라서 이 장에서는 스마트관광도시의 개념적 프레임워크를 살펴보고 향후 스마트관광도시를 위한 발전 단계를 제안했다. 경쟁력 있고 지속가능한 스마트관광도시가 되기 위해서는 무엇보다 매력성, 접근가능성, 디지털 준비도, 지속가능성, 협력적 파트너십의 역량을 향상시켜야 한다. 이들 각 영역은 초기 단계, 기본 단계, 중간 단계, 고도화 단계, 최적화 단계를 거쳐 발전할 수 있으며, 향후 보다 구체화된 성숙도 모델 평가지표 개발과 적용을 통해 각 스마트관광도시를 대상으로 구체적인 수준을 평가할 수 있게 될 것이다. 이를 통해 향후 각 스마트관광도시가 나아가야 할 방향에 대한 구체적인 가이드라인을 제시할 수 있기를 기대해본다.

온라인 여행사 생태계, 어떻게 바뀔까?[1]

이슬기 _세종대학교 호텔관광경영학과

1. 온라인 여행시장의 성장

1) 글로벌 온라인 여행시장의 성장

전 세계적으로 전자상거래가 확산되면서, 관광 소비자들은 자신에게 맞는 맞춤형 여행상품을 직접 예약하는 디지털 관광객digital traveler으로 변모하고 있다. 전 세계 글로벌 시장조사 기업인 유로모니터 인터내셔널Euromonitor International의 2019년 자료에서는 2019년 세계 여행시장 규모가 2조 5천억 달러를 기록할 것으로 예상했다. 또한 2024년 여행시장을 약 3조 달러 규모로, 1회당 연평균 여행 소비액

1 본 내용은 최경은·이슬기(2020)의 "외국계 OTA와 관광숙박업체 거래구조 분석" 연구에 기반하여 재구성한 것이다.

〈그림 1〉 전 세계 온라인 여행시장 성장 규모 전망

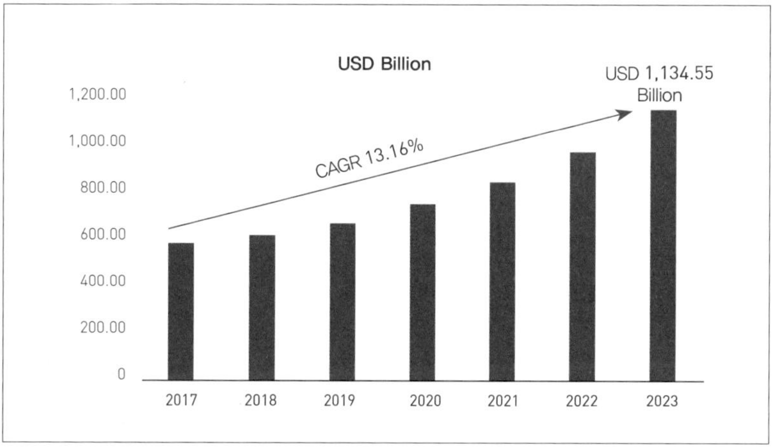

출처: https://www.marketresearchfuture.com

을 1,101달러로 추정했다. 여행산업이 정치적 이슈와 소비자 트렌드 변화로 다양한 위기 상황에 직면하고 있지만, 그럼에도 불구하고 지속적인 성장을 이룰 것이라 분석했다. Market Research Future에서는 전 세계 온라인 여행시장 성장 추세를 전망했다. 그 결과 〈그림 1〉과 같이, 2017년 5,702억 5천만 달러에서 2023년 1조 1,345억 5천만 달러 규모로 연평균 13.16% 성장률을 보일 것으로 전망하여[2] 글로벌 온라인 여행시장의 수요가 증가하는 것을 알 수 있다.

전 세계 주요 지역별 여행시장 대비 온라인 여행시장 침투율을 살펴보면 유럽의 경우 2015년 47%에서 2021년 58%, 미국은 2015년 44%에서 2021년 53%, 아시아·태평양 지역은 2015년 31%

2 2018년부터 예측치.

에서 2021년 48%, 중동 지역은 2015년 27%에서 2021년 41%로 유럽, 미국, 아시아·태평양, 중동 지역 모두 꾸준한 성장세를 보일 것으로 전망된다.[3] 특히 유럽의 경우 OTA(Online Travel Agency, 온라인 여행사)들의 침투율과 수익성이 뛰어난 지역으로 꼽히는데, 이는 미국과 유럽의 호텔산업이 구조적인 차이가 있다는 점에 기인한다. 미국 호텔산업의 경우, 중·대규모 및 체인호텔들이 다수를 차지하고 있기 때문에 브랜드 웹사이트 및 중앙 예약 시스템central reservation system, 그리고 회원 정책 등을 통해 OTA로의 예약 유출을 방지하거나 OTA에서 직접 예약direct booking으로 이용자들을 끌어들일 수 있는 수단을 사용한다. 하지만 유럽의 경우 다수의 호텔들이 소규모 독립 호텔들이라 독자적인 마케팅이나 예약망에 투자할 여건이 되지 않는다. 물론 미국의 경우도 독립호텔들은 OTA를 통한 예약 비율이 58%에 달하지만 유럽의 독립호텔은 예약 비율이 70% 이상임을 감안할 때, 미국의 독립호텔에 비해 더욱 영세하고 여건이 좋지 않음을 알 수 있다. Creative Crest의 보고서 "아시아·태평양 지역의 4대 OTA 동향The Top Four Ota Trends In Asia Pacific"에서는 아시아·태평양 지역이 중국, 인도, 동남아 등 주요 지역의 약진에 힘입어 2015년부터 2020년까지 총매출 기준 약 117%에 달하는 성장(445억 달러에서 965억 달러로)을 달성할 것이라고 예측했다. 따라서 아시아·태평양 지역이 다른 지역과 비교했을 때 OTA 침투율이 높지는 않지만 향후 가장 큰 폭으로 성장할 것으로 보인다.

---

3 2017년부터 추정치.

〈그림 2〉 전 세계 주요 지역별 온라인 여행시장 침투율

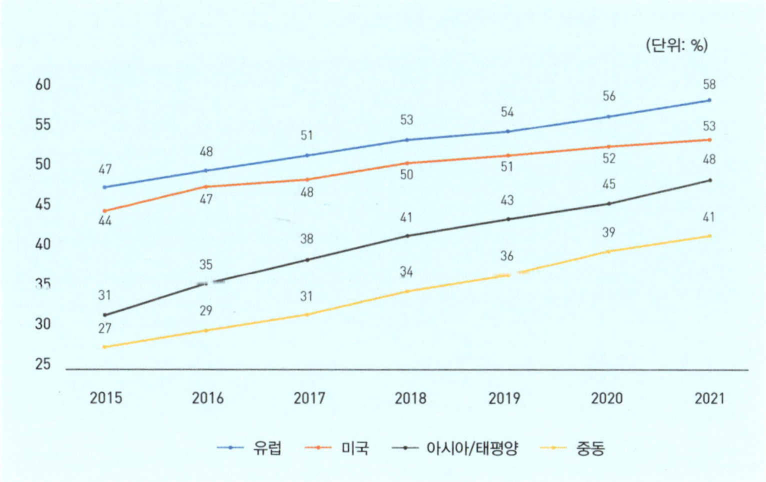

〈그림 3〉 관광객의 온라인·소셜미디어 활용(2016)

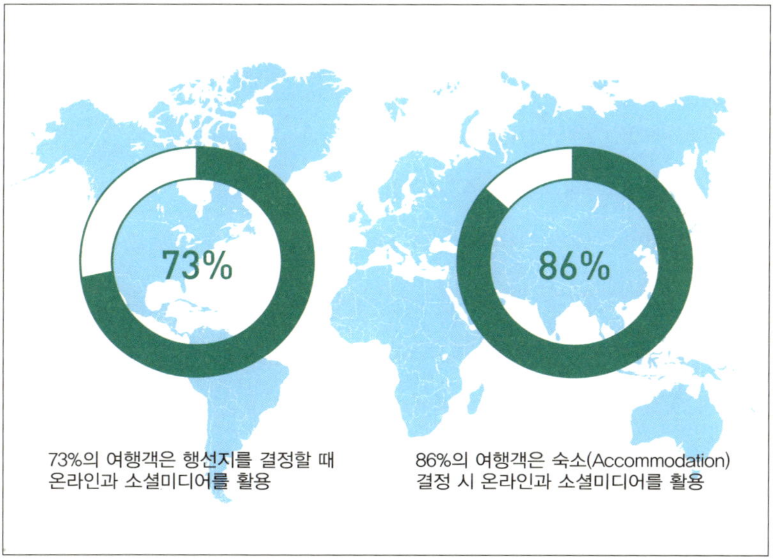

출처: 삼정KPMG 경제연구원, 2018.

모바일 앱 사용과 인터넷 보급의 증가, 온라인 플랫폼 구축 등의 변화로 최근 관광 소비자들은 관광지를 탐색할 때 여행서적이 아닌 검색 엔진과 소셜미디어를 찾으며, 항공권과 숙소, 여행상품 역시 온라인에서 정보를 찾고 예약하는 행태로 변화했다. 트립어드바이저가 2016년 전 세계 33개국 약 3만여 명의 관광객을 대상으로 설문조사를 진행한 결과, 약 73%의 관광객이 여행지를 결정할 때 온라인·소셜미디어를 활용하고, 약 86%의 여행객이 숙소 결정 시 온라인·소셜미디어를 활용한다고 응답했다.

또한 2018년 약 2만여 명의 관광객을 대상으로 숙박 예약 경로에 대하여 설문조사를 진행한 결과 〈그림 4〉와 같이 나타났다. 숙박 예약 시 26%의 관광객이 온라인 여행사OTA를 이용한다고 응답[4]하여 다른 예약 경로와 비교했을 때 OTA가 큰 비중을 차지하고 있다. 이를 통해 온라인에서 단순히 여행정보를 찾아보는 것에 그치지 않고 숙소나 여행상품을 예약하는 관광객이 상당수임을 알 수 있다.

iResearch艾瑞咨询에서는 중국의 2018년 전자상거래 시장 거래 규모가 전년 동기 대비 약 24.2% 성장한 7.5조 위안으로 2020년에는 10.8조 원으로 예측되며, 2020년까지 20% 내외의 성장률을 보이고 있다고 발표했다. 중국 전자상거래 시장 가운데 온라인 쇼핑이 차지하는 비율은 23.3%로, 이는 B2C와 C2C 등 개인 소비자를 겨냥

4 트립어드바이저에서 운영하는 "TripBarometer 2017/18 Global Report"에서는 숙박 예약 경로를 총 78%로 나타냈으며, 20%를 차지하는 기타 항목은 트립어드바이저 웹사이트(7%), 전화 예약(4%), 숙박 모바일 앱(2%), 여행 웹사이트(2%), 기타 온라인 제공업체(2%), 트립어드바이저 모바일 앱(1%), 즉석 예약(1%), 여행사 문의(1%) 순으로 나타났다.

〈그림 4〉 숙박 예약 경로(2018)

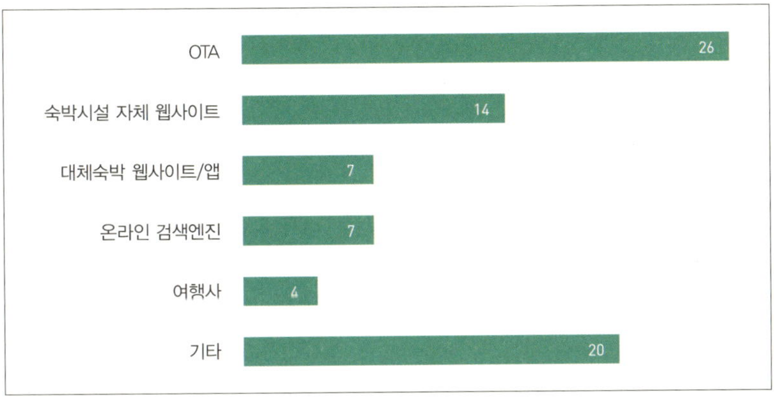

출처: Tripadvisor, "TripBarometer 2017/18 Global Report"를 토대로 재구성.

한 사업 비중이 높다는 것을 의미한다. 또한 모바일 결제 거래액 규모는 2013년에 1.2조, 2017년에 98.7조를 기록하여 연평균 성장률 201.2%를 보이고 있다. 이는 2015년을 기점으로 모바일 기기 기반 교역 점유율이 PC 기반의 점유율을 앞질러, 언제 어디서든 접속할 수 있는 모바일 기기의 장점이 인터넷 발전 및 스마트폰 보급률 상승과 함께 시너지를 냈다고 분석됐다. 특히 온라인 여행시장의 규모는 빠른 속도로 성장하고 있다. 중국 첸잔산업연구원前瞻产业研究院이 발표한 자료[5]에 따르면, 2017년 중국 온라인 여행시장 규모는 7,384억 위안으로 전년 대비 24.3% 성장했으며, 관광 소비자 수의 급격한 증가에 따라 2019년 온라인 여행시장 규모는 9,875억 위안으로 확대될 것으로 전망했다, 중국 온라인 여행시장의 성장 배경은 중국 정부

5 2018년 6월 기준 자료이며 2018년부터는 추정치.

에서 소비 확대를 목적으로 여행산업에 대한 지원을 확대한 점, OTA에 대한 투자가 확대되고 업계 내 인수합병 활성화로 여행시장의 전반적인 환경이 개선되고 OTA 플랫폼 서비스의 질이 크게 향상되었기 때문으로 볼 수 있다.

미국 시장의 경우 2017년 4분기, 크루즈(44%)와 자동차(40%), 호텔(39%) 카테고리에서 모바일 예약 비중이 가장 높았으며, 철도와 항공을 제외한 대부분의 여행상품에서 30% 이상의 비율을 차지하고 있는 것을 확인할 수 있다. 미국에서 모바일을 통한 판매 비중이 지속적으로 증가하여, 2021년에는 전체 온라인 여행시장의 약 49.5%를 차지할 것으로 전망된다. 이마케터가 발표한 2019년 글로벌 이커머스 시장 동향을 살펴보면, 온라인을 통해 거래되는 이커머스 전체

〈그림 5〉 중국 온라인 여행시장 거래 규모 현황 및 예측

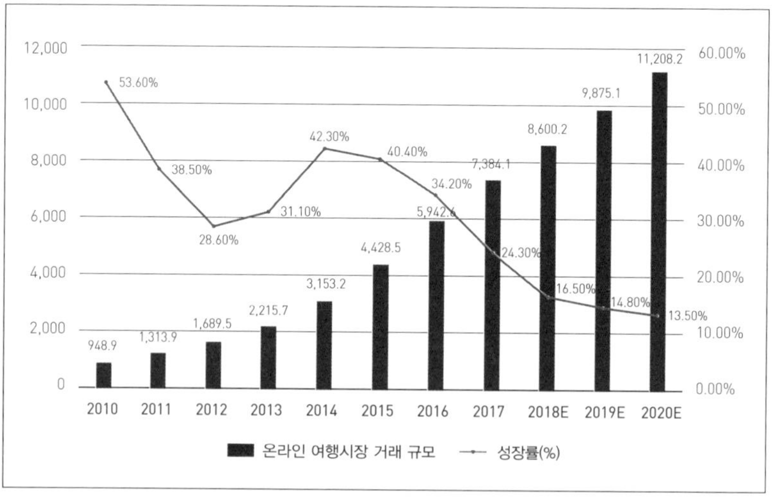

출처: KOTRA(http://news.kotra.or.kr).

시장 규모는 2019년 3,535조 달러로 2018년에 비해 20% 이상 성장했다. 글로벌 온라인 여행시장은 스마트폰의 등장으로 모바일과 온라인 환경이 편리해짐에 따라 큰 규모로 성장했음을 알 수 있다. 이러한 성장 배경 아래 부킹닷컴, 아고다, 호텔스닷컴과 같은 외국계 OTA 중심으로 관광산업이 급속하게 변화했다. 이는 관광객에게 쉽고 빠르게 다양한 여행상품 정보를 제공함으로써 여행 수요를 늘리는 데 큰 역할을 했다. 외국계 OTA는 전자상거래를 기반으로 세계 여행시장 규모의 확대를 가속화하면서 빠르게 성장하는 추세를 보였다. 유럽의 경우 2014년을 기점으로 여행상품의 온라인 예약이 오프라인 예약을 넘어섬에 따라 그 규모가 2018년 479억 유로에 달했으며, 미국의 경우 2022년에 4,410억 달러까지 증가할 것으로 전문가들은 예측했다. 특히, 2012년 한·미자유무역협정[FTA]을 계기로 미국의 대형 OTA들이 국내에 진출했고, 이로 인해 국내 여행산업의 새로운 트렌드가 형성되었다.

〈표 1〉 주요 기기별 온라인 여행상품 예약 현황(2017년 4분기)

구분	액티비티	항공	공유숙박	자동차	크루즈	호텔	패키지	철도
데스크탑	66	78	67	60	56	61	68	86
태블릿	9	5	13	7	22	6	4	6
스마트폰	25	17	20	33	22	33	28	8
모바일 전체[6]	34	22	33	40	44	39	32	14
전년 대비 증감률	-3	+2	+4	+10	+1	+10	+6	-3

출처: https://www.criteo.com 토대로 작성.

6 '모바일 전체'는 태블릿과 스마트폰을 말한다.

2) 국내 온라인 여행시장

온라인, 모바일 등 IT 환경의 발전으로 국내 온라인 쇼핑 시장 또한 새로운 변화를 맞이하고 있다. 2019년 11월 온라인 쇼핑 거래액이 지난달보다 1조 원 가까이 증가하면서 사상 첫 12조 원을 넘어섰다. 2018년 동월과 비교하면 20.2% 증가한 것으로, 무려 2.1조 원 늘어난 규모이다. 온라인 쇼핑 거래액 중 모바일 쇼핑 거래액은 8.4조 원으로 역대급 거래 규모를 기록하여 상승세를 이어갔다. 또한 전월 대비 9.1% 증가, 전년 동월 대비 28.1% 증가했다. 온라인 쇼핑 중 모바일 쇼핑이 차지하는 비중도 65.9%를 기록했다. 통계청이 제시한 2019년 12월 온라인 쇼핑 거래액은 총 12.5조로 나타났다. 그중 여행 관련 거래액은 1.5조 원으로 옷(1.4조), 가전제품(1.2조 원), 식·음료품(1.2조 원)보다 높아, 상품군별 전체 거래액에서 1위를 차지할 정도

〈그림 6〉 2019년 12월 온라인 쇼핑 거래액

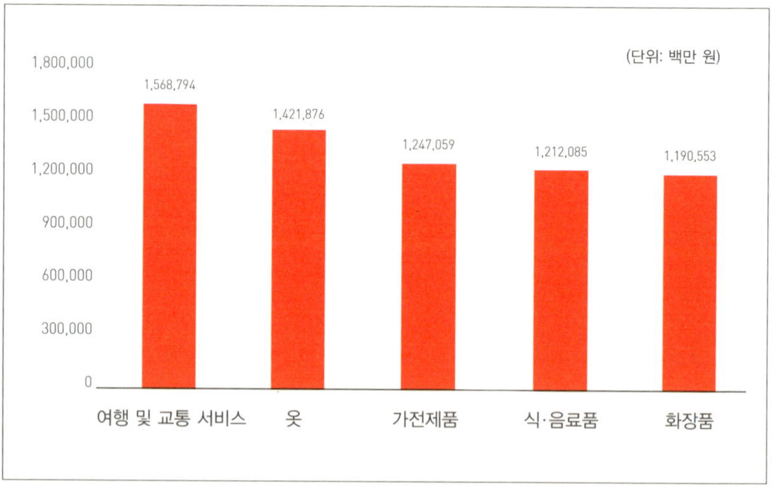

로 그 비중이 증가했다. 2019년 국민 여행 조사에서는 여행정보 획득 경로(관광여행)에서 '인터넷 사이트/모바일 앱'이 11.2%를 차지하여 여행사(0.8%), 관광안내 서적(0.8%)보다 상대적으로 높게 나타나 디지털화에 따른 소비자의 변화된 행태를 확인할 수 있다.

또한 글로벌 시장조사 기업인 유로모니터 인터내셔널Euromonitor International의 2019년 한국 여행시장 규모는 〈표 2〉와 같이 나타났다. 2019년 한국 여행시장 규모는 577억 달러로 추정되었다. 이 중 온라인 여행시장 규모는 228억을 차지했고, 모바일 여행시장은 온라인 여행시장의 56%에 달하는 128억 달러에 이르는 것으로 조사됐다. 유로모니터는 2024년 한국 여행시장 규모가 694억 달러, 이 중 모바일 여행시장은 240억 달러까지 성장할 것으로 전망해, 온라인·모바일 시장이 지속적으로 발전할 것으로 분석했다.

온라인 쇼핑시장이 확대됨에 따라 국내 여행산업의 트렌드도 변화하고 있다. 민소라·이슬기(2015)의 연구에 의하면 오프라인 여행사를 중심으로 여행상품 거래가 이루어졌던 과거와 달리, 외국계 OTA가 국내 시장으로 진입하면서 국내 여행사의 유통구조도 온라인 중심으로 변화하고 있다. 그뿐만 아니라 정보통신기술의 발달과

〈표 2〉 한국 여행시장 전체 규모

(단위: 십억 달러, 2019년 고정환율 기준)

국가	구분	단위	2018	2019(예상)
한국	여행시장	USD billion	54.5	57.7
	온라인 여행시장	USD billion	20.2	22.8
	모바일 여행시장	USD billion	10.1	12.8

디지털 플랫폼 전환에 따라 기존의 대형 여행사들도 웹사이트를 구축하여 온·오프라인을 병행하면서 온라인 여행사가 확대되기 시작했다. 특히 관광 소비자의 행태는 외국계 OTA와 저비용항공사LCC의 등장으로, 여행사가 계획한 일정에 따라 관광지를 둘러보는 패키지 여행보다 관광지에서 다양한 액티비티와 현지 문화를 체험하는 등 개인의 취향을 반영한 개별 자유여행Free/Foreign Independent Tour, FIT으로 변모했다. 밀레니얼 세대[7]의 ICT 활용 능력이 다른 세대에 비해 탁월하다는 특이점이 온라인 여행시장의 트렌드를 가속화했다. 세종대학교 관광산업연구소와 컨슈머인사이트가 2018년 1분기 기준 성인 1,027명을 대상으로 조사한 바에 따르면, 응답자의 70%가 국외 여행 시 온라인 여행사를 통해 숙박업체를 예약한 것으로 나타났다. 또한 종합여행사를 통한 항공권 구매 비중이 2017년 17.2%에서 2018년 14.7%로 낮아진 반면, 소비자가 직접 상품을 비교·구매하는 OTA 비중은 14.7%에서 16.2%로 상승했고, 항공사를 통한 직접 구매도 49.1%에서 51.5%로 상승했다. 뿐만 아니라, 〈그림 7〉과 같이 향후 이용할 의향이 있는 여행사 Top 5를 조사한 결과, 국내 여행사 대부분의 선호율이 하락했으며 '선호 여행사 없음'이 2016년 상반기 24%에서 2018년 상반기 33%로 9% 증가했다. 이는 많은 해외여행 계획자들이 종합여행사의 대안을 찾고 있음을 보여줌과 동시에 개별 여행·OTA가 유력한 대안으로 선택되고 있음을 나타낸다. 아울

7 밀레니얼 세대는 1980년대 초반부터 2000년대 초반에 출생한 세대를 말한다. 대부분 베이비붐 세대의 자녀들로 다른 세대에 비해 IT에 능통하고 활용능력이 탁월하다는 특징이 있다.

〈그림 7〉 향후 이용할 의향이 있는 여행사 Top 5(2018)

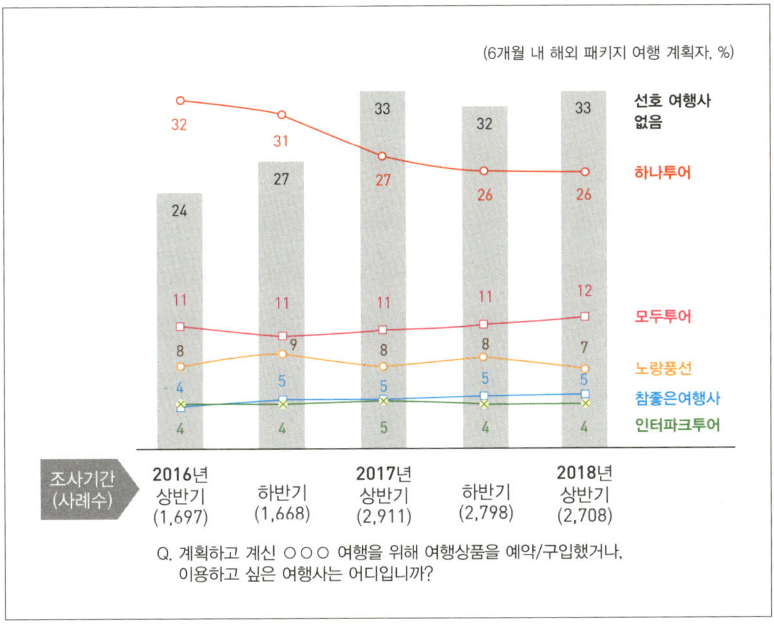

출처: 컨슈머인사이트, 2018.

러 소비자가 전자상거래를 기반으로 하는 OTA 플랫폼을 통해 항공권, 호텔 등 다양한 여행상품을 직접 검색하고 예약하는 과정을 거쳐 개별 자유여행의 욕구를 충족시키고 있다고 해석할 수 있다.

2. 외국계 및 국내 OTA 현황

1) 외국계 OTA 현황

외국계 OTA는 1994년 호텔 검색 사이트인 Travelweb.com에서 온라인 예약 기능을 최초로 선보인 것을 시작으로 지난 수년간 지속적으로 발전을 거듭해왔으며 해외 시장 점유율을 높이고 있다(김현주, 2017). 〈그림 8〉에서는 주요 외국계 OTA의 매출 비율을 나타냈다. 2019년 기준 8곳의 OTA와 2곳의 메타 서치 엔진에서 외국계 OTA인 부킹홀딩스Booking Holdings가 40.7%, 익스피디아Expedia가 32.6%, 씨트립Ctrip이 13.8%를 차지했으며 3대 외국계 OTA의 매출 합계[8]가 전체의 약 87%를 차지했다. 기타 12.9%에는 트립어드바이저(33%), 트리바고(20%) 등의 메타 서치 엔진이 포함되어 있다.

주요 외국계 OTA 매출 현황을 보았을 때, 부킹홀딩스는 3.7%, 익스피디아가 7.5%의 매출 성장률을 보였다. 씨트립의 경우 부킹홀딩스나 익스피디아에 비해 매출 비율에 있어 차이가 있으나, 글로벌 시장에서 후발주자임에도 불구하고 2019년 12.3%의 성장률을 보였다. 트립어드바이저와 트리바고는 각각 -3.4%, -8.3%로 하락했는데, 이는 구글 호텔 광고Google Hotel Ads가 성장한 결과라 해도 과언이 아니다. 다음 재무제표 표본에는 OTA를 중점적으로 다뤄 포함되어 있지 않지만, 호텔 객실 전문 판매 솔루션 및 디지털 마케팅 테크를 서비스하는 D-EDGE가 호텔의 직접적인 수익에 기여하는 모든 광고 채널들을 분석했다. 그 결과 구글 호텔 광고는 전체 메타 서치 예약의 57%를 차지하는 것으로 나타나, 클릭 수와 호텔 예약 건수 측면에서 현재 가장 큰 메타 서치 채널임이 증명되었다.

막대한 자본력과 광범위한 네트워크를 기반으로 전 세계로 시장

8 8곳의 OTA와 2곳의 메타서치 업체를 대상으로 함.

〈그림 8〉 주요 외국계 OTA · 메타 서치 엔진의 매출 비율(2019)

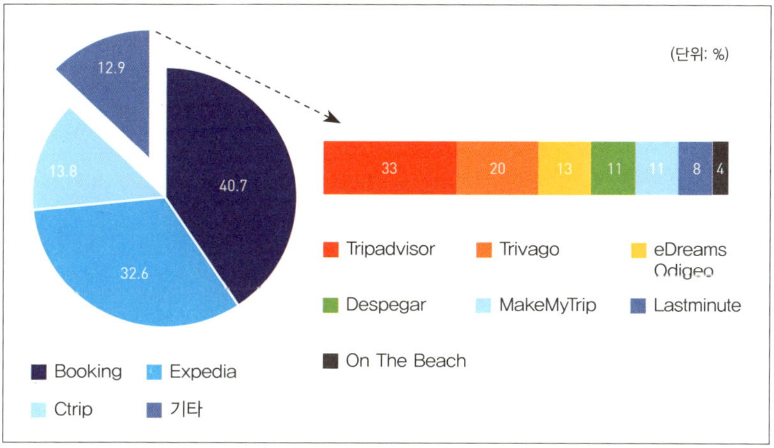

출처: Travel Tech Essentialist를 토대로 재구성.

〈표 3〉 주요 외국계 OTA 매출 현황(2014~2019)

(단위: 십억 달러)

	2014	2015	2016	2017	2018	2019	연평균 성장률
Booking	$8.44	$9.22	$10.74	$12.68	$14.53	$15.07	3.7%
Expedia	$5.76	$6.67	$8.77	$10.06	$11.22	$12.07	7.5%
Ctrip	$1.14	$1.68	$2.80	$4.10	$4.54	$5.10	12.3%
Tripadvisor	$1.25	$1.49	$1.48	$1.56	$1.62	$1.56	-3.4%
Trivago	€0.31	€0.49	€0.75	€1.04	€0.91	€0.84	-8.3%
MakeMyTrip	€0.30	€0.34	€0.45	€0.64	€0.52	€0.53	0.6%
eDreams Odigeo	€0.44	€0.46	€0.49	€0.51	€0.52	€0.56	8.2%

출처: 각 회사의 재무제표 및 Statista.com

점유율을 확장해가고 있는 부킹홀딩스와 익스피디아, 중국의 트립닷컴(구 씨트립)에 대해 좀 더 구체적으로 살펴보겠다. 글로벌 OTA 시장은 익스피디아와 부킹홀딩스에 의한 복점구조로 2010년 이전에는 익스피디아의 연 매출이 더 높았다. 그러나 2010년부터 익스피디아가 3,034백만 달러, 부킹홀딩스가 3,085백만 달러로 부킹홀딩스의 연 매출이 더 높게 나타나면서 2018년까지 꾸준한 성장세를 보였다.

부킹홀딩스는 2018년 3월 프라이스라인이 회사명을 변경한 것으로, 1997년 '당신의 자격을 제시하라Name Your Own Price'는 슬로건으로 첫 여행 서비스를 시작했다. 이후 부킹닷컴 인수를 시작으로 아시아 온라인 숙박 예약업체인 아고다, 메타 서치 검색엔진인 카약, 오픈테이블, 모몬도그룹, 렌터카 예약 엔진인 렌탈카닷컴 등을 순차적으로 인수하면서 미국에서 가장 규모가 큰 OTA로 성장했다. 또한 2018년 12월 호텔스컴바인을 인수하고 동남아의 O2O 모바일 플랫폼인 그랩, 모바일 운송 플랫폼인 Didi와 전략적 파트너십을 맺음으로써 아시아 지역의 지배력을 강화했다. 이러한 인수합병을 통해서 인지도 높은 여러 브랜드 간의 네트워크 강화 효과가 기대된다. 또한 여행 수요 증가세가 높은 아시아에서 입지를 구축하고 있는 호텔스컴바인을 인수해, 아시아에서의 점유율 증가에 기여할 것으로 예상된다.

부킹홀딩스가 미국 동부에 위치해 있다면 익스피디아는 미국 서부 워싱턴주 벨뷰를 거점으로 성장했다. 2017년 기준 익스피디아 그룹의 매출은 약 105달러로, 부킹홀딩스에 이어 두 번째로 큰 규모의 OTA이다. 2018년 3월 익스피디아에서 익스피디아 그룹으로 사명을 변경했으며, 1996년 마이크로소프트의 여행 서비스 부서로 익스피디아를 론칭하면서 이름을 알렸다. 이후 트래블스케이프, 호텔스닷컴, 이젠시아Egencia, 비너스Venere, 모비아타Mobiata, 대체 숙박 서비

〈그림 9〉 부킹홀딩스와 익스피디아 그룹 연매출 추이(2008~2018)

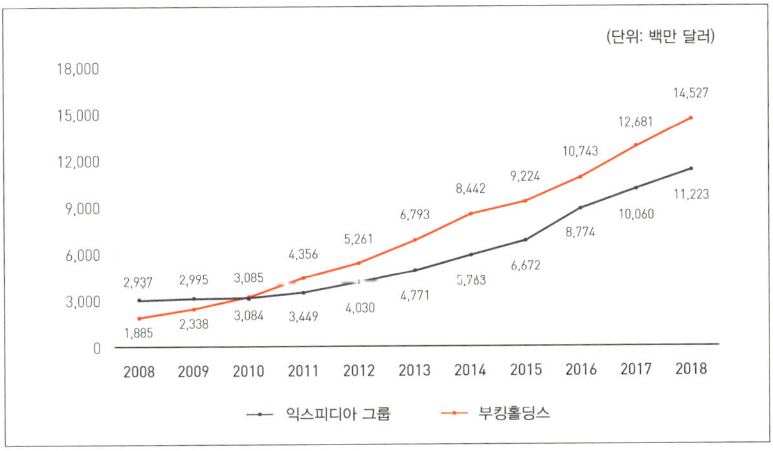

출처: 익스피디아와 부킹홀딩스의 연차보고서(각 연도)를 바탕으로 작성.

스 업체인 홈어웨이Homeaway, 오비츠 월드와이드Orbitz Worldwide, 트리바고, 중국의 철도 예약업체인 실버 레일 등을 차례로 인수하여 몸집을 키웠다. 이 복점 기업들은 공통적으로 호텔, 항공권, 렌터가 예약뿐만 아니라 OTA 가격 비교가 가능한 메타 서치 엔진까지 보유해, 여행자들을 자사 OTA로 유입시켜 예약하도록 유도하여 수입을 올리는 전략을 구사하고 있다(김현주, 2017). 외국계 OTA 시장은 사실상 부킹홀딩스와 익스피디아 그룹같이 인수합병을 통해 규모를 확대하고 기술 제휴를 통해 사업을 다각도로 확장하고 있다. 부킹홀딩스와 익스피디아 그룹의 주요 인수합병 현황은 〈표 4〉를 통해서 확인할 수 있다.

중국의 씨트립은 1999년 출범한 최대 규모의 종합 여행사이다. 씨트립 그룹의 시가총액은 2019년 1월 2일 기준 약 150억 달러에 달

〈표 4〉 부킹홀딩스의 주요 인수합병 현황(2000~2018)

부킹홀딩스	
구분	피인수기업
2004	Travelscape
	Active Hotels
2005	Booking.com
2007	Agoda.com
2010	Rentalcars.com
2013	Kayak.com
2014	Qlika
	Buuteeq
	Opentable
2015	Rocketmiles
	PriceMatch
	Analytical Systems
2017	Momondo Group
2018	HotelsCombined

익스피디아 그룹	
구분	피인수기업
2000	Travelscape
2001	Vacationspot
2002	Classic Custom Vacations
	Metropolitan Travel
	Newtrade Technologies
2004	Activity World
	Egencia
2008	Venere.com
2010	Mobiata
2012	VIA Travel
2013	Trivago GmbH
2014	Auto Escape
	Wotif.com Holdings
2015	Travelocity.com
	Orbitz Worldwide
	Office & Lab Buildings
	HomeAway
2016	Base7booking.com
	Trover
2017	SilverRail Technologies

출처: 김현주, 2017; 삼정KPMG 경제연구원, 2018을 토대로 보완해 작성.

하며, 2019년 기준 씨트립 그룹의 매출은 269억 7,698만 위안을 기록했다. '씨트립'으로 출범했으며 2017년 씨트립 그룹 산하의 '트립닷컴'으로 브랜드명을 변경하여 글로벌 여행 플랫폼으로서의 아이덴티티 구축 전략을 추진했다(삼정KPMG 경제연구원, 2018). 2010년 홍콩 윙온트래블Wing On Travel을 인수하고, 2015년 당시 중국 2위 OTA였던 취날Qunar과 4위 이룽eLong을 연달아 인수하면서 중화권 내 경쟁력을 강화하고 중국 온라인 여행산업을 80%의 점유율로 독점했다. 그뿐만 아니라 글로벌 OTA로 도약하기 위한 적극적인 투자와 활발한 인수합병을 진행하고 있다. 2016년에는 유럽 내 최대 규모의 항공·호텔 메타 서치 플랫폼인 스카이스캐너를 인수했고 인도의 여행 예약 서비스 기업인 메이크마이트립의 지분 15%를 매입하는 등 공격적으로 외형을 키우고 있다. 현재 트립닷컴 그룹의 산하 브랜드로 아시아 최대 온라인 여행사 트립닷컴을 비롯해 씨트립, 스카이스캐너, 취날 등을 운영하고 있다.

2) 국내 OTA 현황

국내 OTA들은 기존에 오프라인 여행사를 운영해오던 일반 여행사들이 자체적으로 온라인 사이트를 제작해, 상품 예약 및 결제가 가능한 OTA를 병행하여 운영하는 방식이 대부분이다. 외국계 OTA가 국내 시장에 진출함에 따라 수많은 국내 여행사들이 폐업했으나, 최근 주요 여행사들은 외국계 OTA에 대응할 만한 플랫폼을 론칭하여 재도약을 도모하고 있다. IT를 기반으로 한 '야놀자', '여기어때' 등이 온라인 플랫폼을 기반으로 여행 예약 서비스를 제공하고 있다. 네이버와 카카오도 여행 관련 서비스를 제공하고 있다. 네이버의 경우 호텔, 항공, 현지 투어에 이어 패키지 여행 메타 서치(가격 비교) 서비스인 네이버 패키지를 론칭했다. 쿠팡, 위메프 등 전자상거래 업체들도 항공·호텔 실시간 가격 비교 및 예약 서비스를 개편하며 관련 사업에 힘을 싣고 있다. 〈표 5〉를 보면 국내 여행산업 스타트업의 등장으

〈표 5〉 국내 여행산업 스타트업

기업명	분야	투자금액	설립연도	내용
마이리얼트립	액티비티 중계	292억 원	2012년	여행지 가이드, 현지투어 중개
트리플	여행 가이드	420억 원	2016년	상황에 맞는 여행지, 액티비티 추천
투어팁스	여행 기획	12억 원	2012년	여행장소 추천 리뷰
텐핑거스 (데이트팝)	여행 기획	59억 원	2014년	여행장소 추천 리뷰
야놀자	숙박 중개	3,450억 원	2005년	호텔, 모텔 등 숙박업소 중개
위드이노베이션 (여기어때)	숙박 중개	330억 원	2015년	호텔, 모텔 등 숙박업소 중개
짜이서울	중국인 대상 투어	40억 원	2010년	중국 관광객을 대상으로 한국 투어 서비스 제공

출처: TheVC.

로, 온라인 여행시장을 둘러싸고 국내 업체들 간에 경쟁이 점점 심화되고 있음을 알 수 있다.

온라인 쇼핑몰의 시초라고 할 수 있는 인터파크투어는 1996년에 운영하기 시작한 인터파크 쇼핑몰에 추가하여 1999년부터 여행 예약 서비스를 개시했다. 2012년 아고다, 익스피디아 해외 호텔 상품이 입점했다. 같은 해 12월 항공+호텔 서비스를 오픈했고, 2013년에는 해외 패키지 서비스 및 인터파크투어 모바일 앱 서비스를 론칭했다. 모바일 기반 항공권, 숙박 예약 서비스, 여행 일정을 공유하고 여행에 필요한 정보를 제공하는 서비스(프리야 여행정보)도 제공하고 있다. 특히 일본 등 해외시장을 겨냥한 패키지 여행이 주력상품인 하나투어·모두투어와 달리 인터파크는 자유여행과 국내 숙박에 집중했는데, 이 전략이 효과를 거두어 2019년에 눈에 띄는 실적을 거두게 되었다. 또한 인터파크투어는 최대 강점을 온라인 기술력이라고 판단하여 이 기술력을 마케팅 전략에 적극적으로 활용하고자 했다. 이에 따라 4차 산업혁명에 따른 AI 기술을 활용했는데, 상품 예약과 변경부터 여행지에서 현지 문의까지 여행 전 과정에 걸친 토털 케어를 제공하는 실시간 메신저 상담 서비스 '여행톡집사' 서비스를 제공해 고객들에게 편리함과 색다른 경험을 제공하고 있다.

국내 OTA 플랫폼 중 하나인 야놀자는 2005년에 설립되었으며 2007년에 야놀자 공식 사이트를 오픈했다. 2011년에는 야놀자 앱을 론칭했으며, 같은 해 '호텔야자' 공식 사이트 오픈 후 2012년에 호텔야자 앱을 론칭했다. 2014년에는 야놀자펜션 앱 론칭, 2015년에는 야놀자 게스트하우스를 론칭했다. 2016년에는 숙박 제휴점 1만 개

〈그림 10〉 인터파크투어 홈페이지와 AI 기반의 여행톡집사

출처: 인터파크투어 홈페이지.

〈표 6〉 야놀자의 인수기업 현황(2016~2019)

구분	업종	피인수기업
2016	호텔 예약 서비스	호텔나우
2018	경남 호텔체인	더블유디자인호텔
	숙박비품 유통사	한국물자조달
	동남아 호텔 체인	젠룸스
	액티비티 플랫폼	레저큐
2019	인도 PMS 업체	이지테크노시스
	호텔 예약 플랫폼	데일리호텔
	펜션 예약 서비스	우리펜션
	PMS 기업	가람, 씨리얼

출처: ㈜야놀자 회사소개서.

를 돌파하고 국내 최초 호텔 예약 서비스인 '호텔나우'를 인수했다. 2018년에는 외국계 OTA를 포함해 최다 사용 서비스 1위를 달성했으며, AI 기반의 숙박 서치 및 추천 서비스인 '놀러'를 론칭했다. 같은 해 부산·경남 지역 호텔 브랜드인 '더블유디자인그룹'과 동남아시아 호텔체인 '젠스룸'을 인수하고, 2019년에는 호텔 예약 앱 '데일리호텔'을 인수했다. 인도의 채널·객실 관리 시스템 기업인 '이지테크노시스'도 인수했는데, 이는 주요 사업 경쟁력을 강화하고 해외시장, 신사업 개척을 위한 발판을 마련했다는 평가를 받고 있다. 또한 익스피디아와 아고다 외에도 중국의 씨트립, 일본의 공유 숙박 플랫폼인 RakutenLifull Stay, 호스텔 플랫폼인 '호스텔월드'와도 파트너십을 체결하여 글로벌 온라인 여행시장으로의 진출을 위한 거침없는 행보를 보이고 있다.

앱 평가·인증 전문기관인 웹발전연구소에서 진행한 앱 종합평가에 따르면 야놀자, 여기어때, 데일리호텔 등 국내 주요 숙박 예약 앱 가운데 소비자들이 가장 많이 이용하는 앱 야놀자가 104만 명, 여기어때는 80만 명, 데일리호텔은 32만 명이 이용하는 것으로 나타났다. 또한 야놀자는 2019년 가장 많은 소비자가 이용한 여행상품 플랫폼에 선정되었는데, 2017년 이후 3년 연속 1위를 차지했다. 이는 아고다, 스카이스캐너, 호텔스닷컴, 부킹닷컴, 익스피디아 등 해외 OTA보다 4~8% 높은 수치로, 국내 OTA가 온라인 여행시장에 자리매김하고 있음을 알 수 있다.

여기어때는 2015년 위드이노베이션 법인을 설립하고 여기어때

〈그림 11〉 온라인 기반 여행상품 플랫폼 이용 순위 조사 결과(2019년 9월 기준)

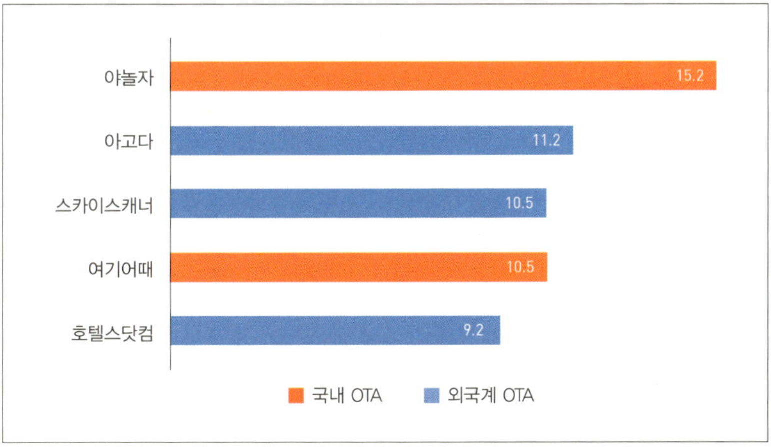

출처: 한국경제, 2019.

숙박 예약 서비스를 시작했다. 야놀자에 이어 우리나라 숙박앱 업계 2위인 여기어때는 모텔로 시작하여 종합숙박업으로 확대되었으며 액티비티까지 영역을 확장했다. 현재 액티비티 상품 확대 및 땡처리 상품 판매 플랫폼인 '호텔 타임'과 프리미엄 숙소 큐레이션 서비스 '여기어때 블랙' 등을 운영하고 있다. 여기어때를 운용하는 위드이노베이션은 영국계 사모투자펀드[PEF] 운용사 CVC캐피탈에 인수되면서 온라인 중심 내실 경영에 집중하는 것으로 파악된다. 야놀자의 글로벌 공략과 달리 여기어때는 힐링·취향으로 바뀐 여행 트렌드에 주목했다. 특히 지난달 대한민국 최대 규모의 맛집 추천 플랫폼 '망고플레이트'를 인수하여 '여행-레저-맛집' 트라이앵글 전략을 내세워 국내 시장에 집중하고 있다.

3. OTA의 미래

4차 산업혁명 시대를 직면한 지금, 모바일 기반의 초연결 사회가 도래하면서 소비자는 중간 유통단계를 거치지 않고 온라인 플랫폼을 통해서 호텔, 항공권, 여행상품 등 여행에 필요한 정보를 직접 검색하고 예약하는 패턴으로 변화하고 있다. 이로 인해 여행상품 유통구조에서 산업 간 경계가 허물어지는 플랫폼 혁신이 일어나고 있다. 이에 발 빠르게 대처한 외국계 OTA는 글로벌 온라인 시장의 주축이 되었으며, 현재 인수·합병을 활발히 추진하여 여행시장의 영역을 지속적으로 확장하고 있다. 국내 OTA도 외국계 OTA의 국내 진출에 빠르게 대처하여 글로벌 기업과 인수·합병, 파트너십을 체결하는 등 다양한 마케팅 전략을 기획·실행하고 있다. 2017년부터 지난 3년간 국내 OTA 이용 경험률이 외국계 OTA를 추격하여 1위를 차지했는데, 이는 국내 OTA의 공격적인 마케팅과 액티비티 채널의 약진에 외국계 OTA의 성장 동력이 떨어진 것으로 볼 수 있다. 특히 온라인을 기반으로 빅데이터, AI 등 다양한 기술을 플랫폼에 접목해 관광객별 취향을 수용할 수 있어야 지속적인 소비자 유입 및 꾸준한 시장 점유율을 확보할 것으로 예측된다.

역사 도시를 미래 도시와 연결하는 스마트 기술

구철모 _경희대학교 스마트관광원

1. 왜 도시를 여행하는가?

1) 여행을 떠나는 근본적인 이유

여행을 떠나고 싶은 욕구는 인간의 일곱 가지 감정인 희노애락애오욕喜怒哀樂愛惡欲이라는 본성에서 비롯된다. 즐거움, 노여움, 슬픔과 사랑 등 인간의 감정 욕구는 새롭고 신비로운 장소, 사람, 문화 등 목적이 되는 다양한 대상을 찾아 떠나게 하는 동력이다. 인간은 오감五感을 세상을 보는 창으로 삼고 여행이라는 행위를 시작한다. 인간에게는 자기 자신, 가족, 친구들과 함께 공동으로 기억하는 이야기를 만들어내고 싶어 하는 욕망이 있다.

여행을 떠나려는 욕망은 인간의 뇌 인지 과정을 통해 형성된 이미지를 실행하게 하는 동시에 욕망과 생각, 행동, 실망과 만족이라는

〈그림 1〉 인간의 뇌 인지 과정

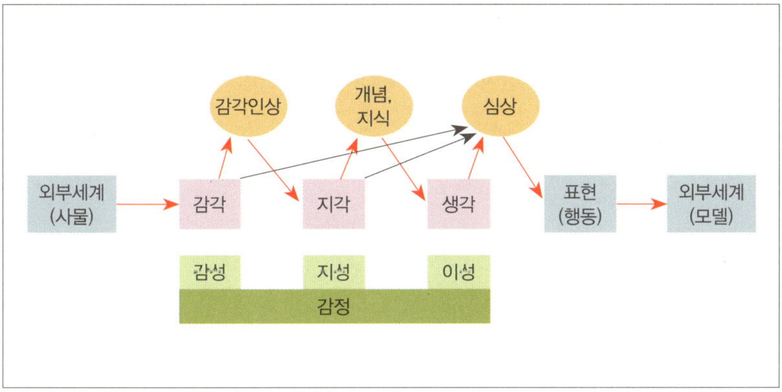

출처: 구철모, 2020.

〈그림 2〉 인간의 뇌자극과 욕구 및 행동

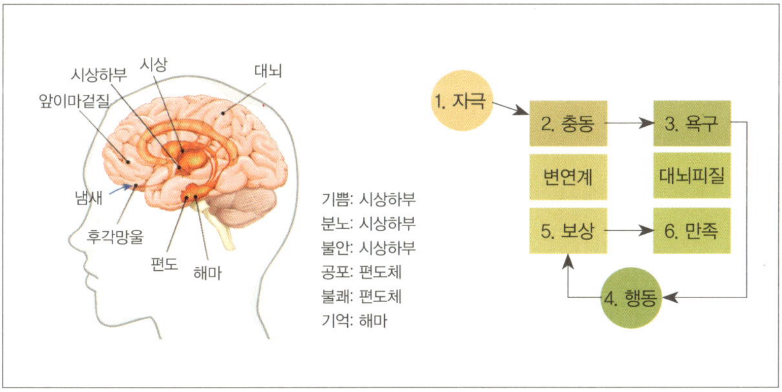

출처: 구철모, 2020.

기억과 깨달음을 갖는 정신 활동이다.

여행 및 관광하는 행동은 뇌의 보상회로 작용과 관련이 있다. 인간은 즐거운 감정을 불어넣어 행동을 반복하게 된다. 인간의 뇌는 보상이라는 작동기제를 갖고 있다. 배고플 때 맛있는 음식을 먹고 난 후의 만족스러운 경험, 직장에서 일하고 받는 보수 등이 보상인데, 관광활동 역시 이와 동일하게 설명할 수 있다. 여행은 사람들에게 보상을 제공하여 지속적으로 여행을 가는 동기를 부여한다. 좋은 경험이었다고 느끼는 것이 여행 행동의 '보상'으로 주어지며, 긍정적인 경험과 감정은 여행을 반복적으로 가게 하는 새로운 동기를 제공한다. 현대인들은 여행을 일상을 탈출하고 자유를 만끽하는 기회이자 자아를 찾는 경험이라고 생각한다.

2) 과거를 보기 위한 여행, 역사 도시

역사 도시는 오랜 시간 도시에 있던 왕궁, 사찰, 고택, 오래된 길들이 제공하는 독특하고 고유한 느낌을 바탕으로 현대 도시와는 차별화된 도시경관을 소유한다. 역사 도시에 있는 역사적 건물을 활용해 새로운 상업 및 사업 장소를 조성할 필요성이 높아지고 있다. 역사 도시의 대표적인 예로, 유네스코 세계유산으로 등재된 스페인 역사 도시 톨레도Toledo가 있다. 톨레도는 서고트 왕국의 수도였으며 르네상스 시기에 가장 중요한 예술 중심지였다. 기독교, 유대교, 이슬람교 문화가 공존하며, 서고트 왕국에서부터 18세기까지의 역사 문화 유적이 여전히 남아 있다. 그 가치를 인정받아 1986년에 도시 전체가 하나의 유산으로 인정받았다. 관광객이 톨레도를 방문하는 이유는 톨레도가 가지고 있는 특유의 역사 문화를 경험하기 위해서이다. 마드리드에서 약 70km 떨어져 있어 하루 여행이 가능한 거리라는 이점이 있지만, 각기 다른 종교나 건축양식이 융합된 유적을 방문하는 것이 관광객의 가장 큰 목적이다. 영국의 역사 도시 요크York 역시 마찬가지이다. 요크의 대표적인 역사유적이자 관광지로 중세 성공회 대성당인 요크민스터나 클리퍼드 타워가 있다. 특히, 과거의 성곽이 그대로 보존되어 있어 성곽을 따라 걷는 관광 프로그램이 있을 정도로 역사유적이 상당히 잘 보존되어 있다. 관광객은 톨레도나 요크와 같은 역사 도시를 방문함으로써 현재와는 다른 과거의 유산을 보고, 경험하고, 느끼고 싶다는 욕구를 충족하게 된다.

이후 정보 혁명으로 또 다른 변화가 도시에 일어났다. 변화 속에 문화유산과 역사성을 보존한 도시는 역사적 도시로, 산업화가 빠르게 이루어진 도시는 각자의 매력과 특성을 보유한 채 관광의 대상이 되었다.

역사 도시는 역사 건축물, 유적, 가로와 공간의 유형적 형태, 역사와의 연관성 등을 관광자원으로 보유한다. 과거부터 지속된 문화

〈그림 3〉 요크 클리퍼드 타워

양식과 독특한 건축양식, 사회적 중요성 등이 결합되어 도시만의 고유성을 지닌다. 오래된 빌딩이나 건축물, 역사적 인물과 관련된 장소를 찾아가는 것은 인간이 가진 본성과 관련이 있다. 관광객은 역사를 돌아보며 자아를 찾는다. 문화유산은 지나간 시간을 보존하고, 새로움에 대한 통찰을 보여준다. 또한, 역사 속 이야기를 통해 관광객에게 공동체성과 소속감을 주며, 지나간 시간에 대해 새로운 통찰을 보여준다. 즉, 역사 도시로의 여행은 과거로부터 오랜 시간에 걸쳐 형성된 독자적 특성을 가진 지역을 현대의 생활환경으로 향상시키기 위한 것이다.

2. 스마트 기술을 활용한 역사 도시 관광

1) 장소, 관광 목적지, 관광 경험

프랑스의 파리를 여행한다고 가정해보자. 가장 먼저 가이드북이나 인터넷 검색을 통해서 파리에서 꼭 가봐야 할 관광명소를 찾을 것이다. 관광명소 중 루브르 박물관을 가봐야겠다고 결정하면, 티켓을 예매하고 일정을 결정한다. 실제 여행에서 루브르 박물관을 방문했을 때 우리는 다양한 선택을 하게 된다. 여행 전에 미리 루브르 박물관에 관한 책을 읽거나 공부를 해서 알게 된 사전 지식을 바탕으로 혼자 돌아다닐 수 있다. 전문 가이드의 안내를 받으며 투어를 할 수도 있고, 가이드북에 있는 이야기를 참고해서 관광할 수도 있다. 또는 박물관에서 제공하는 오디오 가이드 서비스를 이용할 수도 있다. 아니

〈그림 4〉 독일 베를린 브란덴부르크

〈그림 5〉 베를린 장벽

면 각 작품 밑에 있는 작은 안내판을 통해 정보를 얻을 수 있다.

〈그림 5〉의 '베를린 장벽'은 역사적 사건이 일어난 관광 목적지로, 물리적인 공간이다. 여행자들은 역사 도시를 방문할 때 도시에서 일어난 사건을 역사적 경험으로 체험하고 싶어 한다. 역사 도시를 보러 가는 것은 물리적인physical 무엇인가를 보러 가는 것이라 할 수 있다. 그러나 가서 단순히 사진을 찍고 방문했음을 인증하는 것만으로는 관광에 대한 욕구가 해소되지 않는다. 관광 욕구를 해소하기 위해서는 장소가 지닌 의미를 파악하고, 역사 도시에서 일어났던 사건이나 문화를 이해해야 한다. 이러한 과정을 관광 경험이라고 한다. 관광 경험은 관광 목적지를 단순히 방문한 것에서 끝나지 않는다. 관광 경험은 장소와 관련된 역사나 문화를 배우고, 직접 체험해보면서 형성된다. 관광지의 공간적·시간적인 측면에서 역사 문화를 동시에 습득해야 역사 도시의 관광 경험이 충족되는 것이다. 역사 도시의 맥

락에서 '장소'는 과거 역사가 보존되어 있어 여행을 가게 되는 큰 범위의 공간이라 할 수 있다. 또한 문화유적인 성당, 유적지, 궁전 등에 흥미를 느껴 여행의 한 코스로 지정하여 가보는 것은 '관광 목적지 방문'이라 할 수 있다. 궁전이 지어진 당시의 이야기나 관련 역사를 배우거나 장식물에 담겨 있는 의미를 이해하고, 관련 문화를 직접 눈으로 보고 체험하는 것이 '관광 경험'이다. 관광 목적지 방문과 관광 경험은 다른 개념이지만 동시에 일어나기도 한다.

2) 스마트 기술을 활용한 미래 도시

그동안 관광에서 가장 중요한 것은 문화유산이었다. 문화유산을 설명하기 위해서 그림, 텍스트가 주로 사용되었다. 관광지 앞에 있는 비석에는 장소가 지닌 가치와 의미를 텍스트로 적어놓는다. 가이드북에는 텍스트와 그림을 함께 넣어 문화유산을 설명한다. 투어에서 진행되는 가이드의 설명 역시 텍스트를 기반으로 했다.

〈표 1〉 역사 도시의 관광 요소

	정의	예시
장소	여행이 이루어지는 큰 범위	독일 베를린
관광 목적지	역사적 의미를 가지고 있어 관광의 대상이 되는 물리적 공간	베를린 장벽
관광 경험	공간적·시간적 측면에서 역사 문화를 동시에 습득하는 과정	• 베를린 장벽을 보는 것 • 베를린 장벽을 통해 냉전의 역사를 이해하고, 장벽을 넘다 희생된 사람들의 사진을 통해 '자유'라는 단어를 새롭게 인식함 • 인간에게 자유가 얼마나 중요한지를 철학적으로 배우게 됨

그러나 스마트 기술의 발달과 함께 관광 경험도 변화하기 시작했다. 역사 도시의 물리적인 부분은 가상의 기술로 설명할 수 있는 시대가 되었다. 기술이 발달하면서 텍스트나 그림이 아니라 3차원적인 영상 또는 AR/VR 기술을 통해 관광 경험을 할 수 있게 되었다. 과거에는 관광 가이드북에 적힌 텍스트를 통해 관광지를 이해했지만, 이제는 유튜브나 인터넷에 올라온 영상을 통해 직관적으로 이해할 수 있게 되었다. 과거의 상황을 재현한 VR 기술을 통해 마치 그 당시에 있는 것 같은 생동감을 느끼게 된다. 인터넷은 여행 전에 책을 읽으며 관광지에 대한 지식을 쌓기보다, 그 자리에서 궁금한 점을 바로 검색해서 볼 수 있는 편리성을 제공한다. 관광지에서 느낀 감정이나 기분을 바로 다른 사람들과 공유할 수 있고, 영상이나 사진을 찍어 생생하게 기억할 수 있다. 기술의 발달 덕분에 시간성과 공간성을 뛰어넘는 관광 경험이 가능해진 것이다. 역사 도시의 관광 경험이 기술과 함께 확장되었다고 할 수 있다.

관광지에 대한 설명뿐만 아니라 여러 분야에서 관광 경험 진입 장벽이 낮아지고 있다. 영국 런던에 오는 관광객은 대영박물관 같은 명소를 방문하기도 하지만, 뮤지컬이나 오페라와 같은 지역의 콘텐츠를 소비하기도 한다. 영국의 역사를 배경으로 만들어진 문화 상품을 보러 갈 때도 기술이 관광 경험을 확장한다. 셰익스피어의 〈로미오와 줄리엣〉을 오페라로 공연한다고 했을 때, 영어가 모국어가 아닌 경우 언어적인 장벽뿐 아니라 영국 문화에 대한 장벽도 존재했다. 하지만 이제는 관광객이 기술을 통해 문화 상품을 즐길 수 있게 되어 장벽이 낮아졌다. 자막뿐만 아니라 언어 번역이 실시간으로 이루어

〈그림 6〉 돈의문과 국립중앙박물관에서 체험할 수 있는 AR 기술

출처: 대한민국 정책 브리핑(https://www.korea.kr)(왼쪽)
국립중앙박물관 VR 체험관(https://www.museum.go.kr)(오른쪽).

져, 관광지의 문화를 해석해준다. 실제로, 영국 국립극장은 최근 혁신적인 기술을 사용하여 청각에 어려움이 있거나 자막이 필요한 방문객들을 위해 스마트 자막 안경을 제공하기 시작했다. 안경을 착용하면 공연의 대사와 부가적인 설명까지 렌즈를 통해(자막으로) 접할 수 있다.

관광지는 건물, 장소 등의 물리적인 공간으로 남아 있다. 그러나 관광 경험은 관광객이 직접 경험하며 만들어간다. 새롭게 발달하는 스마트 기술은 역사 도시의 관광을 확장 및 완성시킨다. 와이파이나 인터넷 연결 등의 인프라가 구축되어야 정보를 얻을 수 있고, AR 및 VR 기술을 통해 실감 나게 콘텐츠를 즐길 수 있다. 전반적으로 스마트 기술을 바탕으로 한 인프라가 잘 구축되어야 옛날 역사의 스토리와 사건, 문화에 담긴 의미를 제대로 전달할 수 있다. 진정한 역사 도시에서의 관광 경험이 형성되는 것이다. 역사 도시의 역사성은 기술로 인해 재현 및 전달되기에, 현재의 시각으로 과거를 제대로 바라보기 위해서는 스마트 기술이 필요하다. 스마트라는 단어가 설명하고 있듯이, 이

<그림 7> 영국 국립극장의 스마트 자막 안경

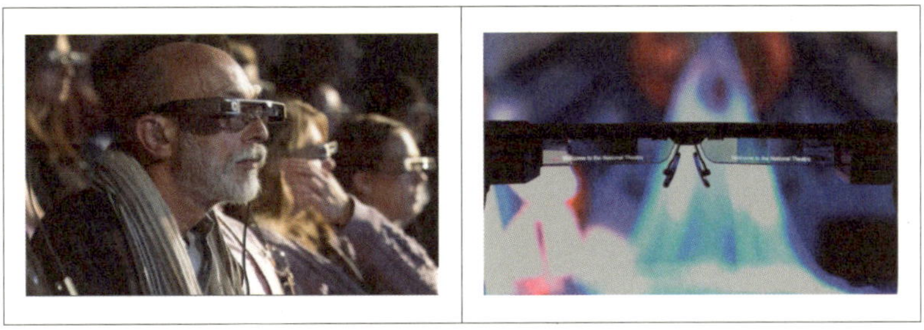

출처: 영국 국립극장(https://www.nationaltheatre.org.uk).

는 기술, 인프라, 디자인, 인터페이스 등 관광 경험을 확장시킨다.

3) AR/VR 스마트관광 사례

스페인 카사바트요Casa Batlló는 기술로 인해 확장된 역사 도시 관광 경험의 긍정적인 사례이다. 바르셀로나 그라시아 거리에 있는 카사바트요는 요셉 바트요 카사노바가 자신의 집을 안토니 가우디Antoni Gaudi에게 보수해달라고 요청해 1904년부터 1906년까지 새롭게 단장한 저택이다. 바르셀로나는 가우디 관련 명소들을 AR과 VR을 통해 체험할 수 있게 해, 기존의 가우디 체험과 다른 경험을 관광객들에게 제공하고 있다. 카사바트요는 AR을 활용한 오디오 가이드를 통해 실감 나는 관광 경험을 제공한다. AR 기기 역할을 겸한 오디오 가이드를 이용하여 카사바트요의 장소를 비추면 AR 이미지를 볼 수 있다. 비추는 방향에 따라 가우디가 어디에서 영감을 받아 디자인했는지, 카사바트요에 살던 사람들은 어떻게 생활했는지 볼 수 있다. 카사바트요는 가우디가 자연물에 영감을 받아 만든 건축물로, 거북이, 물고

〈그림 8〉 AR 기술을 활용한 카사바트요 스마트 가이드

출처: 카사바트요 홈페이지.

기 아가미 등을 본떠서 창문과 문을 만들었다. 가우디의 건축 영감은 AR 기기를 통해 구현되었다. 거북이 등을 본떠 만든 창문을 비추면 화면에 거북이 모습이, 물고기 아가미를 형상화해 만든 문을 비추면 물고기가 나타난다. 모티프를 딴 사물을 AR 이미지로 보여줄 뿐만 아니라 1900년대 저택에서 살았던 모습을 보여줘 청각으로만 듣는 설명의 이해도를 높였다. 예를 들어, 버섯 모양의 벽난로를 비디오 가이드로 비추면 벽난로에 불이 들어오는 모습을 볼 수 있다. 검색하거나 가이드의 도움을 받지 않고도 과거로 돌아가 시각적인 경험을 하는 것이 가능하다.

3. 거주민과 관광객의 경계를 없앤 스마트관광도시

1) 도시의 두 가지 역할

시민의 입장에서 도시는 거주하는 공간이며, 자신의 일상을 살아가

〈그림 9〉 도시 내 거주민과 관광객의 레저와 교통, 관광 활동의 예

는 장소이다. 익숙함, 편리함, 당연함이 존재하는 곳이다. 스마트 기술의 발달과 함께 도시는 보다 편리한 시민의 삶을 위해 점차 똑똑한 스마트도시로 발전하고 있다. 스마트도시는 도시의 집단지능Collective Intelligence을 구축하기 위해 물리적 기반시설, 정보통신 기반시설, 사회 기반시설, 비즈니스 기반시설을 연결하는 것을 의미한다. 스마트도시는 스마트 인프라를 구축하는 것에서 더 나아가 스마트 정부, 스마트 시민, 스마트 경제, 스마트 환경, 스마트 삶과 같이 도시 생태계를 구성하는 각 요소를 하나로 연결한다. 스마트도시의 궁극적인 목적은 지속가능한 경제적 개발과 아울러 인간의 삶의 질을 개선하는 것이다.

반면, 관광객의 입장에서 도시는 관광지다. 관광객은 과거의 특수한 형태가 보존된 것을 기대하며 역사 도시에 온다. 자신의 일상과는 다른 새로움, 역사, 고유의 문화가 도시에 있다. 관광객은 관광지에

서 느껴지는 과거를 경험하며 여행을 떠나고 싶었던 욕구를 충족한다. 또한 역사 도시 구석구석을 돌아다니며 도시 공간을 해석하는데, 머무르고 발견하고 음미하는 행위를 통해 도시를 여행한다. 따라서 도시는 역사성이 보유된 역사 관광지로서의 도시와, 시민이 편리하게 살아가는 거주지로서의 도시라는 두 가지 역할을 감당해야 한다.

2) 스마트관광도시

관광과 도시는 서로 밀접한 관련이 있다. 역사 도시는 시민이 사는 생활공간일 뿐 아니라 관광객이 방문하는 관광지로서의 역할도 한다. 관광은 도시를 발전시키는 주요 산업이자 경제 원동력이며, 문화 교류에 기여한다. 도시에 활력을 불어넣고, 새로운 변화를 가져오기도 한다. 하지만 이와 동시에 문화적 침략뿐 아니라 관광으로 인한 많은 문제가 도시에서 발생하고 있다. 지역 주민에게 관광은 새로운 산업의 기회이면서도 한편으로는 삶의 질을 떨어뜨리는 이유가 되기도 한다. 관광객을 위한 시설이 들어오고 부동산 가격이 오르면서 기존의 주민들과 편의시설이 사라지는 젠트리피케이션이 발생하고, 대기 오염과 쓰레기, 소음, 교통 문제가 생긴다.

베를린은 플라스틱 재활용 시스템을 활용하여 관광객과 거주민이 재활용 가능한 플라스틱을 수거해오면 돈을 환급해주는 제도를 도입했다. 끊임없이 변화하는 도시환경과 발생하는 문제들에 대처하기 위해서는 관광객을 지속적으로 관리하는 동시에 지역사회와 관광객의 요구에 부응할 수 있도록 도시를 개발하는 것이 무엇보다 중요하다. 세계관광기구[WTO]가 발행한 "도시 관광에 대한 세계 보고

〈그림 10〉 베를린 플라스틱 재활용 시스템

서의 진술"은 도시가 관광객과 지역사회 문제를 해결하기 위해 끊임없이 새로운 아이디어에 적응하고 변화해야 함을 강조한다. 스마트 기술은 새로운 아이디어 중 하나이며, 차세대 관광을 이끌어갈 새로운 트렌드로 제시된다. 스마트 기술은 도시를 '스마트도시'로, '스마트도시'를 '관광도시'와 결합하여 '스마트관광도시'로 바꾸는 데 초점을 맞춘다.

스마트관광도시는 관광(목적)지에 거주하는 주민의 삶과 관련된 공공 시스템을 관광객을 위한 환경으로 확장 또는 변환하고, 이를 통해 관광객이 목적지의 스마트도시 기능을 관광 목적에 최적화해 사용할 수 있도록 조성한 도시를 의미한다. 오늘날 관광객은 관광지를 선택하기 전에 스마트폰을 통해 관광지에 관한 정보를 검색하는 것이 일상화되었으며, 관광지가 결정되면 항공, 숙박, 이동 교통수단, 주요 방문지 예약까지 모든 과정을 한번에 해결하고 싶어 한다. 스마

〈그림 11〉 스마트도시, 스마트관광도시, 스마트관광

출처: 구철모, 2020.

트관광지는 스마트도시의 질을 향상시키며 스마트 경험, 스마트 비즈니스 생태계, 스마트 기술을 제공한다. 스마트도시는 지속가능성, 삶의 질, 스마트성, 도시화의 4가지를 핵심 목표로 한다.

시민들이 자주 사용하는 인프라를 관광객도 사용하고, 관광객이 방문하는 역사 관광지를 보존하고 발전시켜 시민들도 삶을 영위할 수 있다. 즉, 스마트관광도시는 기술의 연결을 통해 거주민과 관광객의 경계를 없앤다. 관광객은 인터넷을 통해 시민들이 이용하는 장소를 방문하고, SNS를 통해 자신의 일상을 다시 관광지와 연결해 주변 사람들과 연결된다. 스마트도시의 편리함, 연결성, 이동의 편리함이 도시에 사는 거주민뿐만 아니라 모든 관광객에게 적용되는 것이다. 결과적으로 관광도시와 스마트도시가 합쳐져 한 단계 업그레이드된 것이 스마트관광도시라고 할 수 있다.

〈그림 12〉 스마트관광도시의 개념 모델

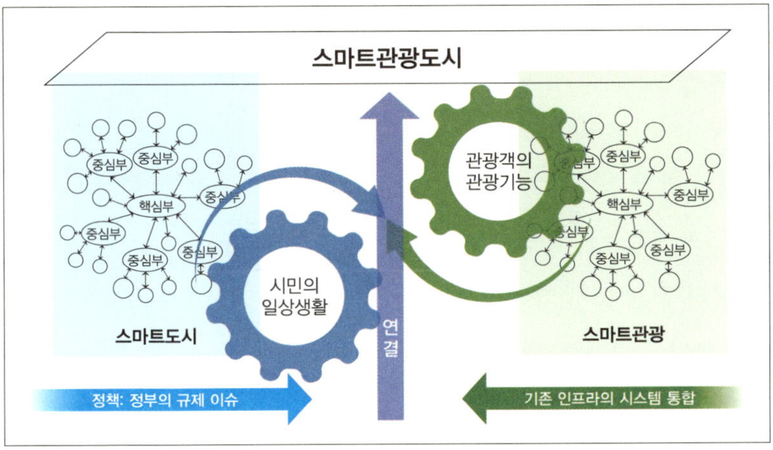

출처: 구철모, 2020.

3) 스마트관광도시의 사례

스마트관광도시는 단순하게 기존의 인프라와 기술을 접하는 것에서 끝나지 않는다. 데이터와 정보를 바탕으로 관광지에서의 스마트한 연결을 가능하게 하고, 삶의 질을 향상시킨다. 다음은 스마트관광도시의 긍정적 사례들이다.

• 런던(영국)

런던은 공개 데이터와 디지털 기술을 중심으로 '스마트 런던 플랜Smart London Plan'을 진행해왔다. 런던 교통부는 2015년 공개 데이터 '통합 API'를 공개했다. API는 교통, 공기 질, 공공 자전거 대여소, 와이파이 접속 장소 등에 관한 다양한 정보를 실시간으로 제공하여 방문객들에게 만족스러운 방문 경험을 제공한다. 주차공간 부족으로 인한 런던의 교통 체증을 해결하기 위해 '저스트파크Justpark'도 도입했다. 장소 탐색부터 앱 및 웹사이트를 통한 결제 시스템까지 제공하는 저스트파크는 관광객의 편의성을 높인다. '비지트런던Visit London'은 빅데이터 처리 기술을 활용해 관광객들에게 개인화된 경험을 제공하는 관광 가이드 앱이다. 관광객은 이 앱을 통해 관광지(관광지, 쇼핑, 레스토랑, 호텔 등)와 테마별 추천 이벤트에 대한 정보를 얻을 수 있어 편리하다. 도시 입장에서는 관광객들에게 숨겨진 관광지를 소개함으로써 관광객 인구를 분산시키고, 도시를 균형 있게 발전시킬 수 있다.

• 암스테르담(네덜란드)

'Andeland-iBeacon Mile'은 생활과 비콘을 연결하는 리빙 랩 프로젝트이다. 관련 앱을 사용하면 암스테르담 중앙역에서 약 3.4km 떨어진 지역인 iBeacon Mile 안에서는 자동으로 식당 메뉴 정보, 박물관 전시 정보, 버스 도착 시간 등을 알 수 있다. 주민과 관광객들은 검색을 하지 않고도 앱을 통해 관광정보를 편리하게 받을 수 있다. 암스테르담 스키폴 공항은 공항 내 2,000여 개의 비콘을 활용해 관광객들에게 탑승시간, 자유시간 동안 할 수 있는 활동, 체크인 경로, 도착시간 등에 대한 정보를 제공한다. 셀프 가이드 투어 앱인 'The Amsterdam Innovation Tour'는 국제 관광객을 돕기 위해 기획되었다. 관광객뿐만 아니라 주민들도 암스테르담의 스마트관광도시와 지속 가능한 도시 개발에 대한 정보와 해결 방안을 체험할 수 있다. 암스테르담의 스마트도시 프로그램은 주민, 관광객, 방문자 등과 같은 이해 관계자들이 어떻게 소통하고 교류하는지에 대한 다양한 아이디어를 제공한다.

• 베를린(독일)

베를린 포츠담 광장에 있는 대형 QR 코드를 스캔하면 포츠담 광장의 과거 모습을 볼 수 있다. 베를린은 시내 50여 곳에서 QR 코드를 통해 실제 장소와 가상 콘텐츠를 연결하는 관광 서비스를 제공한다. 박물관을 방문하지 않고도 과거와 현재를 배울 수 있다. 'Wheelmap'은 휠체어가 접근할 수 있는 장소를 표시한 앱으로, 신호등 색상으로 휠체어의 접근성을 표시했다. 녹색은 접근하기 쉬운 장소, 노란색은 장애인들을 위한 일부 시설이 부족한 장소, 빨간색은 휠체어로는 접근하기 어려운 장소를 의미한다. 베를린은 궁극적으로 모든 공공장소의 접근성을 높여, 장벽이 없는 곳으로 만들고자 한다.

• 헬싱키(핀란드)

헬싱키는 스마트폰을 통해 누구나 접근할 수 있는 스마트 서비스를 제공해 진정한 스마트관광도시를 만들어가고 있다. 스마트관광도시 계획 프로그램인 '헬싱키와 에스포에서의 마지막 마일 The Last Mile in Helsinki and Espoo'은 버스 정류장을 개편하고, 접근성을 높인 교통 서비스를 제공한다. 오디오 가이드 관광, 라이딩 관광 Je-bikes 등도 여기에 포함되어 있다. 'Oodi'는 스마트 기술을 활용한 도서관으로, VR 게임방, 극장, 방송국, 도서관 투어 등의 서비스를 제공한다. 도서관은 방문객들에게 쾌적한 여가 공간을 제공한다. 또한, 헬싱키는 시간이나 공간 제약으로 인해 여행이 어려운 잠재적 관광객을 대상으로 VR을 활용한 여행 서비스를 제공한다.

• 뉴욕(미국)

'Link NYC'는 모든 주민이 인터넷에 접속할 수 있도록 하는 거대한 무선 네트워크이다. 누구나 Link NYC 키오스크 50m 이내에서는 무선 인터넷을 이용할 수 있다. 도시 관련 정보나 방향을 검색하고, 전화나 충전 서비스도 이용할 수 있다. 이를 통해 주민뿐만 아니라 관광객의 편의성도 높아졌다.

• 멜버른(호주)

'The Pedestrian Counting System'은 멜버른 도시 거리에 있는 자동 센서를 통해 데이터를 수집한다. 멜버른 도시 공무원들은 이 시스템을 이용해 기반시설과 보안의 효과를 측정하고, 에너지 계획을 개선하며, 향후 보행 전략을 강화할 수 있다. 수집된 정보는 온라인 포털을 통해 공개되어 대중이 이용할 수 있으며, 시민은 물론 관광객과 자영업자, 소매업자에게도 유용한 정보를 제공한다.

• 레이캬비크(아이슬란드)

아이슬란드는 트립어드바이저 등 온라인 리뷰 플랫폼에서 아이슬란드에서의 낚시 활동을 추천할 정도로 어업이 발전했다. 아이슬란드의 어업은 어업·가공 기술의 혁신 및 스마트 관리법 덕분에 효율성이 높고 관리가 잘된 것으로 평가된다. 이 통합 시스템은 어업 감시

뿐만 아니라 해상, 보안, 세관, 이민에서의 안전을 위한 선박 감시 등 다양한 기능을 제공한다. 정부는 해양 교통의 안전과 효율성을 높이고 해상에서의 사고, 또는 잠재적으로 위험한 상황에 대한 대응을 개선하는 등 안전과 보안에 주로 초점을 맞추고 있다.

• 서울(대한민국)

서울은 다양한 배달 서비스를 갖추고 있다. 주민들은 서울에서 언제든지 음식을 먹고 싶을 때마다 국제 기업(우버이츠)이나 국내 배달 서비스(요기요, 배달의 민족)를 이용하여 음식을 주문한다. 배달 서비스는 외국인들이나 관광객들이 서울에서 이용할 수 있는 편리한 식사 서비스 중 하나이다. 영어 지원도 가능해서 배달 서비스에 관한 안내가 영어로 제공되며, 문제가 생길 시 영어 대화가 가능한 직원이 안내해 준다. 스마트관광지는 현지 식당뿐 아니라 에어비앤비 등 현지 숙박 시설이나 게스트하우스 등에서 여행객을 위한 서비스를 제공한다. 영어로 온라인 주문을 하고, 국제 결제 시스템을 사용할 뿐만 아니라, 현지 음식을 즐길 수 있는 여행 체험 콘텐츠가 제공된다.

4. 결론

여행은 인간 본성의 욕구와 동기에 의해서 생겨나는 행위로, 여행 경험의 기억 및 회상을 통해 개인과 가족, 친구 간 유대를 강화시켜 준다. 인간의 눈과 귀, 혀를 통하여 아름다움과 행복을 추구하며, 더 나아가 자아실현을 할 수 있는 계기를 마련한다. 관광은 스스로를 돌아보는 계기를 제공할 뿐 아니라 미래를 계획하는 방향 설정에 도움을 주고, 기억을 통해 인생을 회상하는 인간의 본질을 관통하는 활동이다. 역사 도시는 인간에게 오감의 행복과 경험, 그리고 지식과 지혜를 주는 역할을 해왔으며, 역사적 사건은 학습을 통해 인간에게 깨달음을 준다.

미래 도시는 스마트 환경과 기술을 통해 역사성을 3차원적으로 접근할 수 있게 해준다. 과거 2차원적으로 도시를 경험하고 살아왔던 거주민과 잠깐의 방문으로 체험을 극대화하려는 욕구와 욕망, 그리고 동기는 스마트 기술과 콘텐츠 덕분에 3차원으로 재현하는 것이 가능해졌다. 스마트관광의 자동화와 지능화를 활용해 편리성과 창의성을 동시에 느낌으로써 인간의 자연적 본성이 증폭한다. 역사 도시의 경험과 체험을 미래 도시 관점에서 연결하는 스마트 기술을 관광에 적용해 편리성과 창의성이 공존하는 스마트관광도시로 재창조되었다.

스마트관광도시는 역사 도시와 미래 도시, 거주민과 방문객의 4가지 관점을 모두 포괄적으로 제공하는 개념이다. 스마트관광도시는 역사적 맥락과 미래 기술, 그리고 거주민의 도시자원을 공유함으로써 관광의 경제성과 역사성, 지식과 교육의 공간과 시간을 확장한다. 결론적으로 인간의 본성과 관련된 역사 도시의 역사성을 보존하면서 미래 도시를 만들어가는 스마트 기술의 결합, 그리고 거주민과 방문객의 공동의 존재가치에서 창발적인 이익의 균등한 배분을 함께 고려하는 관광의 패러다임 변화가 시작되고 있다.

스마트관광 시대의 정보격차

이원석 _경기대학교 관광개발학과

1. 정보화 시대의 순기능과 역기능

통신기술의 발전으로 인류사회는 크게 변화했으며, 인터넷과 연결되지 않는 일상생활은 거의 불가능할 정도로 우리는 정보화 시대의 한가운데 살고 있다. 농업혁명, 산업혁명에 이어 인류사회의 세 번째 혁명으로 일컬어지는 디지털 혁명으로 인해 전통적 방식의 생산요소나 수단들이 혁신적으로 바뀌었고, 유통 및 소비에서 새로운 변화가 일어났다. 우버나 에어비앤비로 대표되는 공유경제 플랫폼 역시 디지털 혁명의 유산으로, 이는 산업의 유형마저 변화시키고 있다. 디지털 기술의 발전으로 행정 및 민원 처리가 전산화되어 점점 편리한 사회가 되고 있으며, 인류는 사이버 공간에서 작은 세상으로 연결되면서 다양한 사람들과 교류할 수 있게 되었다. 이뿐만 아니라 사물

인터넷과 인공지능의 발달로 일상생활이 자동화되어 효율성이 증대하고, 개인의 맞춤 소비가 가능해져 우리의 일상에 큰 변화가 일어났다. 코로나 시대에 나타난 재택근무 활성화 역시 디지털 기술의 발전 없이는 불가능한 일이었다.

디지털 환경의 발전으로 우리 모두가 편리하게 생활할 수 있을 것이라는 생각 때문에 디지털 발전의 순기능을 먼저 떠올리곤 한다. 하지만 디지털 환경이 발달함에 따라 미처 생각하지 못했던 정보화 시대의 역기능이 점차 심각한 사회문제로 부각되고 있다. 인간 소외, 공동체 의식의 상실 등 정보화 시대에 급격한 사회변화가 일어나면서 생기는 인간관계 단절의 문제, 또한 가짜 뉴스로 대표되는 허위정보 유출의 문제가 대표적인 역기능이다. 정보를 제공하는 디지털 채널이 다양화됨에 따라 여러 목적에 따라 가짜 뉴스들이 만들어지고 있으며, '진실이 거짓으로', '거짓이 진실'로 왜곡되고 있다. 이로 인해 여론이 분열되고 서로를 혐오하게 되는 악순환이 반복되기도 한다. 또한 디지털 시대에 해킹을 통해 개인정보를 불법으로 취득하는 범죄 행위가 증가하고 있다. 고객정보를 관리하는 기업에서 개인정보를 제대로 관리하지 못해 수만 명에서부터 수천만 명의 정보가 유출된 사례를 빈번하게 볼 수 있다. 얼마 전에 사회를 떠들썩하게 했던 반인륜적 디지털 성범죄 역시 익명성이 보장된 '디지털 공간'이기에 나타날 수 있었던 새로운 형태의 디지털 역기능이다.

이러한 문제들과 더불어 디지털 정보 시대에는 '정보격차Digital divide' 문제가 대두되고 있다. 이는 개인마다 정보를 수집하고 활용하는 역량이 상이해, 결국 개인이 활용할 수 있는 정보의 양에 차이가 남으로써 나타나는 문제점이다. 즉, 디지털 시대에는 더 많고 복잡해지는 정보에 얼마나 '잘' 접근하여 활용할 수 있는지에 대한 역량인 디지털 정보화 수준이 중요해지고 있다. 디지털 정보화 수준은 디지털 정보 접근 수준, 디지털 정보 역량 수준, 디지털 정보 활용 수준의 총합으로 산출할 수 있다. 다시 말해 '디지털 정보화 수준'은 ① 유무선 정보기기(컴퓨터, 모바일 스마트 등) 보유 및 인터넷 상시 접속 여부를 나타내는 '디지털 접근수준', ② 기본적인 PC 이용 및 모바일 기기 이용 능력을 나타내는 '디지털 역량수준', 그리고 ③ 컴퓨터 및 모바일 인터넷 이용 여부와 서비스 이용 다양성, 인터넷 심화 활용 정도를 나타내는 '디지털 활용수준'의 합으로 정의된다(한국정보화진흥원, 2020).

디지털 초기 시대에는 디지털 접근수준이 디지털 정보화 수준에 크게 영향을 미치는 요소였지만, 인터넷 보급률이 100%에 육박하는 현재 우리나라에서는 정보화 수준을 정의하는 데 크게 영향을 주지 못한다. 오히려 디지털 기기를 얼마나 잘 다루는지, 디지털 정보들을 얼마나 잘 활용할 수 있는지가 더 중요한 요소이다. 하지만 접근 역량 활용 수준에 따라 장노년층, 저소득층, 장애인 등과 같은 사회 취약계층에서 디지털 정보의 정보격차 문제가 더욱 심각하게 나타나고 있다. 이러한 정보격차 문제를 유심히 지켜봐야 하는 이유는 디지털 시대에 개인의 정보격차가 단순히 정보격차에만 머물러 있지 않고 빈부격차와 같은 불평등 문제로 확대되기 때문이다.

2. 정보격차의 시대별 변천

점점 고도화되고 있는 정보통신기술의 발달 덕분에 생활이 갈수록 편리해지고 있다. 스마트폰 보급 확대와 결제 시스템의 발달로 전자상거래 산업이 가파르게 성장함에 따라(전 세계 인터넷 전자상거래 시장이 1998년 5백억 달러에서 2020년 4조 580억 달러로 성장), 온라인 채널을 통해 더 쉽게 물건을 구입할 수 있게 되었다. 또한, 인터넷을 통해 공과금 납부 및 여러 증명서를 발급하는 등의 민원 업무를 처리할 수 있고, 온라인 교육과 사무 자동화 등을 실현할 수 있게 되어 생활의 편리와 효율성이 증가하고 있다. 정보화 사회는 점차 고도화되고 있는 정보통신기술을 기반으로 하고 있어서, 이를 활용할 수 있는 개인의 능력이 중요해지고 있다. 하지만 정보통신기술의 발전 속도만큼 이를 이해하고 활용하는 개인의 역량이 높아지지 못하는 경우가 발생하고 있는데, 이를 정보격차라 한다. 이런 정보격차 문제는 정보화 시대의 순기능에 가려 크게 주목받지 못했지만, 최근 부작용 사례가 증가하면서 중요한 사회문제로 대두되었다.

정보격차는 시대별 환경과 개인의 정보활용 능력에 따라 크게 세 가지로 나뉜다. 즉 정보화 시대가 본격적으로 도래했을 때 나타난 '접근격차', 개인의 디지털 이용 능력에 따른 '이용격차', 그리고 정보 이용의 격차가 오프라인상의 격차를 발생시키고 이것이 결국 사회적 불평등으로 이어지는 '성과격차'로 나누어 볼 수 있다. 90년대 이전에는 텔레비전, 라디오, 서적과 같은 매체를 통해 정보를 획득하는 것이 일반적이었지만, 90년대 후반부터 본격적으로 상용화되기 시작한 인터넷의 등장을 계기로 개인은 더욱 다양하고 풍부한 정보를 얻을 수 있게 되었다. 또한 90년대 퍼스널 컴퓨터Personal Computer, PC의 보급으로 개인이 인터넷에 접속해서 정보를 쉽고 편리하게 획득할 수 있는 환경이 조성되었다. 하지만 PC 가격이 비싸고 인터넷 인프라가 구축되어 있지 않아 소수만이 PC를 소유하거나 인터넷에 접속할 수 있었다. 이는 다시 정보 자체를 획득할 수 있는 기회를 제한함으로써 정보 접근에 관한 '기회의 불평등'을 야기했다.

정리하면, 초기 정보화 시대의 정보격차는 정보기기를 보유해 네트워크 연결이 가능한지 여부가 매우 중요했다. 이는 '정보를 얻을 수 있는 자'와 '그렇지 못한 자'를 나누는 기준이었고, 이 사실로부터 발생하는 정보 획득의 불균형을 '접근격차'라 한다(고정현·박선주, 2020). 2000년대 이후 스마트 기기 보급의 확산과 인터넷 환경의 개선으로 정보화 시대가 더욱 앞당겨졌다. 스마트 시대가 본격적으로 도래한 후, PC의 물리적 제약으로 발생하는 전통적 정보격차는 빠르게 사라졌다. 2000년대 이후 선진국을 중심으로 초고속 인터넷이 개발 및 구축되었고, 이들 나라에서 PC 보급률이 급격히 상승했기 때문이다. 우리나라에서도 1999년 10월을 기점으로 PC 가격이 100만 원 전후로 하락했고, 국내 PC 보급량은 1999년 200만 대를 상회했다. 이는 130만 대에 불과했던 1998년과 비교해보면 엄청나게 증가한 수치이다. 이후 2000년 8월에는 400만 대로 더욱 증가하게 되었다. 또한 다양한 장려 정책('사이버코리아21', '국민 PC' 등)을 통해 1998년 국민의 정부 초기 1만 4,000명에 불과했던 국내 초고속 인터넷 가입자 수가 2002년 11월에는 1,040만 명을 넘어서는 등 그 수가 급증했다. 2006년에는 인터넷 이용자가 3,358만 명을 넘어섰으며, 이 시기 초고속인터넷 가입자는 1,277만 가구로 초고속인터넷 보급률 세계 1위를 달성하기도 했다(한국전산원, 2006). 2013년에는 인터넷 이용자가 4,000만 명을 넘어섰고, 2019년에는 4,600만 명에 달했다. 이 수치는 2019년 당시 우리나라 인구가 5,134만 명임을 고려했을 때 대단히 높은 수치이다. 종합해보면, 2000년대 초반 이후 정보통신이 급속히 발전하고 컴퓨터 기기가 빠르게 확산되었다. 이 시기를 기점으로 개인의 일상은 정보생활로 빠르게 전환되고 있다.

이후, 정보통신기술 및 기기의 발전으로 PC 중심의 고정된 패러다임에서 쉽게 이동 가능한 클라우드 시대로 진입하게 되었고, 개개인은 모바일 기기를 통해 언제 어디서든 자유롭게 인터넷에 접속할 수 있는 환경이 조성되었다. 개인의 정보 습득은 접근격차와 같은 물리적 제약에서 더 자유로워질 수 있었고, 다양한 영역에서 정보를 검색하고 활용할 수 있게 되었다. 최근 정보화 시대는 무수한 디지털 정보가 온라인에 산재해 있어서, 정보를 효과적으로 찾고 필요한 정보를 분류 및 활용하는 능력이 중요하다. 다시 말해, 정보화 시대에 개인이 활용할 수 있는 정보의 자원이 매우 크고 다양하기 때문에, 자신에게 필요한 정보를 효과적으로 검색하고 이를 활용할 수 있는 능력, 즉 디지털 역량을 기르는 것은 필수적이다. 이러한 개인의 디지털 역량 차이를 '이용격차'라 한다.

디지털 정보에 대한 접근과 활용은 단순히 정보를 얻는 것에 그치는 것이 아니라 교육, 경제 활동, 소통, 생산 활동, 직업 등과 연결되어 추가적인 기회를 제공하기도 한다. 최근 디지털 기기와 인공지능 기술이 발달하면서 구매자의 취향과 구매 패턴이 데이터로 축적되고, 이를 바탕으로 맞춤형 상품 제안 및 개발이 이루어지고 있다. 반대로, 디지털 기기나 정보를 잘 활용하지 않는 계층은 그들의 취향이나 니즈 등과 관련된 데이터가 충분히 축적되어 있지 않기 때문에 맞춤형 상품을 제안받기 어렵다. 누군가는 디지털 기기와 정보를 잘 활용하여 이와 같은 수혜를 받기도 하고, 누군가는 소외될 수 있다. 문제는 모든 생활과 경제활동이 정보에 점점 더 의존하고 있어서 이런 정보격차를 줄이지 못하면 다양한 분야에서 경제적·사회적·정치적 격차와 같은 불평등을 야기할 수 있다는 것이다. 이를 '성과격차'라 하는데, 이런 격차는 디지털 정보 및 기기가 발전할수록 4차 산업을 대표하는 불편한 진실이 될 것이다.

3. 정보화 시대의 4대 취약계층

디지털 기술이 발전함에 따라 우리의 생활은 점차 온라인-오프라인 세계가 결합된 '디지털 일상세계Digital everyday life'로 거듭나고 있다(김문조, 2020). 스마트 기기 활용도가 높아지면서 청첩장, 쇼핑, 음식 배달, 커피 등의 선물, 통신사 멤버십 할인, 영화 예매, e-book, 모바일 지도, 문서 편집, TV 시청 등 모든 일상생활과 관련된 일을 스마트 기기를 통해 접근 및 해결하는 것은 이제 자연스러운 현대 사회의 모습이 되었다. 정보통신기술이 발달하고 기기 활용이 증가

〈그림 1〉 취약계층별 종합 정보화 수준

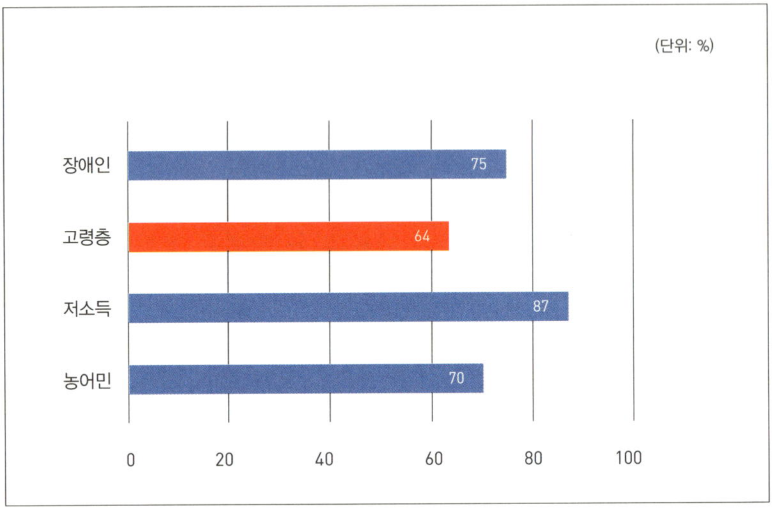

출처: 한국정보화진흥원, "2019 디지털 정보격차 실태조사", 2020.

하면서, 이를 활용할 수 있는 역량은 점점 중요해지고 있다. 거꾸로 말하면, 정보기술 역량이 비교적 낮은 집단들은 지능정보사회의 혜택을 누리지 못하며, 이는 디지털 불평등을 초래하고 있다(주윤경, 2018).

이런 디지털 불평등은 정보기기를 활용하는 개인의 역량 차로 확연하게 나타날 수 있지만, 연령, 성별, 교육수준, 소득과 같은 요인에 따라 디지털 취약계층이 구별되기도 한다. 한국정보화진흥원은 '4대 디지털 취약계층'을 장애인, 저소득층, 장노년층, 농어민으로 분류하고 있다. 그렇다면 디지털 사회로 급변하는 현 상황에서 이른바 '정보 취약계층'은 일반인에 비해 어느 정도의 디지털 역량을 가지고 있을까? 한국정보화진흥원이 17개 광역시·도 15,000명을 대상으로

'2019 디지털 정보격차 실태조사'를 실시한 결과, 취약계층별 디지털 정보화 수준은 일반 국민 대비 장애인 75%, 농어민 70%, 고령층 64%, 그리고 저소득층이 87%로 나타났다. 저소득층의 경우 디지털 정보화 수준을 보면 자칫 일반 국민과의 차이가 크지 않게 보일 수 있다.

저소득층을 이루는 인구 중 60대 이상의 노인은 28.9%로 비교적 낮은 수준이며, 젊은 층은 소득과 별개로 대부분 정보기술을 활용하는 역량이 뛰어난 편이어서 다른 취약계층에 비해 접근, 역량, 활용 등 모든 면에서 디지털 정보화 수준이 비교적 높은 편이다. 그러나 저소득층의 정보 활용에 대한 사각지대는 존재한다. 특히, 저소득층의 정보격차 문제는 코로나19 확산 이후 학교에서 온라인 개학이 진행됨에 따라 재조명되고 있다.

예를 들어 65세 이상인 조부모와 만 18세 이하인 손자·손녀로 구성된 조손 가정에서 이런 문제점들이 나타났는데, 가정에 컴퓨터나 스마트 기기가 없어서 인터넷 접속이 불가능하거나, 사용하고 있는 데이터 요금제가 낮아 모바일로 장시간 영상을 보기 힘든 경우가 많았다. 언어적 문제가 있는 저소득 다문화가정 역시, 온라인 강의 수강을 도와줄 사람이 조부모밖에 없는 경우가 많아 온라인 강의 접근에 대한 애로사항이 많았다. 이렇듯 '온라인 개학'을 함에 따라 노트북, 데스크탑 PC, 태블릿 PC, 스마트폰 등의 스마트 기기가 없는 저소득층 가정이나 온라인 학습을 도와줄 사람이 없는 한부모 가정, 조손 가정 등의 아이들이 '온라인 교육 사각지대'에 놓이는 사례가 빈번하게 나타났다.

〈그림 2〉 연령별 디지털 정보화 수준

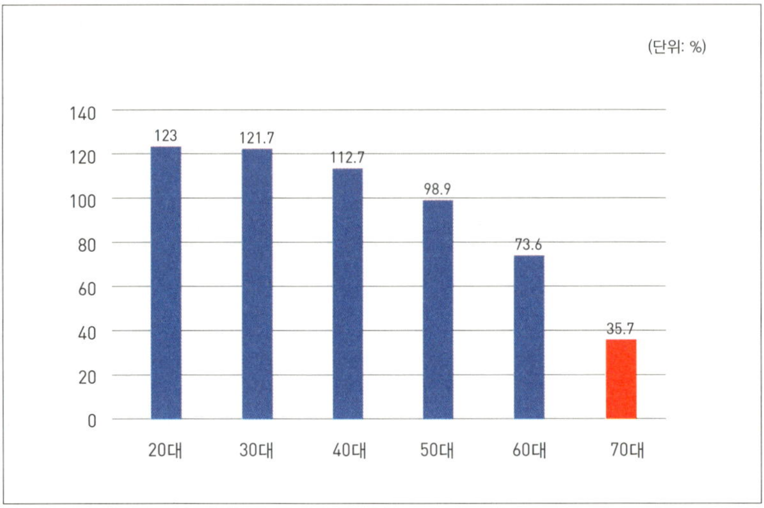

출처: 한국정보화진흥원, "2019 디지털 정보격차 실태조사", 2020.

노년층은 4대 취약계층 중에서도 종합 정보화 수준이 가장 낮은 집단이다. 급변하는 디지털 환경에 적응하지 못해 노년층의 소외감은 커지고 있다. 2019년 기준 연령별 디지털 정보화 수준을 살펴보면 20대는 123%에 달하며, 30대 121.7%, 40대 112.7%, 50대 98.9%, 60대 73.6%, 70대 35.7%로 나타났다. 20~30대까지의 정보화 수준은 다른 어느 연령대보다 높았지만, 고령층으로 분류되는 60대 이상부터 디지털 정보화 수준이 급격히 낮아지는 것을 볼 수 있다.

현대 사회는 노년층의 경험이 사회를 더 풍요롭게 할 수 있었던 농경사회와 비교했을 때 600배 빠르게 변화하고 있다고 한다. 이 과정에서 노년층의 정보격차는 어쩌면 당연하게 발생할 수밖에 없는 현상이지만, 이는 노년층의 소외감을 증가시켜 결국 세대 간 갈등이라는 사회문제를 초래하기도 한다.

최근 코로나19 확산 이후 비대면을 지향하는 추세로 디지털 전환이 더욱 가속화됨에 따라 노인들의 사회적 고립감이 높아지고 있다. 특히 노년층은 교통시설, 대형마트, 극장, 음식점 등에 있는 키오스크를 사용하는 데 따르는 불편을 호소하는 경우가 많다. 한국 소비자원의 조사 결과에 따르면 65세 이상의 소비자들은 키오스크 이용 시 '복잡한 단계', '버튼 찾기 어려움', '글씨가 안 보임' 등의 물리적인 어려움과 동시에 '뒷사람 눈치가 보임'과 같은 불편도 함께 겪고 있는 것으로 나타났다. 대부분의 고령 소비자가 키오스크 조작방식에 서툴며, 이로 인한 시간 지연, 주문 실패에 대한 심리적 부담감도 느끼고 있다. 최근에는 인터넷이나 앱을 사용하지 않으면 이용하지 못하는 공공시설도 늘어나고 있다. 일부 지자체가 운영하는 체육시설이 대표적이다.

농어촌 지역의 정보격차는 노년층 정보격차의 연장선상에 있으며, 이것에 더해 인프라 부족이라는 고질적인 문제를 안고 있다. 농촌과 어촌에 거주하는 농어민은 노년층 다음으로 디지털 정보화 수준이 낮은 집단으로 나타나는데, 이러한 원인의 대부분은 농어촌에 거주하는 인구의 평균 연령 중 60대 이상 인구 비율이 61.5%에 달하기 때문이다.

이와 더불어, 농어민의 인터넷과 스마트 기기 보급률이 전체 고령층보다 더욱 낮게 나타나는 인프라 부족 문제도 정보격차를 야기하고 있다. 한국정보화진흥원의 2019년 디지털 정보격차 실태조사에 따르면 농어민 가구 중 실질적으로 이용할 수 있는 데스크탑이나 노트북을 보유한 가구는 54.2%로 일반 국민 83.2%보다 낮았다. 스마트 기기 보급률 역시 일반 국민의 스마트폰 보유율 92.2%에 비해 72%로 낮게 조사되었다. 이는 단순한 기기 보급률에 그치지 않고, 기업의 투자 효율성에 영향을 미쳐 새로운 기술이 도입되는 경우 일정한 서비스 품질 보장을 받을 수 없는 장애 요인으로도 작용하고 있다. 과학기술정보통신부와 이동통신사가 제공한 정보에 따르면 2020년 8월 말 기준 4G 기지국 대비 5G 기지국 구축 비율은 서울이 20.5%에 달하는 반면, 농촌에 속하는 지역은(전남 5.2%, 경북 6.1%, 충남 6.4%, 충북 6.9%) 구축 비율이 매우 저조한 것으로 나타났다.

4. 스마트관광, 그리고 정보격차

정보기술의 발전은 관광상품에 대한 정보습득 편의성, 간편성, 다양성을 증가시켜 관광시장을 더욱 활성화하고 있다(구철모 외, 2015). 또한, 많은 스마트관광 연구가 스마트관광과 지속가능성, 사회적 포용성, 대리만족, 성공적인 마케팅, 지역경제 활성화 등 긍정적 관계에 집중하고 있지만(Belanche, Casaló, Orús & Pérez-Rueda, 2020; Chung, Lee, Um & Chung, 2017; Lee, Chung & Koo, 2018; 이진희 외, 2020; 정희정 외, 2020), 정보격차가 야기하는 '부정적 관광 현상'에 초점을 맞춘 연구는 매우 드물다. 따라서 스마트관광의 지속가능한 발전을 위해 접근격차 및 이용격차가 야기할 수 있는 '불균형적 관광 경험'에 대해 고민할 필요가 있으며, 향후 연구의 초점을 이에 맞출 필요가 있다.

5. 정보격차 해소를 위한 외국 사례 및 향후 나아갈 방향

Pew Research Center(미국 워싱턴 D.C.에 본사를 둔 초당파 싱크탱크)에 따르면, 고령자는 스마트 기기 조작 시 물리적 어려움을 느낄 뿐만 아니라 심리적으로도 두려워하거나 자존감을 잃는 등의 부정적인 감정을 느끼는 것으로 나타났다. 이와 유사하게, 우리나라에서도 장·노년층의 디지털 정보화 수준은 64%로 저소득층(87%), 장애인(75%), 농어민(70%)보다 낮은 것으로 나타났다(과학기술정보통신부·한국정보화진흥원, 2018). 그중에서도 특히 노년층은 온라인을 통한 예약 및 예매, 행정서비스, 인터넷뱅킹, 복지정보 서비스 이용 등에 취약한 것으로 나타났다(임주희·김은경·김문희, 2020). 우리나라의 고령층 정보화 교육은 크게 '집합교육'(노년층을 위해 접근성이 좋고 자체적으로 정보화 교육장을 갖춘 교육기관을 선정해 지원하는 사업)과 '어르신 IT 봉사단'(어르신이 어르신을 가르침으로써 고령층의 눈높이에 맞는 정보화 교육 서비스를 제공하는 사업) 사업이 대표적이다(조윤희, 2017). 어르신 IT 봉사단은 2005년부터 기존에 정보화 교육을 이수한 노인 중 실력이 뛰어난 사람을 중심으로 어르신 IT 봉사단을 결성하여 노인 정보화 교육을 담당하는 프로그램인데, 미국의 '사이버 시니어스Cyber-Seniors' 프로그램과 유사하다(김정언·노용환·최두진·정보영·김재경, 2017). 이외에 구청이나 문화센터 등에서 시니어를 대상으로 실시하는 인터넷·정보화 등의 프로그램들도 있지만, 대부분 1:다수 강의이기 때문에 세세한 부분까지 익히기엔 어려움이 많다(황치성, 2020). 해외 선진국에서는 노년층의 디지털 정보격차의 심각성과 디지털 조력자Digital Supporter의 필요성을 빠르게 인식하여, 새로운 디지털 기술을 습득할 수 있도록 다양한 디지털 교육을 운영 중에 있다.

1) **미국** Cyber Seniors

Cyber Seniors는 2009년 한 고등학교 프로젝트에서 처음 시작되어 현재는 미국 전역에서 성공적으로 진행되고 있는 노년층 디지털 교육 프로그램이다. Cyber Seniors는 '세대 간 연결 모델'을 통한 노년층의 디지털 역량 강화를 목적으로 운영되고 있다. 지역 청소년 자원봉사자가 지역 노인들의 디지털 멘토가 되어 가벼운 디지털 기술 교육 서비스를 제공하는데, 이를 통해 청소년은 자신의 리더십 역량을 기르는 기회를 가질 수 있다(황치성, 2020). 이 프로그램에서 다루는 내용은 구글 계정 만들기, 건강과 생활정보 찾기, 각종 SNS 이용법 등이 주를 이룬다. 2021년부터는 정보 검색과 가짜뉴스 구분하기, 온라인 결제, 간단한 동영상 제작, 이미지 편집하기, 개인정보 보호 등의 내용이 추가된다고 한다. 자원봉사를 하고 싶은 학생들은 사이트를 통해 지원할 수도 있고, 시니어들은 편한 날짜와 시간을 선택하여 학생과 1:1 전화를 통해 멘토링을 받을 수 있다. 디지털 네이티브 세대인 젊은 청소년들을 디지털 멘토로 활용한다는 점에서 좋은 평가를 받고 있다.

2) **싱가포르** IM Silver

싱가포르는 한국에 이어 인구 고령화가 가장 빠른 속도로 진행되고 있는 나라이다(박선미·김수범·2019). 싱가포르는 2007년부터 정보미디어개발청 Infocomm Media Development Authority, IMDA이 앞장서서 노년층을 위한 디지털 전환 교육 프로그램을 운영 중에 있다. 가장 기초적인 PC와 스마트폰 이용방법에서 은행 앱, QR 코드로 물품을 구입하는 방법 등 실용적인 실습 위주의 교육이 활발히 진행되고 있다(이승훈, 2019).

그중 'IM Silver'는 노인 및 성인이 모바일과 디지털 기술을 효과적으로 사용하는 방법에 대한 다양한 온라인 콘텐츠를 제공한다. IM Silver 홈페이지에서는 디지털 역량 교육이 진행되는 다양한 프로그램과 날짜를 공개해 원하는 대로 선택해서 들을 수 있다. 뿐만 아니라, 디지털 기술을 얼마나 알고 있는지 자가 테스트를 할 수 있는 'Test My Digital Skills' 서비스도 제공한다. 노년층 정보화 교육을 위한 보다 세분화된 커리큘럼을 개발하여 교육의 효과를 높이고 있는 점, 정보생활 촉진을 위해 PC 구매에 대한 인센티브 제도를 운영하는 것이 본 프로그램의 특징이다.

3) 영국 Mi Wifi

영국 런던시는 디지털 환경에서 소외되는 시민이 없도록 디지털 기술을 가르쳐주는 Mi Wifi 사업을 시행해 긍정적 반응을 얻었다. Mi Wifi 사업은 공공도서관과 커뮤니티 센터 등에서 시민들에게 모바일 기기를 빌려주고 사용법도 알려주는 프로그램이다. 루이샴 Lewisham 자치구에서 처음 시범사업이 진행되었는데, 이곳은 런던 내에서도 디지털 소외현상이 가장 큰 지역으로 조사되었던 곳이다. 시범사업을 통해 노년층과 취약계층에 총 70개의 모바일 기기가 무상 대여되었다. 실제 Mi Wifi 시범사업의 참여자들은 기본 레벨 이상의 디지털 활용 능력을 갖추게 되었을 뿐만 아니라 모바일 기기를 활용한 인터넷 이용에 자신감을 가지게 되었다고 응답했다(정기성, 2018).

4) 호주 ASCCA

1998년 6명이 모여 소규모 컴퓨터 클럽으로 출발한 ASCCA(Australian Seniors Computer Clubs Association)는 시니어들이 컴퓨터 기술을 사용하여 풍요로운 삶을 누리고 세대 간 격차를 해소하도록 하며, 나아가 그들의 집단 경험과 지식을 통해 지역사회에 도움이 되도록 지원하는 프로그램이다. 이 프로그램은 기본 소프트웨어 활용에서부터 특정 관심사까지 다양하게 구성되어 있으며, 1:1, 1:3과 같은 소규모 수업으로 진행된다. ASCCA 수업을 통해 기본적인 안드로이드 이용, 앱 다운로드, 윈도우 파일 관리 방법 등을 배우며, 전자책, 잡지, 오디오북, 영화 등을 즐길 수 있도록 디지털 자료와 스트리밍 서비스에 접속하는 방법을 배울 수도 있다. '노인은 노인이 가장 잘 안다'는 이 프로그램의 철학이자 핵심적 가치관을 반영하듯, ASCCA의 강사는 65세 이상의 시니어 비율이 압도적으로 높다(전채은, 2019). 또래끼리는 서로 어휘와 사고가 비슷해 자료를 이해하기가 쉽고, 피드백을 주어도 덜 창피해서 학습활동에 긍정적인 영향을 준다는 것이다. 현재 ASCCA 회원은 수십만 명에 이르며 호주 전역에 140여 개의 클럽이 있는 것으로 추정된다(전채은, 2019).

5) 정보격차 해소를 위해 나아가야 할 방향

우리 삶의 많은 영역에서 디지털 및 IT 기술이 활용되고 있다. 뱅킹(PC 또는 모바일 기반 뱅킹 서비스 활성화), 이커머스 분야(온라인 쇼핑, 앱 주문, 키오스크 무인 주문), 엔터테인먼트(모바일 스트리밍, 넷플릭스), 통신 및 커뮤니케이션 & 교통(SNS, 이메일, 길 찾기, 예매 서비스) 등의 분야에서 디지털 기술과 스마트 기기가 활용되는 것은 이제 자연스러운 현대 사회의 모습이 되었다. 따라서 우리는 디지털 기술 발전이 야기하는 사회문제에 보다 적극적으로 대처해야 할 것이다. 최근 디지털 기술의 발달이 매우 빨라, 그 방식에 적응하는 것이 숨 가쁠 수 있다. 하물며 노년층을 포함한 디지털 약자들은 더욱 그럴 것이다. 이들에게 익숙한 기존의 방식을 유지하는 것도 사회적 책무일 수 있지만, 급속히 발전하는 디지털 기술 혁신을 막는 것은 불가능하다. 대신, 디지털 사회적 약자들이 더 여유를 가지고 변화에 적응할 수 있도록 그들의 관점에서 디지털 기술의 애로사항을 바라보고, 그들의 눈높이에 맞춘 교육의 장이 만들어져야 할 것이다.

영국 키오스크 전문기업 ACANTE는 앞으로 키오스크가 나아가야 할 방향으로 디지털 약자들이 더 쉽게 키오스크를 사용할 수 있는 인터페이스를 갖추어야 한다고 주장한다. 예를 들어 더 큰 텍스트 사용하기, 크고 명확한 아이콘 사용하기, 더 잘 들리는 사운드 사용하기, 높이가 유발할 수 있는 차별을 없애기, 마지막으로 아직은 익숙지 않은 이용자들을 위한 조력자의 항시 대기 등을 언급하고 있다. 또한 우리나라의 장·노년층 디지털 역량 프로그램은 기술적 역량을 강화하는 데 더 초점을 맞춘 반면, 미국이나 영국 등의 디지털 교육은 기술적 역량뿐만 아니라 여가활동으로서 사회 참여 기회도 같이 제공한다(김영대·조윤희·서영길, 2017). 따라서 더 큰 포용적 가치관을 가지고 디지털 역량 교육을 실시할 필요가 있다.

스마트관광도시, 디자인 사이언스를 만나다

이선영 _경희대학교 스마트관광연구소

1. 관광 4.0 기술과 관광 디자인 시스템

1) 관광 디자인 시스템

스마트관광도시는 포용적인 공동 창조 과정을 통해 목적지와 관광 경험의 경쟁력을 높이는 것을 목표로 한다. 여기에는 물리적·사회적 커뮤니티가 있는 디지털 하이브리드 생태계가 포함된다. 이 시스템에서 경쟁력을 높이려면 새로운 원칙, 새로운 정책, 새로운 프로세스, 새로운 접근 방식, 지속가능한 전략 및 디지털 전환 등이 핵심이 되는 통합 모델이 필요하다. 그렇다면 스마트관광도시에서 기술은 어떻게 디자인되어야 할까?

4차 산업혁명 시대의 도래로 관광 경험은 이전보다 더 기술 의존적인 산업 기반으로 발전하고 있다. 관광 4.0은 고도의 기술 관련 서비스(IoT, 빅데이터 분석, 인공지능, 블록체인, 위치기반 서비스, VR, AR 시스템 등) 생산 패러다임을 기반으로 하며, 관광이라는 이름 아래 오락·문화예술·의료·스포츠 등 다양한 분야에서 공동 가치 창조가 이뤄지는 새로운 관광 가치 생태계이다. 관광 4.0 기술은 기존의 관광 환경에서는 상상할 수 없는 관광 경험 생산이 가능한 잠재력을 지닌 중요한 요소이다. 이미 관광의 고부가가치를 알아본 글로벌 관광기업들이 잇달아 ICT 결합형 관광 콘텐츠를 이용해 재미와 편의성을 극대화하고 있다. 예를 들어 인공지능 로봇을 고용한 로봇 호텔, VR을 사용한 전시장, 자율주행 차량을 사용한 공항 픽업 서비스 등이 관광 및 환대산업 분야에 광범위하게 도입되고 있다. 특히 코로나 팬데믹 상황에서 기술을 매개로 한 언택트 서비스(BTS '방방콘서트'와 같은 하이브리드 이벤트, 버추얼 박물관 등)의 등장은 관광 4.0 기술의 발전이 미래 관광에 미치는 영향에 대한 기대를 더욱 높였다.

관광 4.0에서 디자인 과학Design Science은 디자인 프로세스 적용을 통해 현지인과 관광객이 공존하는 스마트관광도시에서 관광 이벤트Tourism Events, 관광명소Attractions 개발을 넘어 새로운 관광 인공물Artifact을 개발하고, 혁신적 관광 프로세스와 관광 시스템, 관광 목적지를 개발할 수 있는 논리를 제공한다. 기억에 남는 매력적인 관광 경험을 포함한 성공적인 관광 시스템을 개발하기 위해서는 디자인 과학이 적용되어야 하는데, 과학 및 기술 발전으로 인해 그 가능성이 커졌다. 다시 말해, 인터넷과 연관 기술(클라우드, RFID, GIS, AI, 소셜미디어, 웨어러블 기기 등)의 발달로 인해 관광객이 다양한 자극에 어떻게 반응하는지 이해할 수 있게 되었다. 이를 토대로 심리학, 지리학, 도시공학, 마

〈그림 1〉 관광 디자인 시스템

출처: Fesenmaier & Xiang, 2017.

케팅, 커뮤니케이션에 이르는 다양한 응용 분야의 기존 이론과 신기술을 결합해 새로운 관광 디자인 개념을 이해할 수 있게 되었다.

Fesenmaier and Xiang(2017)은 방문자가 기억에 남는 관광 경험을 하도록 돕기 위해 새로운 "관광 경험 생산 시스템"을 제시한다(〈그림 1〉). 이 시스템은 ① 주제 Themes, ② 스토리 Stories, ③ 분위기 Atmospherics, ④ 행동 유도성 Affordances, ⑤ 공동 창조 Co-creation, ⑥ 기술 Technology을 포함한다. 본 장에서는 관광 4.0 시대에 기술이 다른 요소들과 조화롭게 융합되어야 한다는 점에 중점을 두고자 한다.

Beritelli and Laesser(2017)는 관광 경험을 수요와 공급의 관점에서 세 가지 차원의 각기 다른 모델로 유형화했다. 관광 경험은 수요와 공급의 접점에서 발생한다. 수요와 공급에 관한 전통 이론은 〈그림 2〉의 '사례 1'에서 확인할 수 있듯이, 양적 수요가 공급 측면 속성과 만나는 지점에서 가격이 결정되는 미시경제학적 관점의 '수요와 공급의 법칙'이다. '사례 2'는 제품 중심 관점Product-Dominant Logic, PDL으로 시장에서 상품을 미리 생산, 조립하고 완성한다. 그런 다음 공급자는 일치하는 시장 또는 세그먼트를 찾아 수익을 창출할 수 있는 적정가격을 정하고, 효과적이고 설득력 있는 커뮤니케이션 전략을 사용해 상품을 공급한다. 이때 공급자가 잠재 고객의 요구를 사전에 인지한 다음 이러한 니즈에 대응하는 새로운 상품을 개발하는 매칭이 발생하기도 한다.

이 개념에서 수요와 공급은 시장의 두 가지 요소로, 동전의 양면을 구성하고 있다. 하지만 이 개념은 공급과 수요가 동전의 양면처럼 분리되지 않는 점, 공급과 수요의 접점이 공급 측면에서 효율적인 관리와 마케팅의 문제로 인식된다는 한계가 있다. 하지만 최근의 관광

〈그림 2〉 관광 생산 시스템에서 수요와 공급 측면의 세 가지 모델

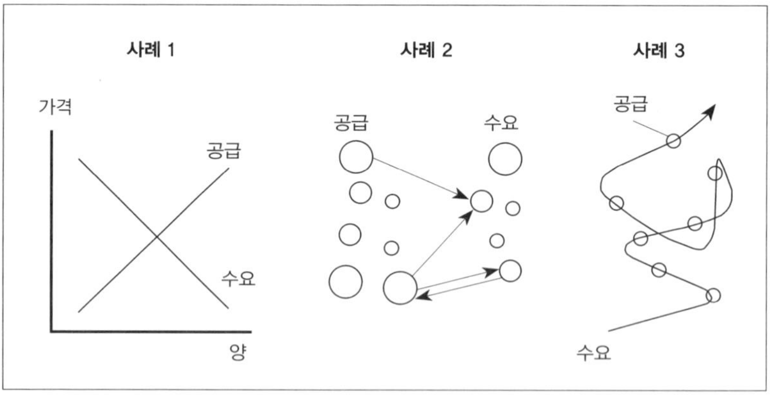

출처: Beritelli & Laesser, 2017.

경험 생산 시스템은 '사례 3' 모델에 더 적합하다. 관광 경험은 관광객의 '공동 생산Co-production' 개념에서 생산된다. 여행객은 관광 경험 네트워크에 직접 연결되어 있으며, 관광 경험 체인을 활성화하여 유통과 파트너십, 커뮤니케이션에서 주요 흐름을 만들어낸다. 이 개념에서 수요는 생산의 원천으로 작동하고 공급이 수요에 가장 이상적으로 대응한다. 즉 수요는 공급체인을 형성하는 원동력이다. 공급은 수요의 흐름으로 인해 생존하고 이익을 창출하게 된다. 이러한 개념은 서비스 중심 이론Service-Dominant Logic, SDL(Vargo & Lusch, 2008)에서 더욱 명확하게 확인할 수 있다. 서비스 주도 관점은 가치 창조 과정에 고객을 공동 창조자Co-creator로 포함한다는 측면에서 현재의 관광 생산 시스템에서 매우 중요하다. 나아가 관광 4.0 기술에 대해 고객 경험 및 고객과 공급자의 상호작용에 따른 관계에 주목하고 있으며, 관광 상품 또한 고객 경험을 중심으로 변화하고 있다. 따라서 관광객의 수요를 중심으로 관광 경험의 접점이 생산되는 것을 그림으로 표현한 세 번째 모델에 주목할 필요가 있다.

2) 인간 중심 디자인Human-centered Design

그동안 학계와 산업계에서 관광 4.0의 기술 혁신은 관광객의 편익을 위해 놀랄 만한 변화를 이루어냈으며, 관광 시스템이 잘 작동하고 있다는 암묵적인 가정이 존재했다. 관광 4.0 기술의 강력한 기능은 시스템과의 상호작용을 향상시키고 관광 경험 자체를 풍부하게 한다. 또한, 행동 변화를 지원하는 새로운 방법을 제공하고, 사용자의 장기적인 변화를 지원한다. 하지만 관광 4.0 기술 디자인이 때때로 목적에 부합하지 않게 사용되거나 부정적인 관광 경험을 야기하면 더 큰 불편과 피해를 초래할 수도 있다.

관광 4.0 기술의 놀라운 발전에도 불구하고 인간 중심 디자인 요소를 고려하지 않고 기술을 적용한 사례를 주변에서 쉽게 찾아볼 수 있다. 예를 들어 지자체들이 우후죽순식으로 개발한 관광 앱은 관광 목적지 특성, 관광객 행동 및 공동 참여를 전혀 고려하지 않은 디자인 사례이다. 2017년 감사원 감사 결과 19개 지자체는 20개의 관광 앱을, 22개 지자체는 26개의 분야별 특화 앱을 개발해 운영하고 있는 것으로 나타났다. 지자체의 분야별 특화 앱은 하루 평균 다운로드 횟수가 11.2건에 그칠 정도로 비효율적이다. 스마트컨벤션센터를 지향하는 송도컨벤시아의 '공룡 AR 체험'도 관광 디자인 시스템에서 중요하게 간주하는 주제, 스토리, 환경, 행동 유도성을 고려하지 않

〈그림 3〉 송도컨벤시아의 공룡 AR 체험

출처: 송도컨벤시아 홈페이지.

고, 오로지 AR 기술의 구현에 초점을 맞춘 기술 지향형 Technology-oriented 디자인으로 구분할 수 있다. 인간 중심 디자인과 맥락을 고려하지 않은 디자인은 결과적으로 컨벤션센터 방문객들의 관심과 반응을 이끌어내는 데 한계가 있다. 오히려 본질적 가치에 집중하지 못해 산만해지기 쉽고, 과도한 기술 사용으로 불편을 초래할 수도 있다.

Stankov and Gretzel(2020)은 관광 현장에서 되풀이되는 이러한 문제점을 인식하고 인간 중심 디자인 관점에서 기술이 매개된 관광 경험 시스템 모델을 제안했다(〈그림 4〉). 이 모델은 관광 만족도에 미

〈그림 4〉 관광 4.0 기술을 활용한 관광 경험에 끼치는 인간 중심 디자인의 역할

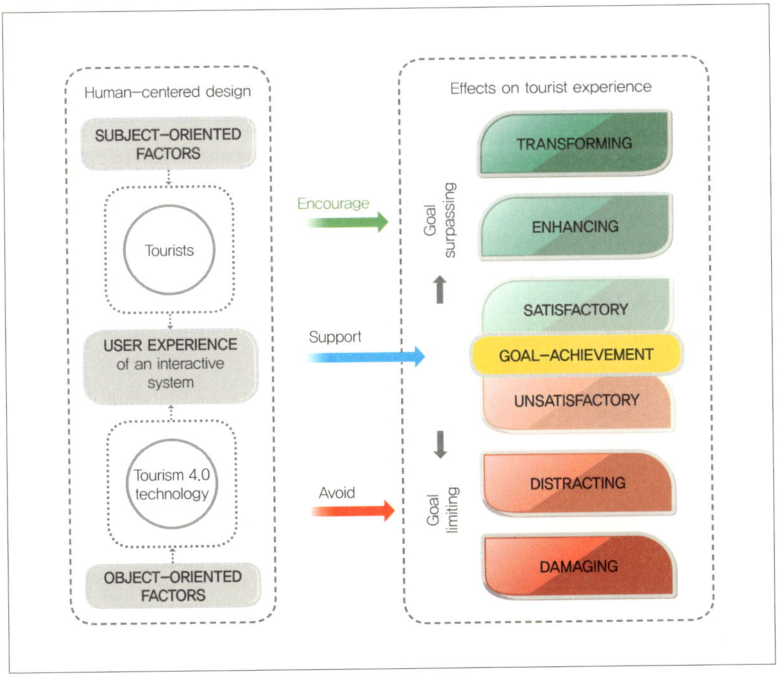

출처: Stankov and Gretzel, 2020.

치는 영향 정도를 기준으로 하여 '목표 달성', '목표 제한', '목표 초과'로 구분하고 기술 매개 관광 시스템을 개념화한다. 관광 4.0 기술의 인간 중심 디자인 모델에는 객체 지향 요인Object-Oriented Factors과 주체 지향 요인Subject-Oriented Factors이 있다. 객체 지향 요인은 기능적이고 목적 지향적이며 시스템 성과에 중점을 두는 반면, 주체 지향 요인은 이전 경험, 태도, 기술, 개성, 행동 의도, 관심, 사용 맥락 등을 토대로 한 인간 내면과 자아의 상태에 중점을 두고 있다. 그동안 디지털 관광 생태계에서 기술 사용은 목적과 성과에 집중되어 있었다. 그러나 관광 맥락과 사용자를 고려하지 않는 기술 중심형 또는 기술 과시형 디자인은 관광 경험을 왜곡할 수 있다.

관광 4.0 기술을 적용한 인간 중심 디자인 모델을 설명한 〈그림 4〉에 대해 구체적인 사례를 들어 자세히 살펴보자. 우리는 관광기술 디자인의 세 가지 차원을 확인할 수 있다. 중립적인 단계는 관광 경험이 일반적인 목표 달성의 단계에 이른 것이다. 예를 들어 스마트폰으로 구글맵을 사용해 목적지에 잘 도착하거나, 호텔 예약을 쉽게 하는 경우가 이에 해당한다. 가장 부정적인 요인은 객체 지향 요인으로, 목표에 이르지 못하고 오히려 관광 만족을 분산시켜 관광 경험을 부정적으로 왜곡시킬 수 있다. 예를 들어, 필자의 경험에 비추어 보면, 관광지에서 스마트 모빌리티(공유자전거, 전동 킥보드 등)를 이용하려 할 때 앱 다운로드와 인증 절차가 복잡해서 심리적인 불편함을 느끼게 된다. 결국 인증을 완료하고 이용하려는 순간 충전되지 않은 기기임을 알게 되었고, 낭비된 시간과 노력에 허탈함을 넘어 그때의 경험이 부정적인 기억으로 남게 되었다. 사용하기 복잡하고 불편한 디지털 키오스크나 제대로 작동하지 않는 불필요한 앱을 사용하여, 오히려 산만해지고 시간 낭비하게 되는 경우도 이에 해당한다.

반대로 주체 지향 요인은 관광 만족을 강화하고 변혁적인 방향으로 이끌 수 있는 가장 긍정적인 요인이다. 대표적인 예로 바르셀로나의 '카사바트요 AR 경험'을 들 수 있다. 카사바트요는 건축가 안토니 가우디가 자연물에 영감을 얻어 스페인 바르셀로나에 지은 건축물로, 카사바트요 AR은 가우디가 어떤 자연물로부터 어떻게 영감을 받아 건축물을 지었는지 생생하게 보여준다(〈그림 5〉). 코로나 팬데믹 상황에서 대면 관람이 불가능한 박물관의 역사적 상황을 VR을 이용해 집 안에서 생생하게 느낌으로써 감동이 배가되고, 관광 경험이 향상되어 관광에 완전히 몰입할 수 있는 경우도 이에 해당한다.

이처럼 관광 4.0 기술은 새로운 시대에 긍정적인 상호작용을 창출하는 요인으로 작동할 수 있지만, 반대로 관광객에게 즐거운 경험과 정서적 충족감을 제공하지 못한다면, 오히려 이로 인한 불편함, 불쾌함, 시간 낭비 등으로 발생하는 불만족의 요인이 될 수 있다. 그

〈그림 5〉 카사바트요 AR 경험의 예

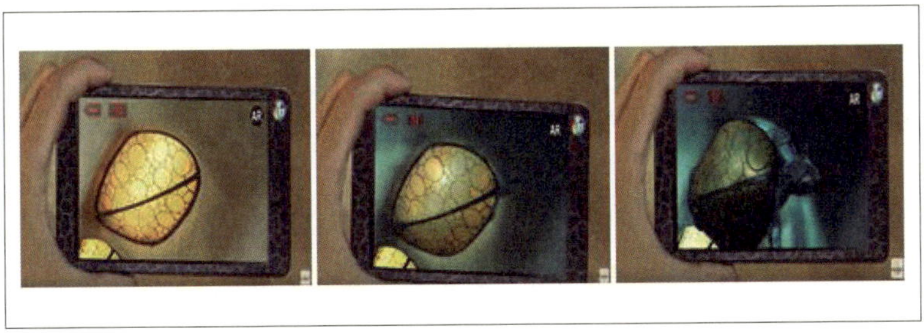

출처: Fesenmaier & Xiang, 2017.

렇다면 무궁무진한 잠재 가능성을 갖고 있는 기술을 스마트관광도시에 어떻게 적용해야 할 것인가?

〈그림 6〉은 인간 중심 디자인으로 본질적 가치에 집중하는 디자인 사고과정을 잘 표현하는 사례이다. 주어진 상황에서 사용자가 그 상황을 이해하고 주어진 문제Task를 해결하려는 생각을 멘탈 모델Mental Model화하여 디자인에 반영했다. 구체적으로 내비게이션을 이용해 길을 찾는 사용자들의 인식 과정을 원인-결과 모델, 구조적+과정적 상황에 맞는 디자인 과정으로 시각화하고 있다. 내비게이션이 단순히 길을 찾는 기능에 머무르지 않고, 사용자의 상황을 이해하고 그 상황에서 가장 최적화된 길을 찾을 수 있도록 디자인하는 것이다.

〈그림 6〉 내부 맥락 매핑에 의한 맥락 지향적 시스템 디자인

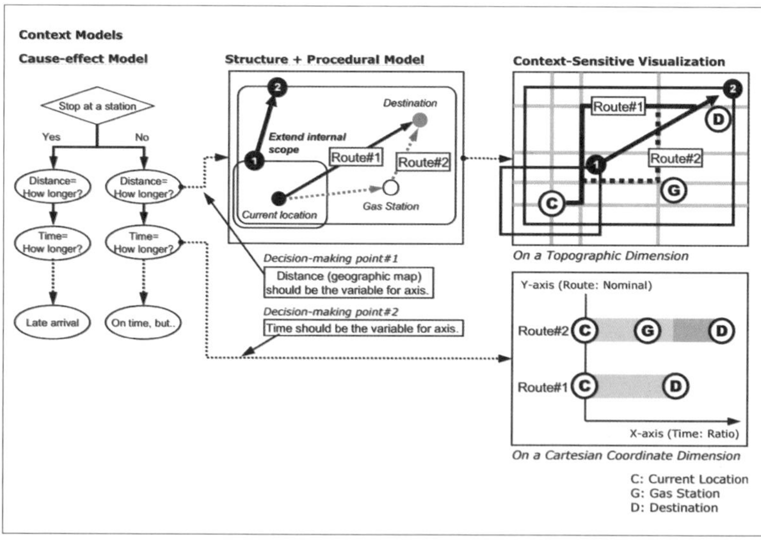

출처: Jung & Sato, 2010.

2. 스마트관광 경험과 서비스 디자인 프로세스

1) 관광 경험 디자인Tourism Experience Design

스마트 경험은 근본적인 관광 메커니즘 이해를 토대로 시스템 개발이 이루어져야 한다. 기억에 남는 관광 경험Memorable Tourism Experience은 관광객의 만족과 참여에 영향을 미치고 장기기억으로 저장하게 하는 중요 요인이다. 관광 경험을 디자인하려면 관광객의 내적 요소(니즈, 동기, 이전 경험), 외적 요소(물리적·사회적·문화적 환경)와 행동 결과(만족, 지속 의도) 등을 모두 고려한 복합적 과정에 대해 이해해야 한다. Pine and Gilmore(1988)가 제시한 경험경제 The Experience Economy 개념 이후 '경험'이라는 용어에 대한 많은 해석과 설명이 논의되고 있으나, 아직까지 관광 경험에 대한 포괄적인 개념과 모델에 대해 합의된 것은 없는 상태이다. 즉, 관광 경험은 관광객이 여행을 하는 전 과정의 활동과 모든 측면을 통틀어 의미 있는 경험을 만들기 위한 끊임없는 창조의 과정으로 이해되어야 한다.

이러한 개념을 반영하여, 관광 시스템은 일련의 생태계 또는 하위 생태계에서 완전히 기능하는 유기체organism로 인식된다. 관광 경험 디자인은 실제 존재하는 환경을 반영해야 하고, 관광 경험을 자극하거나 지원하는 기본 프로세스를 따라야 하며, 기본 프로세스는 작은 환경에서 큰 환경으로 확장할 수 있어야 한다(Fesenmaier & Xiang, 2017).

관광 경험을 디자인적 관점에서 바라본 개념적인 토대는 Tussyadiah(2014)의 연구에서 찾아볼 수 있다. 이 연구에서 저자는 '디자인', '디자인 사고', '서비스 디자인', '경험 디자인'의 개념을 소개했다. 여기에서 디자인 개념은 미학적·예술적 측면의 디자인 개념보다는 프로세스적·과학적 측면의 디자인 개념으로 이해할 수 있다. 디자인 사고Design Thinking는 서비스 제공과 관련된 명확하지 않은 문제를 탐색·정의하고, 이러한 문제에 대한 솔루션을 혁신적인 방식으로 제공하는 효과적인 방법이다. 바람직한 디자인 사고는 ① 인간 중심Human-centered 관점, ② 본질적 가치에 집중, ③ 디자인 R&D 과정을 적용하는 것이다. 서비스 디자인은 여러 분야에서 사용하는 다양한 방법과 도구를 결합한 학제적 접근법이다. 따라서 서비스 디자인은 독립적인 '지식 분야'라기보다는 새로운 '사고방식', 즉 디자인 사고를 바탕으로 한 접근법이라고 할 수 있다. 이러한 개념이 잘 드러난 서비스 디자인 개념은 "다른 사람들의 경험을 디자인하려고 구성한 리소스를 제공하기 위해 서비스 시스템 또는 아키텍처를 구상하고 반복적으로 계획하며 설계하는 과정"이다.

국내에서는 서비스디자인협의회(2011)가 더욱 실무적인 차원의 서비스 디자인 개념을 발표한 바 있다. 이에 따르면 서비스 디자인이란 "고객이 서비스를 통해 경험하게 되는 모든 유·무형의 요소(사람, 사물, 행동, 감성, 공간, 커뮤니케이션, 도식 등) 및 모든 경로(프로세스, 시스템, 인터랙션, 감성 로드맵 등)에 대해 고객 중심의 맥락적인Contextual 리서치 방법을 활용하여 이해관계자 간에 잠재된 요구를 포착하고, 이것을 창의적이고 다학제적·협력적인 디자인 방법을 통해 실체화Embodiment함으로써 고객 및 서비스 제공자에게 효과·효율적이며 매력적인 서비스 경험을 향상시키는 방법 및 분야를 의미한다."

우리가 흔히 범하는 서비스 디자인에 대한 잘못된 생각은 디자

〈그림 7〉 The Fundamentals for Tourism Experience Design

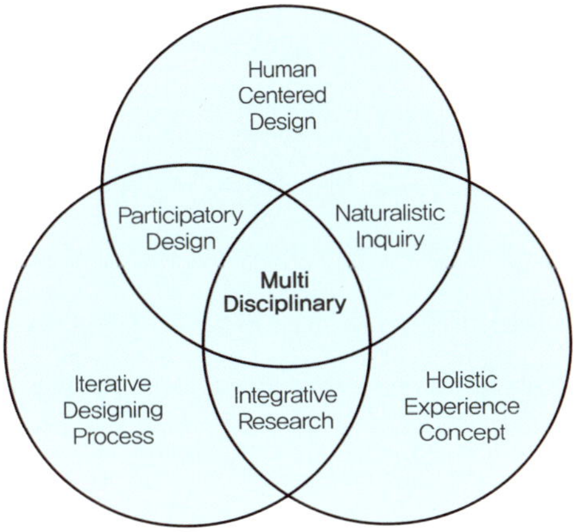

출처: Tussyadiah, 2014.

인의 결과물을 물리적/시각적 실체로 오해하는 것이다. '멋지고 예쁜 물건은 누구나 좋아한다', '다양한(또는 새로운) 기능을 복합적으로 넣어 신기한 물건(서비스)을 만든다'도 디자인에 대한 편견에서 비롯된 잘못된 시각이다. 관광 경험 디자인에서 디자인 개념은 예술적 활동의 결과물 또는 제품이라기보다 가치 창출 과정의 중요한 측면으로, '기획', '설계', '개발'의 개념으로 인식되어 통용될 수 있다.

또한 Tussyadiah(2014)는 관광 경험 디자인에서 놓쳐서는 안 되는 세 가지 핵심 이론적 기반으로 인간 중심Human-centered Design, 반복적으로 정제되는 디자인 프로세스Iterative Designing Process, 전체론적 경험 개념Holistic Experience Concept을 제시했다(〈그림 7〉).

2) 디자인 프로세스와 디자인 툴

스마트관광도시에서 고도화된 기술 기반 서비스를 포함한 관광 경험을 디자인하기 위해서는 무엇보다 관광 맥락상의 문제점Pain Point을 파악해야 한다. 이를 위해서는 최적화된 목표와 결과를 설정하고 관광객의 동기와 능력, 그리고 반응을 측정할 필요가 있다. 관광 경험 디자인에서 핵심적인 것은 상호작용 시스템 디자인 관점에서 인간을 디자인 프로세스의 중심에 두는 것이다. 상호작용 시스템에 대한 인간 중심 설계의 ISO 표준은 다음과 같다. ① 디자인은 사용자, 작업 및 환경에 대한 명확한 이해를 기반으로 한다. ② 사용자는 디자인과 개발 전반에 걸쳐 관련성을 가진다. ③ 디자인은 사용자 중심 평가에 의해 주도되고 개선된다. ④ 프로세스는 반복적이다. ⑤ 디자인은 전체 사용자 경험을 포괄한다. ⑥ 디자인팀은 다학제적 방법과 관점을 다룬다.

디자인 행위는 분석, 종합, 평가라는 3단계로 이루어진다. 이를 발산Divergence, 변환Transformation, 수렴Convergence이라고 부를 수 있다. 프로세스는 주어진 투입 요소Input를 산출 요소Output로 변환하기 위한 일련의 단계들을 의미한다. 디자인 방법이란 디자인하기 위한 여러 가지 절차, 기법, 보조 방법 또는 '도구Tool'인 것이다. 영국의 디자인 카운슬(Design Council, 2005)은 이 과정을 시각화하여 '더블다이아몬드 모델'을 소개했다.

이런 속성은 서비스 디자인에도 동일하게 적용되며 〈그림 8〉을 통해 쉽게 이해할 수 있다. 더블다이아몬드 모델은 발견하기Discover-정의하기Define-발전하기Develop-전달하기Deliver로 구분할 수 있다. '발견하기' 과정은 디자인 문제를 이해하기 위한 정보수집 단계이다. 이 과정에서 대표적인 디자인 방법은 관찰, 심층 인터뷰, 데스크 리서치, 설문조사, 고객 공감지도 등 여러 가지 방법론을 적용할 수 있다. '정의하기' 과정은 현재 프로젝트 주제와 관련된 정보를 취합하고 분석해 인사이트와 디자인 원칙을 도출할 수 있다. 디자인 도구는 어피니티 다이어그램Afiinity Diagram, 고객여정지도Customer Journey Map, 퍼소나Persona, 이해관계자 지도Stakeholders Map 등을 사용할 수 있다. '개발하기(또는 아이디어 도출)' 과정은 도출된 디자인 원칙을 기반으로 아이디어를 개발하거나 디자인 콘셉트를 도출하는 단계이다. 브레인스토밍Brainstorming, 콘셉트 스케치Concept Sketch, 서비스 시나리오Service Scenario 등을 활용할 수 있다. 마지막으로 '전달하기' 과정은 서비스 프로토타입 개발 또는 서비스 개선을 실행하는 단계로, 서비스 프로토타

〈그림 8〉 더블다이아몬드 프로세스

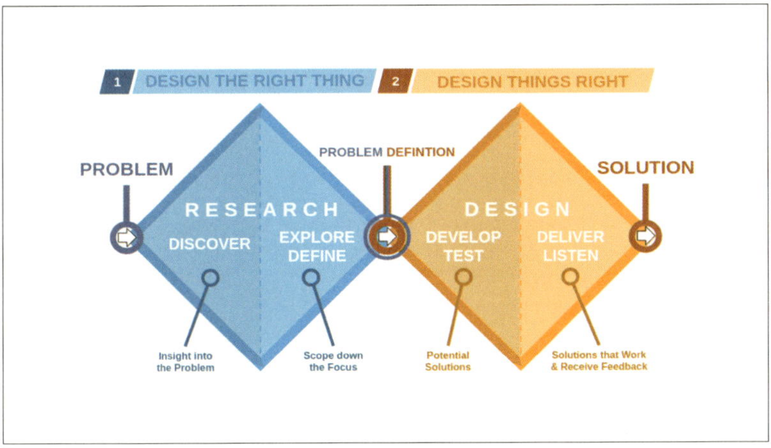

출처: 위키피디아.

〈표 1〉 서비스 디자인 프로세스별 디자인 툴

발견하기(Discover)		
접근법(Approaches)	**툴(Tool)**	**실행(Action)**
▸발상적 디자인 연구_투사적 접근: 구두로 전하기 어려운 생각, 감정 및 니즈를 사용자가 이해하기 쉽게 표현하고 매핑하는 데 집중 ▸전체적인 경험 콘셉트: 관광 경험의 구조를 구성하는 모든 요소를 포함	▸데스크 리서치: 대상 서비스와 관련된 외부상황(시장환경, 트렌드)과 내부상황(서비스 시스템, 협업 구조, 조직)에 이르기까지 광범위한 이해를 바탕으로 대상 서비스의 맥락적 상황을 파악하는 것을 목표로 함	• 연관 토픽 검색 • 중요 이슈 도출 • 자료 수집 수행 • 분석 및 시사점 도출
	▸관찰: 관찰은 고객의 문제를 발견하는 가장 기본적이고 중요한 방법으로 현장에서 고객이 겪는 어려움이나 서비스 전달 과정의 애로사항 등을 여러 상황적 맥락 속에서 파악하는 것을 목표로 함 –쉐도잉 관찰과 타운워칭이 있음	• 관찰 대상과 장소 정하기 • 관찰 기록하기(고객 불편과 반응 측정) • 관찰 내용 공유하기
	▸심층 인터뷰: 고객의 특성 파악과 맥락 이해를 통해 생각지 못했던 서비스의 개선 팁을 얻을 수 있고 고객에게 필요한 것, 필요 없는 것, 목적과 동기, 고객의 감정, 제품 및 서비스 사용에 대한 피드백 등 포괄적인 정보를 얻는 것을 목표로 함 –6~8명의 참석자를 대상으로 토의를 통해 정보를 수집하는 FGI(Focus Group Interview)를 사용하기도 함	• 인터뷰 대상자와 주제 선정 • 인터뷰 질문내용 및 순서 결정 • 인터뷰 질의서 워크시트 작성 • 인터뷰 수행(녹음, 녹화–전사) • 분석 및 시사점 도출
	▸설문조사: 설문조사를 통해 프로젝트와 관계된 사람들의 상황, 취향, 인적 정보 등을 수집할 수 있으며, 주제를 좁히거나 방향성을 판단하는 것을 목표로 함	• 설문 대상자와 주제 선정 • 설문항목 개발 • 설문지 작성 • 설문조사 수행(1:1 설문 또는 전문업체 활용 등)
	▸고객 공감 지도: 고객을 만나기 힘들 때, 리서치를 충분히 진행하기 어려운 상황에서 고객의 니즈, 불편한 점, 필요한 점 등을 파악하고자 하는 목표로 사용됨	• 고객의 상황, 맥락을 프로세스별로 구분 • 감정이입, 상상 가능한 자료를 검색(유튜브, 사용 후기 등)하여 단계별로 삽입 • 고객의 입장에서 감정이입 • 상황별·단계별 공감 지도를 작성해 고객의 입장 파악

<table>
<tr><th colspan="3">전달하기(Deliver)</th></tr>
<tr><th>접근법(Approaches)</th><th>툴(Tool)</th><th>실행(Action)</th></tr>
<tr><td rowspan="3">▸평가적 디자인 연구: 경험 콘셉트에 대한 반복 테스트 및 피드백: 디자인된 서비스-기술 시스템의 품질 및 전체적인 경험을 모니터링

▸자연주의적(맥락적) 탐구: 실제 사용자의 사용 경험 및 사용자 행동 탐구</td><td>▸서비스 프로토타입: 실제 상황을 경험할 수 있도록 테스트 베드를 구성하여 고객의 반응을 관찰하고 테스트하기 위해 사용함. 구체화되지 않은 서비스를 사용자가 실제로 사용하는 것과 같은 경험을 제공하여 고객의 반응을 모니터링하는 것을 목표로 함</td><td>• 서비스 콘셉트 표현에 적합한 프로토타입 선정
• 프로토타입을 만들기 위한 기본 요구사항 정리
• 프로토타입 제작
• 테스트
• 의도와 다른 부분, 부족한 점 수정</td></tr>
<tr><td>▸서비스 블루프린트: 고객과 서비스 제공자와 서비스 접점 및 숨어 있는 과정을 상세하게 도식화하는 방법론. 서비스 전달 과정에 영향을 미치는 여러 이해관계자가 전체 맥락을 공유하고 각자의 역할을 이해함으로써 새로운 서비스가 안정적으로 구현되는 것을 목표로 함</td><td>• 서비스 과정의 모든 접점을 탐색, 분석
• 서비스 유형에 따라 세분화
• 서비스 블루프린트 제작
• 서비스 접점에 대한 표준화
• 내부 조직 간의 협의와 통합을 통한 완성
• 서비스 전달 과정에 포함된 모든 요소에 대해 도식화
• 사용자 경험을 결정하는 핵심 서비스(Front Stage)와 그 뒤에서 지원하는 프로세스(Back Stage)를 연결
• 시간 순서에 따라 배열
• 서비스 검증</td></tr>
<tr><td>▸비즈니스 모델 캔버스: 서비스와 연관된 9가지 항목(파트너, 활동, 가치, 자원 등)이 어떻게 서로 연결되어 있는지 파악할 수 있으며, 서비스 전략, 핵심활동, 고객가치 제안 방법 등을 얻기 위해 사용함</td><td>*비즈니스 모델 캔버스에 아래 항목을 기록함
• 핵심 파트너
• 핵심 자원
• 핵심 활동
• 가치 제안
• 고객 관계
• 고객 세그먼트
• 유통 채널
• 수익원
• 유통 채널
• 비용 구조</td></tr>
</table>

입Service Prototype, 서비스 블루프린트Service Blueprint, 비즈니스 모델 캔버스Busness Model Canvas 등을 사용할 수 있다. 각 단계별 디자인 툴은 〈표 1〉에서 확인할 수 있다.

〈그림 9〉 어린이대공원 추천코스의 가상 퍼소나 시나리오

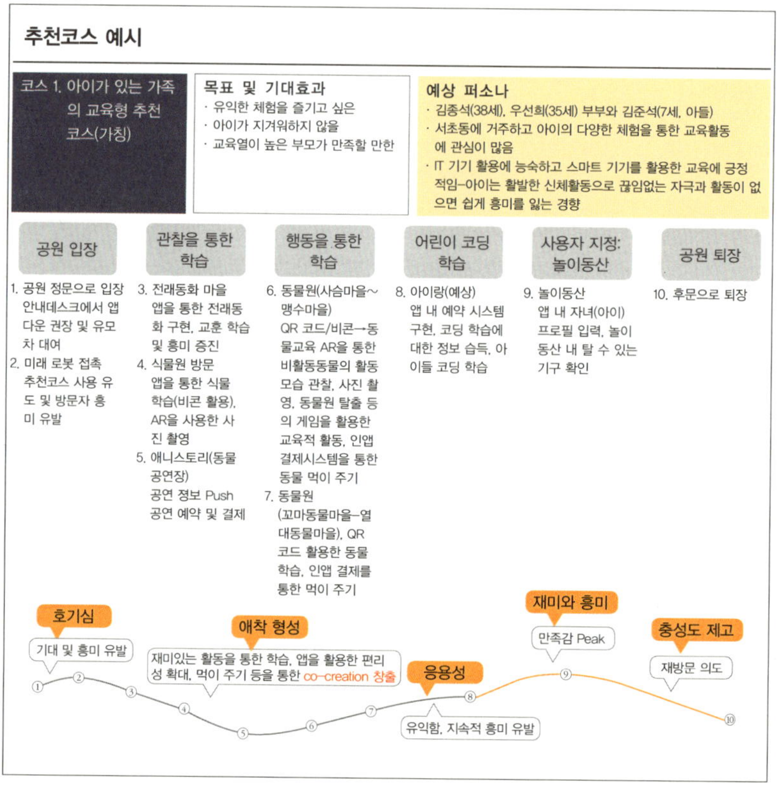

출처: Hlee et al., 2019.

3. 관광 4.0 기술 매개를 기반으로 한 서비스 디자인 사례

1) 서울 어린이대공원 관광 경험과 빅데이터 관리 플랫폼 디자인

연구제목	# Service Innovation by Design Thinking Methods: A Case of Seoul Children's Grand Park(SCGP)
저자	Sunyoung Hlee, Yerin Yhee, Namho Chung & Chulmo Koo

저널명/발행연도	e-Review of Tourism Research(eRTR), Vol. 17, No. 2, 2019
연구 목적	서울 어린이대공원 관광 경험 관리를 목적으로 핵심 퍼소나 개발, 추천 경로 디자인 및 빅데이터 관리 플랫폼 디자인을 목적으로 함
디자인 맥락	도심형 복합공원 재생 프로젝트/서울 어린이대공원
디자인 툴	에스노그라피, 다이어리 리포트, 인터뷰, 고객여정지도, 서비스 블루프린트
발견점	본 연구는 탐색적-발상적-평가적 디자인 연구의 전 단계를 실제 관광 맥락에 적용하는 서비스 디자인 구조의 지침을 제공한다. 서울 어린이대공원이라는 기존 시설 및 장소에서 현재 방문자의 경험을 분석하여 ICT 기반 경험으로 방문자 행동 패턴을 관리하고 빅데이터 분석 결과를 바탕으로 유효한 시나리오를 제공할 수 있는 서비스 디자인 모델을 제안하고 있다. 기술적으로 방문자 중심의 경험 디자인을 위해 방문자 여정지도와 앱 터치포인트라는 두 가지 응용 프로그램 개념을 개발했다. 이 연구는 서비스 설계의 개념적 프레임워크와 서울 어린이대공원에서 ICT 기반 경험의 적용을 견고하게 제시하고 있다.

2) 대만 가오슝 전시센터의 스마트 전시 서비스 시스템 디자인

연구제목	Service Design for Intelligent Exhibition Guidance Service Based on Dynamic Customer Experience
저자	Ching-Hung Lee, Qiye Li,Yu-Chi Lee & Chih-Wen Shih
저널명/발행연도	Industrial Management & Data Systems, 2020
연구 목적	고객 여정에서 고객 경험을 향상시키기 위해 본 연구는 고객의 요구사항에 따라 설계 요구사항을 수용하고 솔루션을 생성하기 위해 체계적인 접근 방식을 사용하는 고객 여정 중심의 서비스 디자인 접근 방식을 채택했음
디자인 맥락	스마트 전시센터/대만 가오슝 전시센터(A Exhibition Centre)
디자인 툴	심층 인터뷰, 고객여정지도, TRIZ(The invention problem solving theory)
발견점	"Tourism Link Assists", "i-Kaohsiung 호텔 서비스 센터", "Smart AEC", "O2O e-티켓"으로 설계된 스마트 엑스포 시스템을 새로운 서비스 시스템으로 개발했다. 제안된 3E 모델은 스마트 전시 서비스 영역을 위한 체계적이고 일관된 디자인 방법을 구축했다. 나아가 고객의 불만 사항, 서비스 매개변수, 혁신적인 디자인 원칙부터 솔루션까지 연결되는 행동 지향적 지침을 제공한다.

3) 시각장애인 대상 이탈리아 휴가 여행에서 어포던스 기반의 관광 서비스 디자인

연구제목	Affordances for Tourism Service Design
저자	Kristof Tomej & Zheng Xiang
저널명/발행연도	Annals of Tourism Research, 2020
연구 목적	관광 서비스 디자인의 맥락에서 어포던스 중심 프레임워크를 적용하여 해외 여행지에서 시각장애가 있거나 없는 관광객 그룹을 실증적으로 조사한 사례 연구를 통해 어포던스와 의도된(또는 의도되지 않은) 관광 경험을 분석했다.
디자인 맥락	영국에서 출발하는 일주일간의 이탈리아 여행/시각장애인과 비장애인을 포함함
디자인 툴	에스노그라피, 녹화, 심층 인터뷰, 어포던스 분석
발견점	▸Proposition 1. 관광 서비스 제공업체는 디자인 과정을 특정 고객의 니즈를 충족시키는 방향으로 이끌기 때문에 어포던스 기반 디자인 사고가 필수적이다. ▸Proposition 2. 서비스 설계자와 기존 또는 잠재적 관광객 사이의 지속적인 대화는 관광 경험을 지속하는 어포던스를 발견하는 데 필수적이다. ▸Proposition 3. 디자인 대안으로서 잠재적인 어포던스를 고려할 때 문화적 학습과 관광객들의 기술은 필수적인 고려 요소이다. ▸Proposition 4. 각 단계별 디자인 선택에서 의도한 목적에 대한 자각뿐 아니라 의도하지 않은 어포던스 가능성을 고려해야 한다.

4) 스마트관광도시 AR 경험 디자인

연구제목	스마트관광도시의 AR 만족도와 지불의사 향상을 위한 AR 경험 디자인에 대한 연구
저자	이선영, 이현애, 함주연
저널명/발행연도	관광학 연구, 2021
연구 목적	스마트관광도시에서 관광 경험을 촉진하는 중요한 콘텐츠인 AR 경험에서 만족도뿐 아니라 지불의사 향상을 위한 디자인 연구. 양적·질적 연구의 혼합기법으로 퍼지셋 질적 비교 분석(fuzzy-set Qualitative Comparative Analysis: fsQCA)의 활용과 가능성을 살펴보았다.

디자인 맥락	바르셀로나 '카사바트요' AR 경험
디자인 툴	실험, 설문조사, 퍼지셋 질적 비교 분석
발견점	AR 만족도를 보이는 4개의 패턴과 높은 AR 지불의사를 보이는 2개의 패턴이 도출되었다. 본 연구는 전체적인 관점에서 AR 만족도와 지불의사에 대한 깊은 이해를 제공했으며, fsQCA를 적용하여 AR 만족도와 지불의사에 대한 다양한 패턴을 도출함으로써 관광학 분야에서 관광 경험 디자인 연구 다양성에 기여했다는 점에서 연구의 의의가 있다. 또한, AR 콘텐츠를 기획하거나 디자인할 때 만족에 필요한 요소와 지불의사에 필요한 요소가 관광 동기와 체험요인에 의해 각각 다르게 표출되어 있다는 사실을 면밀히 살펴야 한다는 시사점을 제시했다는 점에서 실무적 의의가 있다.

Part **3**

더 나은 도시를 만들다,
스마트관광도시 솔루션

관광 위기, 어떻게 대처할 것인가

김태경 _광운대학교 경영학부

시작은 단순했다. 평범한 어느 날 오후 9시에 평범하게 흘러나오는 뉴스에서 앵커의 목소리가 차분하게 상황을 설명하기 시작했다.

"오늘 오전 XX시에서 신종 바이러스가 발견되었습니다. 감염자는…."

무려 8,000km나 떨어져 있고, 살면서 가본 적도 없는 XX시에 무슨 일이 생겼든 나랑 뭔 상관인가.

한겨울에 시작된 이 작은 일이 그해 여름, 일상을 완전히 바꿔놓았을 때 A는 완전히 속은 기분이었다. 휴가철이 되어서도 갈 곳이 없다. 답답한 마음에 나온 명동 시내는 손님이 비어버린 가게의 황량한 간판과 도대체 언제였는지 알 수 없는, 할인 시즌을 알리는 안내 문구만 쓴맛을 뿜어내고 있었다. 백화점은 단축 영업을 했고, 박물관은 문을 닫았다. 아이들과 즐겁게 찾곤 했던 어린이 도서관은 잠깐 열었다 무기한 폐쇄하기를 반복했다. 지나치는 사람이 마스크를 내릴까 무섭고 어디를 가도 무엇이든 만질 수가 없다. 부채나 사볼까 하고 관광객이 떠난 인사동 거리를 찾았다. 접혀 있는 부채를 펴서 무엇이 그려져 있나 알고 싶은 마음이 들었지만, 이내 접었다. 손 소독제를 미처 챙기지 않았기 때문이다. A는 빼앗긴 일상에 울컥했다. 올여름 어디에도 마땅히 갈 곳이 없어 우울하다며 하소연하던 가족을 떠올리며 속으로 서글프다.

우리의 여가와 여행은 누가 빼앗아 갔나.

1. 재난이 관광에 끼치는 영향

재난, 하면 여러분은 무엇이 떠오르는가? 지진, 화산 폭발, 쓰나미, 혜성 충돌, 외계인의 침공? 그렇다. 우리가 사는 도시를 파괴하고 일상을 무너뜨리는 그것이 재난이다. 재난은 우리 일상에 심각한 영향을 미친다. 지진이 발생하면 건물이 무너진다. 심하면 사람이 죽는다. 화산 폭발로 재와 먼지가 구름을 이루고 집은 불에 탄다. 쌓인 화산재는 교통을 마비시킨다. 일상이 불가능하다. 지진으로 해일이 일어나면 바닷물이 해안가를 덮친다. 차가 물에 잠기고 주변은 한순간에 지옥이 된다. 혜성 충돌은 우리 인류 전체의 삶을 위협할 수도 있다. 농담처럼 들리겠지만 외계인의 침공도 상상은 해볼 수 있지 않을까?

A의 여름은 분명 휴가로 들뜬 기분, 가족과의 즐거운 시간과 추억으로 아름다웠을 것이다. 그러나 멀리 떨어진 곳에서 일어난 단순한 사건이 결국 인류 전체의 삶을 위협하는 대재난으로 번졌다. 여가니 여행이니 하는 것은 사치가 되었다. 사람들은 될 수 있으면 집에

머무는 편이 안전하다고 생각했고, 쇼핑과 관광은 위험한 일이 되었다. 상품을 이리저리 만져보는 일도 감히 하기 어렵다. 당연히 누릴 수 있는 권리. 열심히 일한 당신은 떠날 수 있다는 그 믿음이 무너졌을 때, 분노, 우울, 슬픔, 그리고 무기력이 A와 A의 가족에게 밀려왔다. 진정한 재난은 행복을 추구할 수 있는 우리의 권리가 박탈당했다는 그 사실을 인정할 때 시작된 것일까.

재난으로 인해 개인은 위험에 처하게 된다. 흔히 재난이라고 하면 개인의 안전을 해치거나 재산의 손실을 주는 사건으로 생각한다. 자연의 파괴적인 변화는 각종 재난의 원천이다. 인간이 자연을 거슬러 만들어둔 각종 건축물, 교량, 도로, 그리고 공장이나 발전소와 같은 시설물은 재난이 닥치면 파괴될 수 있다. 자연의 파괴적인 힘은 개인의 신체에 직접적인 위해를 가하거나 경제활동을 어렵게 할 수도 있고, 심각하면 한 사회의 경제적 기반과 문화적 기반을 무너뜨린다.

재난 상황에서는 위험과 위기가 함께 닥친다. 위험risk과 위기crisis는 사실 미묘하다. 굳이 구분하자면, 신체적 혹은 재산상의 불이익이 닥칠 가능성이 높다면 '위험'하고, 위험한 상황이 지속될 가능성이 크면 '위기'에 처했다고 말한다. 이 둘의 구분은 언어적 유희에 가깝다. 위험 혹은 위기는 긴급하다. 불시에 닥쳐 우리의 일상을 변화시키며, 비용과 노력을 들여 극복하거나 피해를 최소화해야 하는 과제를 안겨준다는 점에서 그렇다. 재난 상황이 느긋하게 감상하거나 구경할 수 있는 성격의 것일까. 아니다. 적극적으로 해소해야 할 삶의 도전이다. 위험은 피하고 위기는 넘겨야 한다.

A가 겪고 있는 재난은 어떤 위험과 위기를 보여주는가. 무엇보

다 A가 본인의 상황을 전혀 예상하지 못했다는 점이 중요하다. A는 재난 상황이 벌어졌을 때, 공간적으로 분리된 자신의 상황에 안심했다. 모든 전염병의 발생이 반드시 위험과 위기를 초래하지는 않는다. 8,000km나 떨어져 있는 곳에서 벌어진 일이기에 내일의 일상을 당장 해칠 것 같지는 않다. 그러나 현재의 지구는 고도로 발달한 교통 인프라를 갖추고 있다. 또한, 세계경제는 하나로 연결되어 있다. 사람들은 사업을 위해, 혹은 교육과 여가를 위해 수시로 이동한다. 각국 정부는 관광업을 활성화하여 더 많은 경제적 이익을 창출하기 위해 노력한다. 이런 상황에서 불과 수 주 이내에 XX시의 신종 바이러스가 지구촌 구석구석으로 퍼질지는 알 수 없는 노릇이 아닌가. 그러나 A의 처지에서 이런 가능성이 당장 위험하지는 않았다. 여름 휴가를 준비하던 본인에게 불이익이 닥친 후, 즉 위험이 가까이 다가온 이후에야 상당한 아픔을 겪었다. 이때는 이미 세계가 신종 바이러스로 상당한 위기에 직면한 이후다. 위기는 위험을 앞설 수 있기에 이미 위험을 인지했을 때 위기 가운데에 있을 수 있다.

A는 피해를 어떻게 인식하는가. 결과적으로 A의 행복 수준은 크게 낮아졌다. 여름 휴가를 빼앗긴 것 외에도 정서적 피해가 심각해 보인다. A가 명동과 인사동의 상황을 보고 참담했을 수 있지만 사실, A 본인이 경제적 타격을 입을 수 있다. 경제 침체는 사업의 성과를 낮추고 기업의 생존에 악영향을 미친다. 원치 않는다고 해도 비용을 줄이기 위해 피고용인을 해고하는 선택이 줄을 이을 수도 있다. 이 과정에서 A의 경제적 어려움이 커질지도 모른다. 모든 불안정한 상황, 정서적인 영향이 A의 삶을 불행하게 한다. 여가와 여행으로 지

친 일상에 활력을 불어넣고 궁극적으로 행복감을 느끼고자 하는 그의 생각은 완전히 반대 방향의 현실을 맞이하는 것이다.

1) 관광 위기란?

관광 위기는 관광수요를 급격히 감소시키는 결과를 초래한다. 앞서 살펴본, A가 겪고 있는 재난은 관광 위기를 야기하는 주된 요인 가운데 하나다. 무엇보다 지진이나 화산 폭발과 같은 자연재해가 일어나면 관광지가 파괴될 수 있다. 파괴된 관광지에 사람들이 방문하지 않으면 해당 지역의 관광 사업체는 큰 위기에 처했음을 실감한다. 당연히 질병의 확산도 관광 위기를 촉발할 수 있다. 인간이 움직이기 때문에 질병이 잘 퍼진다면 관광지로 들어오거나 관광지를 떠나는 사람들의 이동은 제한되어야 한다. 자연히 관광수요는 줄어든다. 전쟁이 발발하거나 관광지에 테러가 가해진다면 피해야 맞다. 안보를 위해 경찰이나 군대가 사람들의 이동을 직접 막을 수도 있다. 이유와 과정이 어떻든 간에 관광수요가 줄어들면 관광지의 산업 생태계는 큰 어려움에 직면한다.

한편, 재난의 발생이 관광수요에 꼭 부정적이지 않다는 의견도 있다. 하와이는 태평양의 화산섬이다. 이곳의 빅 아일랜드[Big Island]에 가면 킬라우에아 이키[Kilauea Iki] 분화구의 장엄함을 느낄 수 있다. 1959년 거대한 폭발로 형성된, 120m에 달하는 분화구는 아직도 지옥의 열기를 쏟아낸다. 연기 기둥과 재, 아황산가스를 내뿜는 이곳은 관광지다. 규모 5.0 이상의 강진이 계속되고 용암이 바다를 때리면서 발생한 파도로 관광객이 피해를 보기도 하지만 여전히 인기가 있다. 2018년에는 88일이나 마그마가 흘러내렸고 유독가스가 관광지를 덮치기도 했다. 그러나 위험이 해소된 다음에 여전히 사람들은 화산 활동을 구경하러 킬라우에아 이키를 찾는다.

1986년에 체르노빌 원전 사고는 세계를 경악게 했다. 4월 26일 아침을 준비하던 분주한 일상은 원자력발전소의 4번 원자로가 폭발하면서 비극으로 바뀌었다. 35만 명이 사랑하던 삶의 터전은 누구도 살 수 없는 곳으로 변했다. 이제 이곳은 금지된 땅이다. 우크라이나 여행사인 솔로 이스트 투어Solo East Tour는 체르노빌을 관광지로 개척하고자 했다. 많은 학자가 여전히 동의하지는 않지만, 재난의 땅에 접근하고 싶은 관광수요가 전혀 없는 것은 아닌 것 같다.

2005년 8월 재즈 음악과 흥으로 넘치던 미국의 뉴올리언스는 허리케인 카트리나Katrina로 철저히 파괴되었다. 이듬해, 여행사 그레이 라인이 버스를 타고 파괴된 도시를 둘러보는 관광상품을 내놓았다. 이재민을 조롱한다는 비판이 있었지만, 재난 극복에 동참하려는 뜻있는 사람들이 관광에 참여하기도 했다. 이재민의 고통을 체험하고 자연 앞에서 한없이 작은 인간을 반성하겠다는 것이다. 개인적으로 이와 같은 '재난관광'은 여러 측면에서 부정적이라고 본다. 우선, 본인에게 위험할 수 있고 관광지의 피해 정도를 과소평가하거나 해당 지역의 거주민들을 구경거리로 전락시킬 가능성이 있다. 또한, 모든 재난이 관광수요의 개발로 이어지는 것도 아니기에 성급한 일반화 때문에 생기는 오해의 소지도 크다. 위험과 위기에 대한 정확한 정보가 공유되고 있는지도 의문이다.

몇 가지 관광 위기의 사례들을 살펴보자. 관광 위기가 간혹 발생되는, 예외적인 것이 아님을 감안하길 바란다. 2003년 3월, 동남아시아에서 발발한 중증급성호흡기증후군으로 불리는 SARS[Severe Acute Respiratory Syndrome]-CoV(사스)는 유럽과 북아메리카로 전파되면서 세계를 긴장시켰다. 8천 명이 넘는 사람이 감염되었고, 이 가운데 무려 700명이 넘게 숨졌다. 2003년 한국을 방문한 관광객은 30~40%가량 감소했다. 비록 한국이 SARS의 발원지도 아니고 가장 많은 감염자를 낸 곳도 아니었지만, 세계적인 질병 확산은 관광수요에 악영향을 미쳤다.

2009년 5월 멕시코의 오아하카주에서 돼지독감에 관한 소식이 들려왔다. AH1N1으로 명명된 이 신종플루는 남미와 구미주를 시작으로 유럽과 아시아 등 전 세계로 빠르게 확산되었다. 관광을 목적으로 한 여행은 통제되었다. 2010년 8월 기준으로 한국 내에 5만 6천 명이 감염되었고 사망자가 270명에 달했다. 세계적으로 신종플루로 입은 손실이 22억 달러를 넘었다. 치료제가 보급되었지만, 관광수요가 회복되기까지 무려 1년 6개월을 기다려야 했다.

SARS나 AH1N1이 전 세계적인 피해를 입힌 사례 이외에 국지적인 전염병도 관광수요를 위축시킬 수 있다. 대표적으로 2011년 2월 경북 안동을 중심으로 발생한 구제역을 살펴보자. 구제역은 소, 돼지, 양 등 발굽이 갈라져 있는 동물에 감염되는 질환으로 폐사에 이르는 무서운 병이다. 특히 전염성이 매우 강해 구제역이 발생하면 많은 농가가 피해를 본다. 당시 65개 광역지자체가 손해를 입었고 지자체가 주최한 행사와 공연 등이 취소되었으며 일부 문화시설이 휴관되었다. 약 7조 원의 직접적인 피해 이외에도 구제역 발생으로 이동이 제한되면서 6천억 원이 넘는 관광 소비 감소, 1조 원이 넘는 생산유발 효과 감소가 이어졌다.

아름다운 해변을 거닐며 여행의 흥을 돋우는 상상을 하는 것은 언제나 즐겁다. 2004년 12월 26일, 인도네시아, 태국, 몰디브, 스리랑카 등 인도양을 끼고 관광객을 유치하던 나라들은 큰 타격을 입었다. 인도양에서 발생한 쓰나미는 2개 대륙, 12개 국가에 피해를 줬다. 30만 명이 넘는 사람이 사망하거나 실종되었고, 120억 달러가 넘는 비용을 피해 복구에 들여야 했다. 유명한 휴양지인 발리는 전년 동월 대비 40%가 넘는 관광객 수요 감소를 겪었다. 몰디브의 경우 87개 휴양지 가운데 19개 휴양지가 쓰나미로 인해 직접적인 손해를 입었다. 쓰나미는 해안의 숙박시설을 쓸어버렸다. 폐허 이외에는 볼 것이 없으므로 해양을 테마로 한 관광상품을 찾는 고객의 수요가 급감했다. 2011년 3월 11일. 일본 센다이 동쪽 130km, 후쿠시마 동북동쪽 178km의 지하 24.24km에서 규모 9.0 이상의 강진이 발생했다. 곧이어 밀어닥친 쓰나미는 1만 명 이상의 사상자와 수만 명의 실종자, 그리고 핵발전소의 붕괴라는 엄청난 결과를 남겼다. 훌륭한 관광자원을 자랑하던 후쿠시마는 인간의 발길을 허락하지 않는 곳이 되었다. 일본 대지진 당시 일본을 떠나는 여행객의 90%, 일본으로 들어오는 여행객의 40%가 여정을 취소했다.

인재로 인한 관광 위기도 있다. 2004년 아테네 올림픽을 성대하게 개최했지만 경제적인 이득을 별로 보지 못했고, 2007년과 2009년 연달아 큰 산불이 발생하면서 국토의 50% 가까이 피해를 보았다. 원래 2천억 달러 미만이었던 그리스의 부채는 2004년 2,300억 달러를 넘어선 이후 가파르게 커져 2007년 3천억 달러를 가볍게 돌파했다. 세계경제 위기가 닥친 2008년 3,400억 달러까지 오른 정부 부채를 2009년 새로 수립된 정부가 해결하지 못하면서 그리스는 부도 위기에 몰렸다. 그리스 정부에 대한 국제 신뢰는 추락했다. 곧이어 인근 스페인과 포르투갈로 불신의 눈길이 옮겨졌다. 문제는 이들이 모두 관광을 주요 산업으로 삼고 있는 국가여서 일시에 닥친 재정난에 따른 충격이 매우 컸다는 사실이다. 국내 경기의 악화는 관광자원과 관광 인프라의 질적 저하를 가져왔다. 한편, 원/유로화 환율이 급격히 변하여 한국에서 유럽으로 여행을 가는 관광수요가 많아졌다는 점도 흥미롭다. 2010년 4월 기준으로 해외로 나가는 한국의 여행객은 83.8% 증가했고, 5월이 되자 342.5%까지 치솟았다. 2014년 한 해에 1,300만 유로, 2018년에는 1,565만 유로까지 관광 수입이 증가했다. 그리스 관광연맹과 그리스 경제산업연구소의 2019년 발표에 따르면 2018년의 관광업 연관 사업 규모의 비중이 25.7%에 달했다. 결과적으로 2008년 재정 위기 이후 6년 연속되었던 GDP의 역성장을 마감하고 2014년에는 성장으로 돌아섰다. 그리스의 경우 국내의 여러 경제적인 문제로 인해 일시에 관광 재난이 닥쳤지만, 풍부한 관광자원이 위기를 극복하는 데 도움이 되기도 했다.

2. 관광 위기는 왜 발생하는가?

우리가 관광 위기라는 용어를 사용할 때 주의해야 할 점을 우선 지적하고 싶다. 도대체 누구의 위기인가? 작게 보면 관광업에 종사하는 사업체나 거기서 일하는 사람들의 경제적 위기로부터 크게 보면 한 사회 내 관광산업의 파국적 상황을 묘사할 때 관광 위기라는 말을 사용하곤 한다. 누구를 중심으로 관광 위기를 다루는가를 살피는 이유는 해결책의 방향과 범위를 결정할 때, 위기에 대한 관점이 영향을 미치기 때문이다. 사업체나 개인 입장에서는 당장 먹고사는 문제에 따른 고충을 해결하면 관광 위기를 벗어난다. 하지만 관광산업의 관점에서는 교통, 숙박, 먹거리, 레저, 교육에 이르기까지 관련 산업 전체의 피해를 추산하고 각 영역에 대한 합당한 해결책을 실천해야 위기 극복이 가능하다.

관광 위기는 늘 반복되는 일이다. 지금까지 학계에서 다뤄온 관광 위기 연구 결과를 살펴보고 관광 위기에 대한 학자들의 생각을 평가해보자.

1) 전쟁과 테러

물리적으로 가장 치열하게 느껴지는 위기는 역시 전쟁이나 테러가 아닐까. 건물과 시설물이 부서지고 개인의 안전과 생명이 위협받는 격렬한 환경이기 때문이다. 특별한 사람이 아니고서야 이런 상황에서 관광이 생각날 리 있겠나. 요엘 맨스펠드Yoel Mansfeld는 1960년대부터 시작된 이스라엘의 전쟁, 세계적 혹은 국지적 테러, 1990년 초반의 걸프 전쟁 등과 관광 위기를 고찰했다(Mansfeld, 1999). 그의 연구를 보면 관광자원이 파괴되고 사람들의 안전에 큰 위협이 되는 전쟁과 테러는 단기간에 그 영향이 줄어들지 않는다. 물론, 사람들의 왕래는 위험 요인이 제거되면 빠르게 늘지만, 관광지가 가졌던 명성과 긍정적인 이미지는 약해져 관광산업의 지속적 성장에 큰 제약이 따르는 결과가 초래된다. 이러한 고찰에 따라 맨스펠드는 8개의 위기관리 원칙을 제안한다.

- 첫째, 위기관리는 과정으로 생각하라.
- 둘째, 과거와 현재를 살펴보아야 한다.
- 셋째, 관련된 모든 이해관계자를 참여시키고 협조를 구하라.
- 넷째, 단기·중기·장기적 균형 메커니즘에 따라 내수시장을 키워라.
- 다섯째, 마케팅 활동은 동적이고, 지속적이며, 다른 위기에 대비되어야 한다.
- 여섯째, 국가적·지역적 수준에서 장기적 계획과 투자 결정이 관광산업을 위해 특화되어야 한다.
- 일곱째, 개인과 관광지의 안전에 관한 정보를 종합적·지속적으로 제공하라.
- 여덟째, 테러에 영향을 받는 경우, 전문성과 지식을 충분히 활용하도록 관련국이 서로 협조하라.

홍콩 폴리텍대학의 맥커처와 후이는 2001년에 발발한 9·11 테러를 전후로 실시된 세 번의 여행 소비자 설문 결과를 분석했다 (McKercher & Hui, 2004). 그 결과 흥미롭게도 관광지를 방문하는 비율은 많이 감소하지 않았지만, 관광 활동에서는 차이를 보였다. 여행을 단기간에 끝내는 경우가 많았는데, 여행 중 안전에 대한 염려가 더 커진 것이 이유이다. 조사에 참여한 홍콩 사람들은 9·11 테러 이전에

보통 해외에서 9일 이상을 머물렀지만, 이후 평균 6.6일로 여행 기간을 단축했다. 비록 테러 관련 지역의 여행을 취소하지는 않았지만, 방문을 연기한 후 추이를 살피는 사람이 늘었고, 안전한 여행지인지 살피려는 시도가 증가했다.

비슷한 사례로 플로이드, 깁슨 등이 수행한 9·11 테러 이후 관광 인식에 관한 연구를 살펴보자(Floyd et at., 2004). 미디어 리서치 기관에서 뉴욕시 거주자를 조사한 데이터에 기반하여, 플로이드 등은 테러 행위 자체와 여행수요의 상관성을 살폈다. 그 결과 테러로 여행의 위험이 직접 증가하지는 않았지만, 안전에 대한 인식 차이에 따라 여행지를 선택하는 행동에서는 차이를 보였다. 또한, 과거의 여행 경험이 9·11 테러 이후 여가를 위한 여행 선택 의도에 영향을 주었다.

2002년 10월 12일에는 폭탄 테러로 세계인이 경악했다. 2002년 월드컵으로 즐거웠던 그해, 인도네시아의 대표적 관광지인 발리에서 폭탄이 터져 400명이 넘는 사람이 죽거나 다쳤다. 9·11 테러가 벌어진 이후 약 1년 만에, 또한 17년 만에 같은 장소에서 무장 테러 세력이 끔찍한 일을 저질렀다. 런던 메트로폴리탄대학교의 히치콕과 푸트라는 일종의 고발성 논문을 통해 관광지에서 벌어진 테러에 대한 대응 양상을 기술했다(Hitchcock & Putra, 2005). 단기간에 호텔과 관광 종사 사업체들은 사람들을 해고했고, 관광지의 각종 위락활동은 큰 타격을 받았다. 인도네시아 정부는 발리의 안전성을 알리기 위해 노력했지만, 종교와 관련된 이미지로 인해 서구 관광객의 마음을 돌리는 일이 매우 어려웠다. 참고로 당시 테러는 이슬람 무장 세력의 소행인 것으로 밝혀졌다. 종교적·인종적 문제로 인해 인도네시아 발리 테러로부터 입은 피해의 복구를 돕는 각종 정책적 노력을 기울이는 것이 더욱더 어려워졌다. 전쟁이나 테러의 위험이 다소 단기적이라는 주장은 이후에도 계속 반복되었다(예: Fleischer & Buccola, 2006). 또한, 관광객들이 관광을 즐기는 방식이나 관광 활동을 통해 느끼는 효용에 질적인 변화가 있다는 연구가 이어졌다(예: Araña & León, 2008). 수요의 회복은 지속되었지만, 관광지가 위기 이전의 위상을 회복할 수 있는가 하는 점은 관광산업의 환경에 종속되는 듯 보인다.

2) 자연재해

자연재해는 전쟁이나 테러만큼 극적으로 관광산업에 영향을 미친다. 여러분에게 여행 기회가 주어진다면 어디로 가고 싶은가? 흔히, "이번 휴가는 어디로 갈까? 바다 아니면 산?" 이런 표현을 쓴다. 오션웰스의 추정에 따르면 매년 3억 5천만 명이 해안가로 여행을 떠난다(Oceanwealth, 2020)[1]. 어업과 관광이 주력인 해안가에 치명타를 가하는 것이 바로 '쓰나미'이다. 도쿄대학교의 줌페이 이치노사와는 푸켓을 덮쳤던 2004년 쓰나미를 기점으로 관광수요의 증감을 연구했다(Ichinosawa, 2006). 연구 결과, 단기적으로 쓰나미 이후 관광수요가 급감했다는 점이 분명해졌다. 무엇보다 이 연구는 사회경제적인 배경이 관광 위기 이후, 관광수요의 회복과 지속적 발전에 큰 영향을 미칠 수 있다는 사실을 지적했다는 점에서 주목된다. 파괴된 건물, 복구가 더딘 인프라, 교통망과 통신망의 낙후, 무엇보다 나빠진 자연경

1 https://oceanwealth.org/ecosystem-services/recreation-tourism

관 때문에 푸켓은 더 이상 훌륭한 관광지로 머무를 수 없었다. 이치노사와는 이후 관광 인프라가 서서히 회복되기는 하겠지만, 태국을 비롯한 동남아시아 관광지는 해일의 피해로부터 안전하지 못하고 항상 긴장해야 한다는 오명汚名, stigma이 남았다고 지적했다. 몰디브를 대상으로 2004년 발생한, 인도양 지진과 해일의 피해를 연구한 칼슨과 휴즈(Carlsen & Hughes, 2008)는 자연재해로 닥친 관광 위기를 극복하는 일이 저절로 이루어질 수 없다는 점을 잘 보여준다. 쓰나미로 인하여 2004년 몰디브는 최악의 해를 맞이했지만, 2005년에는 침체된 관광산업이 빠르게 회복기로 돌아섰다. 그 이면에는 관광자원을 회복시키려는 노력과 함께 관광객의 불안을 해소하고 관광 활동을 지원하기 위한 각종 마케팅 활동이 숨어 있다. 특히, 칼슨과 휴즈는 관광 위기의 극복이 단 한 가지 완벽한 정책에 따라 수행되기는 어려우며, 다방면의 이해관계자들이 협력하고 지속적으로 커뮤니케이션하며 전방위적인 노력을 기울일 필요가 있다고 결론짓는다.

이외에도 산불(Hystad & Keller, 2006; 2008), 지진(Chan, Nozu & Cheung, 2020; Huang & Min, 2002), 화산 폭발(Gaudru, 2014) 등의 재난으로 인하여 관광수요가 급감하고 지역 경제가 일시에 큰 타격을 입는다는 연구 결과가 축적되었다. 일반적으로 재난은 관광 인프라의 파괴, 안전에 대한 염려, 재난 지역의 생활 여건 악화와 사회적 불안감 증대로 관광수요가 급감하는 요인이다(Rosselló, Becken & Santana-Gallego, 2020). 그러나 관광지가 오랜 시간 축적해둔 관광 이미지가 건재하다면 회복시키려는 노력을 통해 관광 위기를 빠르게 넘길 수도 있다(Carlsen & Hughes, 2008; Gurtner, 2016).

3) 경제 위기

관광지를 방문하면 관광 상품을 구입하는 사람들이 많다. 그렇다고 관광이 상품을 판매하거나 사는 유통업만을 포함하지는 않는다. 오히려 교통이나 숙박, 취식, 레저활동과 같은 서비스 위주의 산업들이 많이 포함된다. 그런데 관광지의 서비스는 좀 특별하다. 왜냐하면 관광 목적지 사람들의 생활 방식, 그들의 경제적 여건이 서비스의 품질에 영향을 미치기 때문이다. 특별한 예외를 생각하지 않는다면 관광객은 관광지의 인프라, 식당, 금융, 교통 환경을 그대로 사용할 수밖에 없다. 관광지의 경제가 나빠져 이와 같은 것들 역시 질적으로 떨어지면 어떻게 되는가. 또한, 경제 침체로 관광객의 주머니 사정도 나빠졌다. 경제적으로 어렵다면 여행을 결심하는 일도 쉽지 않고, 관광을 떠난다고 해도 많은 돈을 쓰지 못할 것이다. 경제 침체는 그 자체가 관광산업에 악영향을 주거나 관광객의 가처분 소득을 감소시켜 관광 수익성이 나빠질 수 있다.

스테판 페이지와 그의 동료들은 경제 침체를 겪고 있는 영국이 신종플루[H1N1]의 확산으로 겪게 된 어려움을 다루었다(Page, Song & Wu, 2012). 이들의 연구에 따르면 지속적인 경제 침체가 관광산업에 부정적인 영향을 주었고, 질병의 확산으로 인한 관광수요의 급격한 감소는 그 피해 폭을 더욱 키웠다. 유로존의 관광산업을 연구한 에곤 스메랄은 2008년을 강타한 글로벌 경제 위기가 관광산업을 크게 위축시켰다는 점을 보여준다(Smeral, 2009). 특히, 스메랄은 경제 위기로 관광산업의 장기적인 위축을 가져올 수 있다고 지적했다. 경제 위기로 없어진 일자리와 경제 구성원의 재산상의 손실은 단기간 극복되기 어렵다. 이에 따라 국내 근거리 관광을 위주로 얇아진 지갑을 공략하는 새로운 전략적 모색이 필요하다고 스메랄은 강조했다. 오상훈(2008)은 제주 지역 관광 경기가 침체되고 있다는 점을 지적하며, 어떤 위기 요인이 주요한가를 연구했다. 그 결과 경제적 요인으로 환율변동, 유가변동 등이 상위를 차지함을 보였다. 환율은 관광객의 주머니 사정을 크게 바꿔놓을 수 있다. 원화가 강세를 보이면 같은 돈으로 해외여행을 보다 풍족하게 할 수 있어 국내 관광객이 해외로 빠져나갈 가능성이 크다. 유가가 떨어지면 아울러 항공편도 싸진다. 일본이나 중국의 근거리 여행지와 경쟁하는 제주도 처지에서는 중요한 관심사가 아닐 수 없다. 단기적인 원인이 아니라 경제 침체와 같은 구조적 원인이 문제라면 제주도 지역의 관광 생태계는 그야말로 위기를 맞이한 꼴이 된다.

단군 이래 한국이 겪은 가장 최악의 경제 위기는 1997년 외환위기가 아닐까? 1997년 12월 3일, 한국 정부는 국제통화기구International Monetary Fund, IMF에 20억 달러를 긴급히 빌려달라고 요청했다. 달러가 부족하고 기업과 나라는 많은 빚을 지고 있으며 IMF의 이행 사항까지 받았으니 한국 경제 전체가 멀쩡할 리가 없었다. 1997년 태국에서 시작된 동남아시아 외환 위기는 한국까지 이어져, 원·달러 환율이 2,000원을 넘기도 했다. 수출에는 다소 유리할 수 있는 상황이었지만 문제는 갚아야 할 빚도 엄청나게 커진다는 점이다. 또한, 원유나 다른 원재료를 해외에 많이 의존하는 상황이라면 과도한 환율은 기업의 수익성을 악화할 우려가 있다. 한편, 외국 관광객의 입장에서는 한국을 관광하는 경비를 아낄 수 있어 유리하다. 같은 10달러를 들고 와도 원·달러 환율이 1,000원일 때보다 2,000원이 되면 두 배나 더 비싼 것을 살 수 있다.

홍재범, 이강호, 박재희(2004)는 2002년을 기준으로 특급 호텔과 1급 호텔 등 총 79개 호텔의 재정 상태를 분석했다. 2002년은 외환 위기의 여파로 국내 기업이 큰 어려움을 겪고 있을 때다. 비록 해당 연구가 관광 위기에 초점을 맞추고 있지는 않지만, 경제 위기를 겪고 있을 때 관광산업 역시 긴급한 변화를 맞이한다는 점이 자료로 드러났다. 경제 위기는 조직 문화의 변화도 일으켰다. 최학수(1999)는 1997년과 1998년, 각각 IMF 외환 위기 전후의 특급호텔을 대상으로 한 조사를 수행했다. 그 결과, 조직 문화의 변화, 그리고 위기 극복을 위한 목표 지향적 성격이 외환 위기 이후 강화된 것으로 드러났다. 이외에도 많은 연구 결과가 나왔지만, 여행 수요의 변화와 경제 위기의 관련성을 체계적으로 정리한 경우는 드물다. 다만, 모수원(2010)이 환율 및 유가와 관광수요의 관련성을 살폈고, 박은경, 금기용, 이충기(2011)가 거시경제 변동이 관광수요에 미치는 영향에 대해 고찰했다.

4) 질병

질병은 관광업계의 골칫거리다. 단순한 감기라면 괜찮다. 흔한 질병이고, 간단히 대응할 수 있다. 하지만 약도 없고, 치료법도 마땅하지 않으며 사망 위험까지 있다면 문제다. 여기에 전염성까지 강하다면 그야말로 재앙이다. 관광객은 움직이는 존재이기 때문에, 관광 행동은 전염성이 강한 질병을 확산시킬 수 있다. 전염병의 확산을 막으려는 정책적 노력이나 사람들의 우려, 염려가 관광을 위축시킨다.

평소라면 관광지의 흥밋거리를 알려주던 고마운 언론도, 전염병이 퍼지면 차갑게 돌아선다. 호흡기 질환과 관광지에 대한 미디어의 태도를 연구한 매슨과 그라보스키는 다섯 단계의 변화가 있다고 지적한다(Mason & Grabowski, 2005). 첫째, 문제 이전의 단계. 이때, 언론은 질병에 대한 별다른 정보를 가지고 있지 못하다. 둘째, 놀라운 발견과 가능한 희열 단계. 새로운 질병은 뉴스거리이다. 언론은 질병의 추이를 다소 흥밋거리 다루듯 한다. 계속되는 뉴스는 언론에 활력을 불어넣고 안타까운 피해자의 소식 역시 대중에게는 약간 먼 일처럼 느껴진다. 셋째, 예사롭지 않은 진행과 비용 인식. 질병이 급속도로 확산됨에 따라 실질적인 비용이 체감된다. 호텔 투숙객이 줄어들고, 이동 제한으로 여객업이 직접 타격을 받는다. 질병의 실체가 점차 밝혀지면서 언론의 사회적 책임감이 강화되어 미디어는 흥미 위주의 정보 전달에서 안전과 커뮤니티 보호를 위한 정보 전달에 힘쓰게 된다. 넷째, 대중의 흥미가 점차 감소하는 단계. 사회가 전염병을 통제할 수 있다는 믿음이 생기면 실체적 위협을 제외하고 대중은 점차 흥미를 잃는다. 이에 따라 상황이 진정되는 중이라는 단조로운 정보 이외에 미디어가 소재를 발굴할 곳을 찾기 어려워져 점차 주요 뉴스에서 전염병과 관광의 관련성을 이야기하지 않게 된다. 마지막으로, 문제 극복 이후 단계. 질병이 통제 단계에 들어가 미디어의 주된 관심사에 질병에 관한 뉴스가 사라진다. 그러나 가끔 관련 뉴스가 등장하고 새로운 위협에 대한 경고성 정보를 미디어가 전달하기도 한다.

대중의 반응과 관련하여 맥커처와 촌의 2004년 연구를 짚어보자(McKercher & Chon, 2004). 중증급성호흡기증후군, 그러니까 SARS가 2003년 지구촌을 휩쓸었을 때, 매우 비관적인 전망이 많았다. 인류의 75%가 SARS에 걸리고 나서야 종식될 것이라는 등의 이야기였지만, 결과적으로 한정된 지역과 인원만이 SARS에 걸리고 문제가 해결 단계로 접어들었다. 이 이야기를 통해 맥커처와 촌은 미디어와 대중의 과민 반응이 어쩌면 관광산업에 더 큰 타격을 입혔을 것이고, 부정확한 정보와 두려움이 필요 이상의 대가를 치르게 한 것은 아닌지 살펴보아야 한다고 말한다.

SARS나 조류독감, 그리고 코로나19와 같은 전 세계적 전염병이 아시아 지역에서 시작되었다면 우연일까? SARS와 조류독감을 함께 연구한 쿠와 그의 동료들의 연구는 의미가 있다(Kuo et al., 2008). 많은 인명 피해를 냈던 SARS, 사람 간 감염이 확실하지 않았던 조류독감, 두 경우 모두 관광산업에는 큰 손실이었다는 점이 연구에서 드러났다. 또한, 초기에 부정확한 정보가 피해를 키웠다는 점에서 쿠의 연구는 맥커처와 촌(McKercher & Chon, 2004)의 우려에 대한 대답이 된다. 미디어의 관심에 의존한 정보의 흐름은 초기의 정보 부족과 뒤늦은 비용 인식 등으로 방역의 어려움과 관광산업의 피해 부풀리기가 함께 이루어지는 상황을 초래할 가능성도 있어 보인다(Mason et al., 2005).

소셜네트워크 사이트는 정보를 전파하는 주요 경로로 인정받는 추세다. 에볼라 바이러스 확산이 우려되는 아프리카 관광지를 방문할 때 온라인 소셜네트워크에서 일어나는 대화의 주제를 추려본 연구를 통해, 미즈라치와 퓨스는 세 가지 주제에 관한 담론이 있다는 점을 발견했다(Mizrachi & Fuchs, 2016). 질병과 지역에 대한 정보를 비교적 풍부하게 가지고 있는 아프리카 지역에서는 관광에 대해 긍정적인 태도, 유럽에서는 부정적인 태도, 북미에서는 유보적 태도에 해당하는 주제에 집중했다. 이 연구에서 흥미로운 사실은 에볼라의 창궐과는 실제로 거리가 멀어 보이는 지역 또한, 외부 관광객 유입이 줄어들 수도 있는 근거를 찾았다는 점이다. 외래 관광객은 현지의 개별 여행지에서 발생하는 보건의료 위험을 인지하거나 관련 정보를 프로세싱할 수 있는 충분한 원천을 확보하지 못했고, 온라인 커뮤니티를 통해서도 유의미한 정보를 획득할 수 있는 경로가 제한되었다.

한국에서는 2015년에 발발한 중동호흡기증후군MERS, Middle East Respiratory Syndrome이 관광 위기 연구자들의 이목을 끌었다. 2012년 사우디아라비아에서 발견된 후 주로 중동지역을 중심으로 MERS 환자가 보고되었지만, 2015년 5월 국내로 유입된 이후, 한 달 남짓한 기간에 23명이나 사망했다. SARS나 H1N1에 비해 감염 속도는 느렸지만 질병에 대한 통제 논란이 일어나며 언론에서 큰 이슈가 되었다. MERS와 여행업계 태도 사이의 관련성을 연구한 김상범과 서정원은 설문조사를 진행했다. 이를 통해 전염병의 확산으로 인한 경제적 손실에 대한 인식이 큰데, 사회 문화적 요인 역시 일정 부분 영향을 미치는 것으로 결론 내렸다(김상범·서정원, 2016). 한편, 질병에 의한 관광 위기를 인식하는 정도와 내용에 있어 모두 같은 평가를 하는 것은 아닌 듯하다. 같은 MERS와 관광 위기를 연구한 김문찬, 오상훈, 이미진의 연구는 숙박업과 외식업 사이에 위기 인식이 다르다는 점을 보여준다(김문찬·오상훈·이미진, 2017).

3. 관광 위기, 어떻게 관리해야 할까?

관광산업은 복잡하다. 관광 관련 상품과 서비스도 다양하다. 보험이나 건축 등, 생각하기에 따라 관광과 별로 관계가 없어 보이는데 관광과 관련이 있는 비즈니스도 있다. 관광 위기가 발생하면 파급 효과가 미치는 범위도 넓다(서용건 et al., 2006). 교통, 물류, 식음료, 숙박, 금융 등 다양한 산업이 엮여 있어 사실 거의 모든 위기에 적지 않게 피해를 입는 것이 관광이다(유지윤, 2011).

관광 위기의 일차적 피해자는 관광객이다. 해외여행에서 위기를 겪을 때 더 불안하고 긴장감을 느끼며, 정상적으로 관광하기 어려운 상태가 되기 쉽다(Reisinger & Movondo, 2006; Park & Reisinger, 2010). 상황을 이해하기 위한 정보를 취득하기 어렵고, 자기를 보호할 수단도 제한된다고 느끼기 때문이다. 관광 위기는 상시로 경험하지 못하는 특별한 감정이다. 관광객이 관광 위기를 자주 겪는다는 것 자체가 큰 문제이기에 관광 위기를 놓고 실증적 연구를 계속 축적하기란 쉽지 않을 것 같다. 그러나 관광 위기는 한 번 발생하면 그 영향력이 막대하므로 관심을 두고 관련 지식을 축적할 필요가 있다. 관광 위기가 발생했을 때 관광업은 어떤 일을 겪는지, 관광객은 어떤 변화 속에 놓이는지를 반드시 알아보아야 한다. 또한, 위기의 성격에 따라 발생할 부정적 영향들을 예측하고 그 효과를 억제하는 방안에 대한 고민도 필요하다. 무엇보다, 관광 위기를 대비하고, 이겨내며, 피해를 복구하기 위한 체계와 시스템을 갖추어야 한다.

1) 관광 위기관리 연구

칼슨과 리버드는 관광 위기를 관리하는 방법을 연구했다(Carlsen & Liburd, 2008). 이들의 논의를 자세히 살펴보자. 먼저, '위험 파악하기'는 어떤 위험이 있을지, 그것을 어떻게 감소시키거나 피할지 확인하는 활동이다. 위험을 예측하는 일도 포함된다. 누가 위험을 감시할 것인지, 어떻게 관광업에 관련된 주체들에게 위험을 알릴 것인지, 안전이 관광객들에게 얼마나 중요한지 등을 따져보는 일도 여기에 해당한다. 다음으로, '복구와 복원 관리'가 있다. 복구의 책임은 누구에게 있는지, 관광지를 잘 복원하는 방법은 무엇이 있는지, 여행 권고나 경보를 해제할 책임은 누구에게 있는지 등을 명확하게 하자는 것이다. '관광 위기 때와 관광 위기 이후의 마케팅과 촉진 활동' 역시 고려해야 한다. 이때 사실을 올바르게 알리는 윤리적 책임은 누가 질 것인지, 마케팅과 촉진 활동이 평상시와 어떻게 달라지는지, 위기 상황이 관광지의 명성과 이미지에 어떤 영향을 미치는지, 그리고 전략적인 마케팅 방향은 무엇인지 등을 살펴볼 필요가 있다. '관광지 재건' 역시 중요하다. 재난으로 관광지 건물이나 시설물이 파괴될 수 있다. 질병은 직접 물리적인 파괴를 일으키지는 않는다. 그러나 이미지는 나빠지고 새로운 시설물과 서비스가 필요할 수 있다. 이때, 관광지 재건을 위한 분석 도구나 의미 있는 데이터는 무엇이 있는지를 확인해야 한다. 성공적인 재건을 위한 시나리오와 계획 등을 살펴보고 관광지 재건 시 부담해야 할 역할, 산업 간의 연계 등도 고려해야 한다. 마지막으로, 칼슨과 리버드는 "위기관리 관점에서 지속가능한 관광 개발"을 언급한다. 관광은 복합적이다. 서로 다른 산업이 관광에 관련되고, 관광객과 현지 주민이 관광지에 공존한다. 테마파크와 같이 일상과 놀이가 분리되는 경우는 드물고, 대부분 현지 주민의 생활터전이 관광의 무대가 된다. 각 산업 영역에서 고르게 관광의 혜택을 받고, 관광객이 더욱더 많이 오는 일이 현지 주민들에게 도움이 되어야 한다. 위기를 극복하는 일도 이렇듯 서로 나눌 것이 있다는 분명한 믿음 속에서 가능하다. 그렇지 않으면 어렵게 관광 위기를 헤쳐나왔을 때, 왜 또다시 관광지를 복원하기 위해 노력해야 하는가에 대해 답하기 쉽지 않다. 통합되고 종합적인 논의가 관광 관련 사업자, 관광 유관 산업의 정책 입안자와 관리자, 현지 주민과 잠재적 관광객을 참여시켜 진행되어야 한다. 지속가능한 관광을 한다는 관점과 철학이 평소 잘 형성되어야 관광 위기 이후 극복 과정도 수월하다.

칼슨과 리버드의 여섯 가지 범주들은 실제 그 효과를 검증하지는 못했다. 오히려, 앞으로 각각의 범주에 대하여 연구자와 실무자들이 함께 고민해보자는 의미가 강하다. 기존에 있었던 관광 재난의 과정을 넓게 고찰하여 핵심적인 요소들을 추렸다는 데 의의가 있다.

관광에서 여객 운송의 비중은 크다. 항공산업은 이미 9·11 테러 이후, 위기를 관리하기 위한 협의체를 꾸렸다. 여행업계도 2002년 10월 인도네시아 발리에서 일어난 폭탄 테러 이후 관광 위기에 함께 대처하기 위한 방법을 찾으려 노력했다. 아시아태평양관광협회Pacific Asian Travel Association, PATA의 위기 대응 노력을 버먼, 리치, 그리고 캄피라논이 분석하여 2014년 연구 결과로 내놓았다(Beirman, Ritchie & Campiranon, 2014). 이들 논의의 핵심은 관광 위기를 관리하려면, 협력

정신에 기초한 초국가적 노력이 필요하다는 것이다.

> 관광산업을 논의할 때 많은 학자가 흔히 파편화에 대해 말한다. … 여행은 여러 분리된 영역이 서로 겹치고 때로는 경쟁하는 것을 본질로 삼기 때문에 파편화를 쉽게 관찰할 수 있다. 여러 운송 방법, 다양한 숙박지, 비슷한 유흥 서비스, 관광 마케팅 조직들, 유통 채널들, 관광 도매업과 관광 소매업 종사자들은 각자의 영역에서 관광객을 두고 경쟁한다. 이런 파편화는 정부나 민간 영역의 협력을 저해하는 주된 장애 요소로, 마케팅, 운영 혹은 전략적 관리 측면에서 영향을 미친다. … 그러나 최근 전 세계적 관광산업은 위험과 위기 대응, 그리고 재건 과정에서 전체 협력을 해야 하는 경우가 흔하다. 지역의 작은 관광지에서 초국가적 수준에 이르기까지 협력의 필요성은 더욱 커졌다.
>
> —Beirman et al.(2014, pp. 176–178, 부분 발췌 및 의역)

버먼 등의 주장을 요약하면 첫째, 관광 위기 시 서로의 상태를 신속히 파악할 수 있어야 한다는 것, 둘째, 관광 위기에 대응할 컨트롤 타워를 미리 마련하여 기민하게 대처해야 한다는 것, 마지막으로 위기 극복과 재건을 위한 자발적 협력 네트워크를 구축하여 가동해야 한다는 것이다. 관광산업의 컨트롤 타워는 지역별, 국가별로 있다. 평소에도 자연재해나 테러, 혹은 질병의 확산과 같은 재난 상황을 고려한 대응 체계를 상시 가동해야 한다. 피해를 집계하고 피해 발생 원인을 추적하는 노력도 필요하다. 그리고 피해를 본 관광산업의 여러 세부 영역을 복구하기 위해 정부나 지자체와 협조하거나 해당 국가의 국민들을 설득하는 노력도 해야 한다. 이들은 관광 위기가 닥친 다음에 협력을 위한 초국적 네트워크를 마련하는 일보다는 평소 정보를 교류하고 다양한 관광 종사자들이 소속된 네트워크를 연결해두어 위기 시 대응 효율성을 높이는 편이 좋다는 아이디어를 제시한 것이다.

일반적인 위기 상황에 대처하는 방법들을 두루 살펴본 뒤, 유지윤(2011)은 관광 위기 유형별로 대응 방법을 고민해야 한다고 주장했다. 그는 관광 위기를 크게 직접 위기와 간접 위기로 나누고, 직접 위기의 발생지로 관광기업, 관광지, 관광객을, 간접 위기의 발생지로 정치, 경제, 보건, 그리고 기술을 들었다. 또한, 각각의 위기 원인별로 '선제적 대응'과 '반응적 대응'으로 나누어 고찰했다. 여기에 선제적 대응으로 '예방'과 '대비'를, 반응적 대응으로 '대응'과 '복구'를 언급했다. 선제적 대응은 부정적 결과를 미리 제거하거나 감소시키기 위한 예방적 차원의 조치들을 포함한다. 반응적 대응은 위기를 겪고 있

〈그림 1〉 위기 대응방법

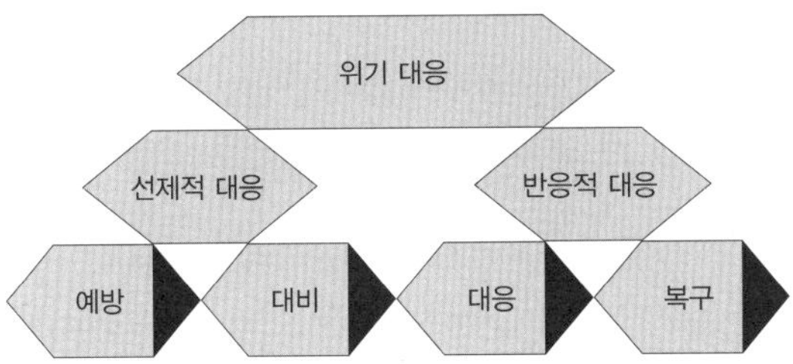

출처: 유지윤. 2011.

거나 위기가 끝난 이후의 대응 방법들을 말한다.

유지윤(2011)은 예방, 대비, 대응, 복구의 각 단계마다 관광 위기별로 취해야 할 전략과 방안, 그리고 방침에 관하여 서술했다. 구체적으로 위기 상황별 대응 지침을 마련하고자 노력했다는 점에서 연구의 의의를 찾을 수 있다. 그러나 관광 위기에 대응할 때 뒤따르는 어려움인 장애 요소, 그리고 전략의 실행 주체와 방법론 등이 명확하지 않다는 점에서 한계가 있다.

앞서 버먼 등(Beirman et al., 2014)이나, 칼슨과 리버드(Carlsen & Liburd, 2008)는 관광 위기를 극복하기 위해 협력과 통합의 중요성을 강조했다는 점을 확인했다. 또한, 지자체나 정부의 지원과 관광 유관 산업 분야의 협력을 이끌어내기 위해서 관광 위기를 초래한 사건의 복구 및 복원 과정에 대한 여론의 관심은 분명 도움이 될 것이다. 같은 맥락에서 이슈관심주기 모형을 바탕으로 관광 위기의 정책 관리 과정을 조사한 오은비, 김경희, 이연택(2017)의 연구는 우리의 관심을 끈다. 연구의 대상은 2016년 경주에서 발생한 지진으로 인한 지역 관광의 위기 상황이다. 분명, 사회 이슈에 대한 여러 사람의 관심은 정책을 추동하는 원동력이 된다. 연구에서 오은비 등(2017)은 상황적 요인과 이슈적 요인을 단계적 요인으로 묶었고, 정책변동 요인을 따로 고려했다. 상황적 요인에는 사건 맥락과 사건 유형, 그리고 사건 속성을 담았다. 이슈에 대한 관심과 이슈 인식은 이슈적 요인으로 묶였다. 정책변동 요인을 언급할 때는 정책산출 유형과 정책산출 형태를 포함했다. 흥미로운 접근이었으나 공중관심을 분석하기 위해 검색엔진의 검색 키워드 숫자를 세었을 뿐이다. 더 다양한 노력이 있었다면 좋았을 텐데 아쉽다. 유지윤(2011)과 마찬가지로 오은비 등(2017)은 위기 대응을 둘러싼 다양한 측면을 살펴보지 않았다. 대신, 관광 위기의 전체적인 흐름을 통해 교훈을 얻고자 했을 뿐이다. 실천 가능한 지식을 축적하기에는 부족한 감이 없지 않다.

2020년 발발한 코로나19는 관광산업의 위기에 대한 적지 않은 관심을 불러일으켰다. 여기에 다 담지 못할 정도로 많은 연구와 아이디어 제안 등이 있었다. 이 가운데 몇 가지를 살펴보고 의미를 곱씹어보자. 부산연구원의 박경옥(2020)은 코로나19에 직면한 부산의 관광산업을 진단했다. 그 결과 항공 이용객이나 숙박업소 이용객의 90%가 감소했고, 공항 이용객도 70%가 넘게 줄었다. 지역에 유입되는 관광객의 숫자가 줄어 관광산업은 큰 어려움에 직면한 것이다. 연구에서 박경옥(2020)은 주로 부산시의 정책 사례들을 상세히 살폈다. 부산시가 관광 위기 매뉴얼을 미리 마련하고 활용했는지는 분명하지 않지만, 호주 퀸즈랜드Queensland의 국가관광위기관리계획Regional Tourism Crisis Management Plan, R-TCMP을 살펴보고 부산시의 사례를 비추어본 것에 주목한다. 또한, 그는 중장기 방안으로 부산의 관광 위기관리 매뉴얼을 마련하여 예방-대응-복구의 세 단계로 접근해야 한다고 제안했다.

회복 탄력성 이론에 기초하여 코로나19로 인한 관광 위기를 고찰한 하정우, 김창수(2020)의 연구는 탐색적이다. 실증 사례나 데이터를 제시하기보다 회복 탄력성과 관광 위기의 개념을 명확하게 하려는 시도로, 회복 탄력성을 크게 공학적·생태적·사회-생태적 측면으로 나누어 이해했다. 결론적으로 심리적 회복과 산업 활동의 회복을 모두 이끌어내기 위한 역량 축적을 강조했는데, 다소 추상적으로 논의가 흘러 아쉽다. 어떻게 하면 탄력성을 극대화할 수 있는지, 그리고 예상되는 결과와 제약 조건은 무엇인지에 관한 언급이 부족하다.

코로나19 이후에도 관광 위기의 실천적 사례들을 자세히 연구할 힘이 떨어진다는 안타까움을 Farmaki(2021)는 질책에 가까운 어조로 표현한다. 여러 산업이 관련되고 관광지와 생활 근거지가 겹치며 관광지의 이미지를 관리하는 차원에서 위기의 가능성을 덮어두고 싶은 심리적 충동이 관광 위기관리를 위한 지속적인 노력을 방해한다는 것이다. 관광 위기관리에 대한 망각[forgetfulness]은 관광산업과 관광 연구자, 그리고 관광 정책 담당자의 공통적 관심사가 된 듯하다.

2) 효과적인 관광 위기관리를 위하여

위기가 발생했을 경우 가장 급한 것은 정보다(Egelhoff & Sen, 1992). 어디로 피할 것인가? 어떻게 피할 것인가? 앞으로 무엇을 해야 나의 안전과 생존을 보장받을까? 방법을 알기 위해서는 정보가 있어야 한다. 이와 관련하여 피어슨과 미트로프(Pearson & Mitroff, 1993)의 의견은 비중 있게 다루어야 한다. 먼저 관광 위기가 벌어졌다고 가정해보자. 가장 처음에 진행되어야 할 브리핑에서 네 가지 정보가 긴급히 공유되어야 한다. 먼저, 무슨 상황인지 알려야 한다. 질병인지, 화재인지, 홍수인지, 아니면 테러인지에 관한 정보가 빠르게 전달되면 좋다. 그리고 해당 위기가 얼마나 진행 중인지도 알려져야 한다. 위기가 발생한 곳과 위기의 영향을 받는 범위도 알 수 있어야 한다. 무엇보다 중

〈그림 2〉 브리핑을 받을 정보들

관광 위기 시 긴급히 나눠야 할 정보
1. 무슨 위기 상황인가? 2. 지금은 위기가 얼마나 진행되었나? 3. 위기가 발생한 곳은 어디인가? 4. 누가 위기의 영향을 받고 있는가?

출처: Pearson & Mitroff, 1993.

요한 점은 이와 같은 정보를 전달할 경로와 방법이 사전에 확보되어야 한다는 것이다. 전화로 할 것인지, 문자를 발송할 것인지, 소셜네트워크를 통해 알릴 것인지, 아니면 대중매체를 활용할 것인지 등이 사전에 확정되어야 한다. 또한, 정보를 취합하고 전달할 주체와 그 권한도 미리 정한다. 관광객이 알기 쉽도록 정보를 가공하는 방법과 언어장벽, 신체적 장애 등의 문제도 함께 생각해야 한다. 위기 발생 시 정보를 공유하는 방법에 관련된 일은 이후 다른 모든 절차에 우선한다.

관광 위기 시 긴급히 나눠야 할 정보를 전달하는 방법, 그리고 그에 관련된 시스템은 사전에 충분한 실험과 시행착오를 통해 마련되고 개선되어야 한다. 관광지를 방문하는 국내외 여행객들이 위기 시 정보를 전달받는 시스템을 잘 활용할 수 있도록 홍보와 교육도 병행해야 한다.

보다 거시적으로, 관광 위기를 관리하는 체계를 피어슨과 미트

〈그림 3〉 정보처리 관점에서 본 관광 위기관리 프로세스

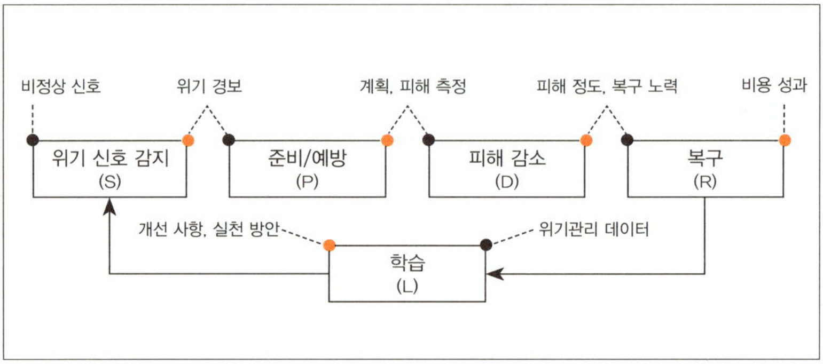

출처: Pearson & Mitroff, 1993 수정.

로프(Pearson & Mitroff, 1993)의 논의를 참고해 다섯 단계로 정리해보자. 각각의 단계를 ① 위기 신호 감지, ② 준비/예방, ③ 피해 감소, ④ 복구, 그리고 ⑤ 학습으로 나누었다. 이를 정보처리 관점information processing view을 바탕으로 정리하면 〈그림 3〉과 같다. 이때, 각 단계의 시작에 필요한 정보와 다음 단계로 연결하기 위한 정보, 두 가지가 필요하다. 단계 내의 이행 상황을 확인하기 위해서도 정보가 필요하다. 정보처리 관점에서 위기를 관리하려는 노력은 기업 연구에서 반복적으로 관찰된다. 위기가 다소 일상적인 기업 경영 환경의 성과를 관광 위기 사례에 반추해보는 것은 의미가 있다.

보다 구체적으로, 조직은 위기관리 시스템을 성공적으로 운용하도록 점검표를 마련할 수 있다. 〈표 2〉는 그와 같은 점검표의 한 가지 사례다. 조직의 성격과 운용 목적에 맞도록 나름의 점검표를 작성하여 활용하거나 표준안을 마련하면 도움이 될 것이다. 관광 위기관리 시스템의 점검표를 활용하여 정기적으로 관광 위기에 대한 대응 수

〈표 1〉 정보처리 관점의 위기관리 프로세스 세부내용

단계	의미	정보 프로세싱	
		입력	출력
위기 신호 감지	위기 발생의 신호를 감지	비정상 신호	위기 경보
준비/예방	위기 요인에 대한 대응 체계 가동, 위기를 회피할 방안 실행	위기 경보	계획, 피해 측정치
피해 감소	관광 사업체나 관광객의 피해 발생을 확인하고 피해를 감소시키려는 노력 실시	계획, 피해 측정치	피해 정도
복구	위기 종식 후 피해 복구를 위한 자원과 역량 집중	피해 정도 복구 노력	비용, 성과
학습	위기 극복 과정에서 축적한 지식을 바탕으로 시스템 개선을 위한 활동 시작	수집된 데이터 일체	개선 사항과 실천 방안

준을 확인한다면 관광 위기 상황에 대응하기가 더 수월하지 않을까?

개별 사업체나 지자체 혹은 중앙 정부에서도 각각 관광 위기를 관리하기 위한 준비와 시스템 정비에 나설 수 있다. 이때, 사업체, 지방 정부, 중앙 정부가 각자 맡아야 하는 독특한 책임이 있다. 먼저 중앙 정부의 역할을 알아보고 지방 정부, 각 사업체별로 논의를 이어가도록 하겠다.

중앙 정부는 관광 위기를 관리하는 데 필요한 법적·제도적 장치를 마련하고 관리할 책임이 있다. 또한, 관광에 관련된 여러 산업을 총괄하여 위기 대응의 컨트롤 타워가 되어야 한다. 세계적 재난 상황이라면 국가 간에 풀어야 할 문제 역시 중앙 정부가 맡아야 할 몫이다. 문화 관광의 특수성을 생각할 때 관광 위기관리를 위한 상급 행정 기관이나 공공 사업체의 역할이 크다. 그러나 위기 상황을 더

〈표 2〉 관광 위기관리 점검표

항목	점검 질문	점수		
		1	2	3
위기 신호 감지(S)				
S-1	외부에서 위기 신호를 신속히 전달할 수 있는가?			√
S-2	위기 경보를 전달할 대상을 식별할 수 있는가?			√
S-3	위기 경보를 전달할 수단이 마련되었는가?		√	
S-4	위기 경보를 책임질 기관이나 개인이 지정되었는가?	√		
S-5	정기적으로 활동을 점검하고 성과를 확인하는가?		√	
준비/예방(P)				
P-1	위기 요인별 대응 매뉴얼이 마련되었는가?			
P-2	위기 요인별 책임자가 지정되었는가?			
P-3	위기 요인별 대응 매뉴얼의 실천 가능성을 실제 점검하는가?			
P-4	피해 발생 여부와 규모를 확인할 수 있는 체계를 갖추었는가?			
P-5	피해 발생 여부와 규모를 신속히 집계할 수 있는가?			
P-6	피해 발생 여부와 규모를 공개하는 방안이 마련되었는가?			
P-7	피해 발생 시 사용할 수단이 확보되었는가?			
P-8	피해 발생 시 대응할 재원이 확보되었는가?			
피해 감소(D)				
D-1	피해 발생에 관한 데이터를 실시간으로 감시할 수 있는가?			
D-2	위기 요인별 피해를 감소시킬 방안이 마련되었는가?			
D-3	위기 요인별 피해 감소 방안의 실효성이 입증되었는가?			
D-4	피해 감소를 위한 수단이 확보되었는가?			
D-5	피해 감소를 위한 재원이 확보되었는가?			
D-6	피해 감소 계획을 실천할 조직이 마련되었는가?			
D-7	위기 요인별 피해 감소 방안의 책임자가 지정되었는가?			
D-8	피해 감소 노력을 모니터링할 수 있는가?			
D-9	피해 감소 상황과 노력을 감시하고 투명하게 공개할 수 있는가?			
복구(R)				
R-1	복구에 관한 데이터를 실시간으로 감시할 수 있는가?			
R-2	복구를 위한 구체적 시나리오가 마련되었는가?			
R-3	복구 시나리오의 실효성이 입증되었는가?			

항목	점검 질문	점수		
		1	2	3
R-4	복구를 위한 수단이 확보되었는가?			
R-5	복구를 위한 재원이 확보되었는가?			
R-6	복구 계획을 실천할 조직이 마련되었는가?			
R-7	복구 계획의 입안과 실천에 관련하여 책임자가 지정되었는가?			
R-8	복구 노력을 모니터링할 수 있는가?			
R-9	복구 상황과 노력을 감시하고 투명하게 공개할 수 있는가?			
학습(L)				
L-1	S, P, D, R 단계의 데이터를 수집하고 관리할 수 있는가?			
L-2	실행 후 학습을 위한 절차가 준비되어 있는가?			
L-3	관광 위기의 경험을 지식화하기 위한 수단이 확보되는가?			
L-4	관광 위기의 경험을 지식화하기 위한 재원이 확보되는가?			
L-5	학습 결과 매뉴얼을 업데이트할 수 있는가?			
L-6	학습 결과를 조직 내부와 외부에 적절히 전파할 수 있는가?			
L-7	학습 결과에 실효성을 부여하기 위한 정책과 규칙이 마련되는가?			
총계				

91점 이상: 관광 위기관리 정상
68점~90점: 관광 위기관리 보완 필요
67점 이하: 관광 위기관리 노력해야

잘 이해하고 빠르게 결정 사항을 수행할 수 있는 정부 내 유관기관과의 협력 토대를 미리 마련하는 일이 더 중요하다. 예를 들어, 소방방재청, 질병관리청, 국토부, 해양수산부 등과 관광 위기를 평가하고, 상호 협조를 위한 준비와 연습을 정기적으로 실시하며, 그 과정과 결과를 대내외에 투명하게 공개하기를 권고한다. 중앙 정부는 관광 위기 상황을 통제하는 역할뿐만 아니라 관련 정보를 취합하여 전파할 수 있는 정보통신기술을 제공해야 한다. 관광 위기관리 시스템에 포함된 모든 이해관계자가 이와 같은 정보통신기술을 장애 없이 사용할 수 있도록 노력할 책임이 있다. 또한, 지방 정부나 관광 종사자가 위기 대응을 위해 활용한 경험적 자산을 재빨리 취득하여 장단점을 평가한 뒤에 다른 조직에서 활용할 수 있도록 하는 지식 전파자의 역할도 위기 상황에서 필요하다. 마지막으로, 여행객이나 관광 사업 종사자가 위기 상황을 정확하게 인식하고 피해를 감소시키는 일에 자발적으로 동참할 수 있도록 신뢰감을 주는 일도 빼놓지 않아야겠다.

4. 결론

관광 위기가 닥치면 일차적으로 방문객이 줄어든다. 먼저 여객업이 피해를 입는다. 오는 사람이 없으니 객실은 비고, 숙박지에 사람이 머무르지 않으니 외식업에 타격이 크다. 돌아다니는 사람이 없으니 자연히 기념품을 사거나 위락시설을 이용할 사람도 없다. 자연재해, 전쟁이나 범죄, 질병으로 인적이 끊긴 관광지는 짧은 기간에 큰 경제적 어려움을 겪는다.

그러나 관광지의 인프라가 파괴되지 않는다면, 또한 위기 요인을 통제할 수만 있다면 관광산업의 회복은 기대보다 빠를 수 있다. 그리스가 경제 위기를 겪은 이후에 회복되는 경과를 지켜봐도 관광산업의 힘을 실감할 수 있다. 문제는 속도다. 관광지가 위기를 겪을 때, 관광지를 지탱하고 있는 그 사회의 실력이 만천하에 드러난다. 정보의 투명한 공개, 합리적인 통제 절차, 사람에 대한 존중, 경제적 피해를 감내할 수 있는 경제 체력 등이 관광 위기 속에서 검증대 위에 오른다. 또한, 얼마나 관광산업에 투자했는지, 얼마나 경제적으로 중요하게 여기는가 하는 점도 위기 회복 과정에서 여과 없이 반영된다. 관광 위기가 뼈 아프지만, 한편으로 우리를 돌아볼 수 있는 소중한 교훈을 주는 과정으로 볼 수 있지 않을까.

지금까지 관광 위기에 관련된 지식 사회의 이야기들을 되짚어 보았다. 각기 다른 논의들이 이어졌지만, 핵심적인 교훈을 말하라면 데이터에 의한 준비, 데이터에 의한 대처, 데이터에 의한 복구가 중요하다는 것이다. 피해가 발생하기 전에 어떤 피해가 어디서 몰려올 것인지 계속해서 측정해야 한다. 여객, 숙박, 외식 등 피해를 볼 곳을 미리 알고 있고, 이 또한 여러 차례 반복되지 않는가. 관광 위기에 대비해서 어떤 데이터를 수집하고 관리해야 하는지 정하는 일에는 큰 이견이 없어 보인다. 획득한 데이터를 정보로 가공하여 대중과 관광산업 공동체에 신속하고 정확하게 공유해야 한다. 데이터에 의한 대처, 이는 정확성과 시간의 싸움이며 부정확한 정보의 전파는 더 큰 재앙이 됨을 명심하자. 마지막으로, 피해 본 곳을 데이터에 기반하여 판단하고, 복구의 우선순위 역시 데이터에 기반해 결정해야 한다. 여러 산업이 얽혀 있는 구조라, 명확한 지원 우선순위를 정하기도, 피해 집계를 하기도 어렵다. 억울한 경우가 나오지 않도록 정책기관은 사실에 근거한 피해 복구에 나서는 것이 좋겠다.

관광산업 스스로가 데이터를 중심으로 한 관광 위기 대응에 나선다면 좋겠지만, 현실적으로 많은 한계가 있다. 관광은 지역 인프라를 기반으로 하므로, 데이터 대부분은 지역 인프라를 활용하는 데서 발생한다. 또한, 개별 관광 사업체가 영세한 경우가 많아 제조업과 같은 기업에서 사용하는 정보시스템과 데이터 관리 체계를 사용하기가 어렵기도 하다. 관광지의 위기관리에 똑똑한 도시, 데이터와 디지털로 무장한 스마트관광도시 개념이 접목되어야 하는 이유를 우리는 여기서도 발견한다. 관광 위기에 대처하기 위한 사회적 안전망의 하나로 관광산업을 측정하고 이해할 수 있는 '흐름 데이터'를 스마트관광도시를 통해 제공해야 한다. 위기 준비 태세를 어느 나라에서 오는 방문객이든 오해 없이 확인할 수 있고, 안전을 보장하기 위한 장치와 절차 역시 끊임없이 소통할 수 있도록, 스마트관광도시 안에서 안전한 관광산업을 일으켜야 한다.

관광 개발로 인한 오버투어리즘과 안티투어리즘 현상[1]

이현애 _경희대학교 스마트관광연구소

1. 오버투어리즘

오버투어리즘overtourism은 과잉을 뜻하는 단어 'over'와 관광을 뜻하는 단어 'tourism'의 합성어로, 도시 수용력을 넘어선 관광객이 몰려서 부정적인 결과를 야기하는 과잉관광을 의미한다. 세계관광기구UNWTO에서는 오버투어리즘을 "관광이 목적지 또는 그 일부 지역에 미치는 부정적인 영향으로, 거주민들의 삶의 질과 방문객 경험의

1 본 내용은 이현애 외(2019)의 "퍼지셋 질적 비교 분석(fsQCA)을 활용한 관광지 거주민들의 삶의 질 저하에 영향을 미치는 요인 연구" 및 이현애(2019)의 박사학위 논문 "Assessing the Residents' Anti-Tourism Attitude and Intention towards Tourism Development"를 재구성한 것이다.

질을 과도하게 저해하는 것"으로 정의한다(UWNTO, 2018, p. 4)[2]. 오버투어리즘은 거주민의 삶의 질을 저하시키고, 거주민이 안티투어리즘(anti-tourism, 반관광) 태도를 취하게 하거나 심지어 다른 지역으로 이주할 수밖에 없게 만드는 주요 원인으로 간주되고 있다.

여기서는 이러한 오버투어리즘의 원인과 결과에 대해 상세히 살펴본다. 먼저 오버투어리즘의 두 가지 원인인 '관광객의 특정 지역 편중'과 '인터넷의 발달이 좁힌 관광객과 거주민의 거리'를 살펴보고 나서, 오버투어리즘의 세 가지 결과인 '오버투어리즘으로 인한 다양한 사회문제'와 '거주민의 삶의 질 저하', '거주민의 안티투어리즘과 지역 이탈'에 대해 다룬다.

1) 원인 1: 관광객의 특정 지역 편중

지난 한 세기 동안 관광산업은 지속적인 확장과 다양화를 경험하며 가장 빠르게 성장하는 경제 분야 중 하나로 간주되어 왔다. 전 세계 관광객 수는 2012년 10억여 명을 넘어선 이후, 매년 급속하게 증가하여 2018년에는 약 14억 명을 넘어섰다(UNWTO, 2019). 세계에서 인구가 두 번째로 많은 인도의 인구 수가 약 13억 8천 명임을 상기해본다면, 얼마나 많은 관광객이 여행을 떠났는지 알 수 있다. 2019년 말엽 코로나19가 창궐하지 않았더라면, 관광객은 현재도 지속해서 증

2 원본: the impact of tourism on a destination, or parts thereof, that excessively influences perceived quality of life of citizens and/or quality of visitors experiences in a negative way(UNWTO, 2018a, p. 4).

〈그림 1〉 국제 관광객 편중 현상

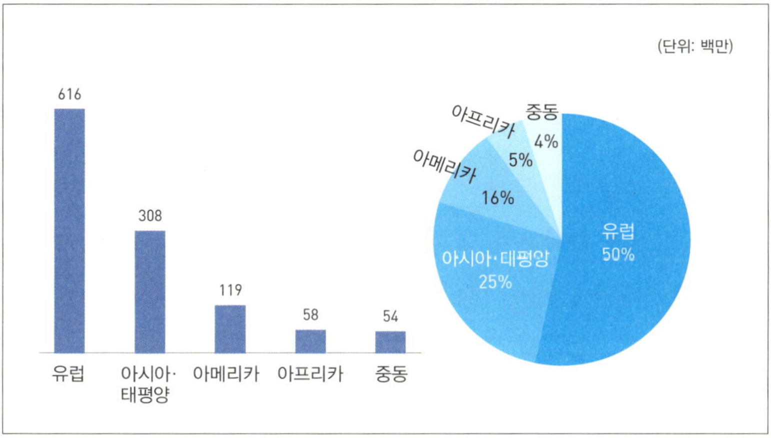

가했을 것이다.

그러나 이런 엄청난 수의 관광객들은 전 세계에 골고루 분산되기보다는 대부분 유럽(6억 1,600여 명, 50%)과 아시아(약 3억 8백여 명, 25%)의 일부 유명 관광도시에 몰리는 모습을 보인다(UNWTO, 2017)(〈그림 1〉 참조). 이에 따라 유명 관광도시들에 거주민 수보다 훨씬 많은 관광객이 몰려드는 상황이 발생하고 있다. 약 74만 명이 거주하는 암스테르담에는 2019년 한 해 동안 거주민의 수보다 약 12배 많은 883만 명의 외래 관광객이 방문했으며, 바르셀로나 역시 거주민 수의 4배가 넘는 702만 명의 외래 관광객이 방문한 것으로 나타났다. 방콕도 약 2,585만 명, 싱가포르도 약 1,976만 명으로 거주민 수의 5배가 넘는 외래 관광객이 방문한 것으로 나타났다. 내국인 관광객 수까지 합치면 관광객 수는 더 늘어난다.

선진국에서조차 관광 관련 수요와 공급은 일반적으로 특정 지역에 집중되어 있어, 관광의 경제적·사회적 효과가 균등하게 배분되지 않는 경향이 높다. 한국도 약 76.4%의 외래 관광객들이 서울을 방문한 것으로 나타났다.[3] 이러한 현상이 심화되면서 관광 개발의 혜택에서 벗어난 도시는 유령도시화되어 가는 반면, 유명 관광도시에서는 도시의 수용 능력보다 더 많은 수의 관광객이 유입되는 오버투어리즘으로 인해 환경오염, 문화재 훼손, 지가 및 임대료 상승, 공동체 문화 약화, 주민 불안 등 많은 사회문제가 일어나고 있다.

2) 원인 2: 인터넷의 발달이 좁힌 관광객과 거주민의 거리

정보통신기술이 진보하면서 관광도시의 지역사회에는 긍정적인 영향과 부정적인 영향이 모두 나타나고 있다. 긍정적인 영향을 살펴보면, 관광지에서 유용하고 즐거운 정보통신기술을 사용한 관광객들은 그것에 대해 만족할 뿐만 아니라 그 관광 목적지에 대해 긍정적인 인식을 갖고 다시 방문하게 된다(Chung et al., 2018). 또한, 정보통신기술은 지역사회가 당면한 여러 사회문제를 해결하고, 비즈니스 환경과 거주민의 생활 영역을 융합시킴으로써 거주민의 삶의 질을 증대시킨다(Gretzel et al., 2015).

반면, 부정적인 영향을 살펴보면 다음과 같다. 인터넷과 스마트폰의 대중화로 대량의 관광정보들이 쏟아져 나오면서 사람들은 시

3 문화체육관광부의 "2019 외래관광객 조사"에서 방문지역을 중복 응답하여 체크한 비율을 사용했다. 서울(76.4%), 경기(14.9%), 부산(14.1%), 제주(9.9%), 인천(8.0%)의 순으로 서울에 집중적으로 편중된 것을 볼 수 있다.

간과 공간의 제약 없이 자신의 흥미에 맞는 새로운 목적지를 찾고, 그 지역의 고유한 지역 문화를 체험해볼 수 있게 되었다. 관광을 제공하는 쪽(정부 또는 지역사회, 관광 기업 등)뿐만 아니라 관광을 소비하는 관광객들 또한 소셜미디어를 통해 관광정보를 생산 및 공유하면서 막대한 양의 관광정보가 지속해서 공유된다. 또한 자기 표현을 위해 자신만의 고유한 관광 경험을 실시간으로 공유하면서 다른 잠재 관광객들의 니즈를 자극한다. 특히 오늘날의 관광객들은 알려진 관광지보다는 특별한 여행을 경험하길 원하고, 목적지의 현지 고유문화를 체험해보고자 하는 니즈를 갖고 있다. 다른 관광객들은 해보지 못한 경험을 하고, 이를 소셜미디어를 통해 표현함으로써 다른 관광객과 자신을 구분하고자 한다. 오늘날 시간과 공간의 제약 없이 막대한 양의 관광정보를 공유할 수 있게 해주는 스마트폰 앱과 온라인 플랫폼은 이러한 니즈를 충족시키는 완벽한 수단이 되고 있다.

정보통신기술의 발달로 인해, 관광객들은 유명 관광지가 아닌 거주민들의 실제 생활환경으로까지 유입되었다(Gurran & Phibbs, 2017). 정보통신기술은 관광객과 지역 거주민 간의 거리를 좁히는 역할을 해왔다. 번역기 앱과 지도 앱을 통해 관광객들은 그 지역의 언어에 능통하지 않고, 지리에 익숙하지 않더라도 현지 거주민들과 소통할 수 있고, 지역 곳곳을 얼마든지 다닐 수 있게 되었다. 또한, 에어비앤비나 카우치서핑Couchsurfing 같은 온라인 숙박 공유 플랫폼은 관광객들이 현지인의 집에서 생활하면서, 현지 문화를 체험할 수 있게 해주었다. 그러나 관광객들이 거주민의 삶의 터전으로 파고들면서, 거주민의 삶의 질은 저하되고 도시에는 여러 가지 사회문제가 일어났다. 관광객들의 소음, 주차 문제, 지가 상승, 공동체 문화 약화 등의 문제가 심화되면서, 온라인 커뮤니티에서 에어비앤비로 인해 피해를 본 이웃 거주민들이 불평을 늘어놓는 에어비앤비헬airbnbhell 같은 사이트가 생겨나기도 했다(〈그림 2〉 참조).

이에 따라 세계 여러 관광도시들은 정부 차원에서 에어비앤비에 대한 제재에 나서게 되었다. 암스테르담, 베를린, 바르셀로나, 런던은 새로운 숙박세를 부과하거나 에어비앤비를 임대할 수 있는 일수에 제한을 두고 있다. 또한, 암스테르담 정부는 신축 주택의 임대를 금지하는 법안을 마련할 계획이며, 싱가포르에서는 온라인 숙박 공유가 불법으로 규정되어 있다.

〈그림 2〉 에어비앤비 관련 불만을 공유하는 온라인 플랫폼(Airbnb Hell)

출처: Airbnbhell.com

3) 결과 1: 경제적·사회적·환경적·문화적 문제

(1) 경제적 측면

관광 개발로 얻는 경제적 이익은 관광 개발의 가장 긍정적인 측면으로 간주된다. 관광은 지역 경제 발전 전략으로 인식되고 있으며, 후진국이나 개발도상국에서는 빈곤을 해결하기 위한 수단으로도 인식되고 있다. 세계관광기구UNWTO에 따르면 2018년 세계 관광 수익은 1조 4,000억 달러로 나타났으며(UNWTO, 2019), OECD 국가들의 경제 지표에서 관광이 기여하는 비율은 GDP의 4.4%, 고용의 6.9%, 서비스 수출의 21.5%로 나타났다(OECD, 2020). 이처럼 관광은 거주민의 생활수준 향상(가구 소득 향상), 관광객으로부터 거둬들이는 세수 증가, 일자리 창출 증가, 투자 증가, 다양한 사업 활동을 통해 관광도시에 긍정적인 영향을 미친다.

그러나 관광 개발로 인한 세금, 물가, 임대료의 상승은 거주민들의 삶의 질을 저해하는 원인이 된다. 관광객의 과잉 증가로 인해 거주지역이 관광지화되면서 물가와 임대료가 급격히 상승하여 거주민들이 내몰리는 현상인 젠트리피케이션gentrification은 오버투어리즘의 대표적인 부정적 결과이다. 또한, 관광 개발을 위해 도로나 항만, 공항 등의 사회 기반시설과 숙박 및 오락시설들이 거주민들이 낸 세금으로 건설·운영되고 있음에도 정작 주민들은 사용하기 어려운 경우가 빈번하게 일어나고 있다. 뿐만 아니라, 개발로 인한 수익의 대부분이 투자한 외부 기업들에게만 돌아가는 불평등한 분배 구조 또한 존재한다. 이러한 추세하에서 정부는 관광산업의 질적 성장을 도모하고, 지역 거주민 주도의 일자리와 소득 창출, 지역경제 활성화 모델을 확산시켜야 함을 강조하고 있으나, 아직은 노력이 많이 필요한 상황이다.

(2) 사회적 측면

지역 입장에서는 관광 개발의 일환으로 고속도로, 호텔 및 공항과 같은 사회 기반시설과 숙박 및 오락시설을 새로 건설하거나 개선하는 기회를 누리게 되지만, 이는 다시 관광객 과밀화와 범죄 증가 등의 문제를 초래할 수 있다. 거주민과 관광객의 수요가 관광도시의 경제적·사회적·문화적·환경적 인프라 및 자원이 감당할 수 있는 수준을 초과하면 사회적 비용이 발생한다. 연구자들은 이러한 사회적 비용을 "거주민의 불편함, 제한된 자원을 차지하기 위한 관광객과의 경쟁, 인프라의 수용 능력 초과 및 범죄 증가"로 정의한다.[4] 이러한 사회적 비용은 거주민들이 관광 개발에 대해 긍정적인 태도를 형성하는 데 가장 큰 방해 요인이 된다. 구체적으로, 지역에 있는 주차시설, 문화시설 등을 많은 관광객들과 나눠 사용하게 되면서 거주민들은 주차난에 시달리거나 관광 개발 이전에 즐겼던 문화생활 등의 기회를 잃을 수 있다.

전 세계 유명 관광도시의 거주민들은 오버투어리즘으로 인한 여러 가지 사회문제로 인해 고통받고 있다. 거주민들이 생필품을 구

4 원본: inconvenience to residents, competition with tourists for limited resources, exceeding the infrastructures' carrying capacity and increased crime(Jeon et al., 2016, p. 110).

입하던 빵집, 채소가게, 과일가게, 세탁소, 슈퍼마켓 등은 높아지는 임대료를 감당하지 못해 내몰리고, 그 자리에는 관광객들을 위한 기념품 가게가 들어서면서 거주민들의 삶의 질이 저해되고 있다. 오래전부터 거주해온 순수 거주민과 상업 활동에 참여하게 된 거주민, 상업 활동을 위해 외부에서 들어온 사람들 간의 갈등도 심화되고 있다. 또한, 거주 지역 전체가 관광지화되면서, 관광객들은 거주민들이 사는 집에 무단으로 침입하거나, 사진을 찍으며 거주민들에게 고통을 주고 있다. 국내의 경우에도 서울의 북촌 한옥마을이나 부산의 감천마을, 흰여울 문화마을 등이 관광객들로 인해 몸살을 앓고 있다.

(3) 환경 문화적 측면

환경적 지속가능성은 관광 개발로 인한 주민들의 손실 최소화 및 이익 극대화를 목표로 하며, 환경을 보호·보존하기 위해 어떻게 자원을 할당할 것인지에 대한 여러 가지 환경 중심적 관점으로 구성되어 있다(Yu et al., 2011). 연구자들에 따르면, 관광에서 환경적 지속가능성은 관광도시의 자연환경과 조화를 이루는 문화유산 자원의 보호 및 개발을 목적으로 한다(Jeon et al., 2016). 따라서 환경적 지속가능성은 과밀화와 관광시설 건설로 인한 부정적인 환경적·문화적 영향을 감소시키고, 환경 보존의 필요성을 증대시키며, 관광도시가 지닌 자연자원의 아름다움을 보존하고 관광도시의 문화를 활성화하는 등 긍정적인 영향을 증가시킨다.

오버투어리즘은 관광 목적지의 자연환경에 부정적인 영향을 미친다는 것이 지배적인 의견이다. 오버투어리즘으로 인한 과도한 환경오염을 방지하기 위해 일부 국가들은 정부 차원에서 강력한 관광객 제재에 나서기도 한다. 필리핀 정부는 수용 능력 이상의 관광객이 몰리며 심각한 환경오염 문제가 대두되었던 보라카이를 6개월 동안 폐쇄했으며, 개장한 이후에도 하루 관광객을 1만 9천 명으로 제한하겠다는 정책을 발표했다.

관광 목적지의 환경문제에 대해서는 코로나19의 역설이 가장 두드러진다. 코로나19로 인해 관광이 전면 금지되고 크루즈선과 수상버스, 곤돌라의 운영이 중단되자, 거주민들은 베네치아의 운하가 맑아져 물고기가 돌아오거나[5], 대기오염이 개선되고 있다며 반기는 분위기이다.

4) 결과 2: 거주민의 삶의 질 저하

삶의 질이란 개인의 신체적·정신적·사회적·경제적·환경적 조건을 모두 포함하는 다면적 개념으로, 일반적으로 〈그림 3〉과 같은 차원들로 구성되어 있다고 간주된다(Andereck & Nyaupane, 2011). 삶의 질의 정신적인 측면으로는 안전, 영성spirituality, 행복, 스트레스로부터의 자유, 자아 개념self-concept, 만족 등 감정적·정신적인 웰빙well-being이 존재한다. 사회적인 측면에서는 친밀함, 애착, 가족, 상호작용, 우정, 지원 등 대인적·사회적 관계가 포함된다. 물질적 측면에서는 소유권, 재정, 보안, 음식, 고용, 소유, 사회적·경제적 지위, 주거지 등 고용과

5 다만 베네치아시에서는 물이 맑아보이는 현상은 수질이 근본적으로 개선된 것이 아니라, 운하의 교통량 감소로 인해 강의 침전물이 떠오르지 않아 그렇게 보이는 것이라고 밝혔다.

경제적 보장을 포함한 물질적 웰빙이 포함된다. 개인적 측면에서는 교육, 기술, 성취, 개인의 경쟁력, 목적 있는 활동, 발전 등 개인의 개발·경쟁력·목표 등이 포함된다. 오락/여가적 측면에서는 건강, 영양, 오락, 기동성, 건강 관리, 건강보험, 레저, 일상의 행동 등 건강한 삶과 오락 및 여가를 누리는 신체적 웰빙이 포함된다. 자기결정권적 측면에서 보면, 자치권, 선택, 결정, 개인의 통제력, 스스로에 의한 방향 설정, 개인적 목표와 가치 등 자기 결정 및 개인의 통제력과 결정권이 포함된다. 소속감 측면에서 보면, 수용, 지위, 지원, 근무환경, 공동체 활동, 역할, 자원봉사, 거주환경 등 사회적 소속감, 위엄과 가치가 포함된다. 마지막으로 권리의 측면에서 보면, 사생활, 투표권, 접근권 등의 권리, 정당한 법 절차, 소유권, 시민의 책임감 등이 포함된다. 이러한 여러 측면은 독립적으로 삶의 질에 영향을 미치는 것이 아니라, 서로 영향을 주고받으며 삶의 질을 결정한다.

〈그림 3〉 삶의 질의 구성요소

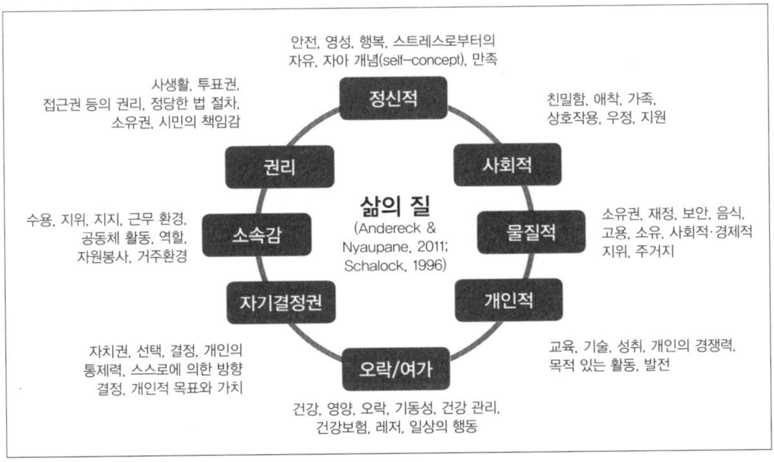

삶의 질은 다양한 분야에서 다양한 관점과 측정 방법을 통해 연구되어 왔다. 의학 분야에서는 환자의 삶의 질을, 경영학에서는 고객 또는 종사자들의 삶의 질을, 관광학 분야에서는 관광객 또는 관광지 거주민의 삶의 질에 관한 연구들을 진행해왔다. 그러나 연구자의 관점 또는 연구 대상의 속성에 따라 삶의 질을 어떻게 정의하고 측정할 것이며, 그 구성요소를 어떻게 구분하는지가 매우 달라진다. 또한 연구자뿐만 아니라 삶의 질에 대한 개인의 인식 또한 그와 그를 둘러싼 사회 환경의 변화에 따라 함께 변화하기 때문에(Allison et al., 1997), 누구의 삶의 질을 연구하느냐에 따라 삶의 질에 접근하는 방법이 달라진다. 예를 들어, 환자의 삶의 질에 대한 정의와 관광객의 삶의 질에 대한 정의는 서로 다를 수밖에 없다. 또한 그 구성요소에서도 대상의 특성을 반영하는 특별한 속성이 포함되어 있다. 예를 들어, 환자의 경우 질병이나 치료과정으로 인한 고통의 정도가 삶의 질을 결정하는 중요한 구성요소인 반면, 관광객의 삶의 질에서는 그렇게 중요한 구성요소는 아닐 것이다.

관광학 분야에서는 관광객의 관광 활동 후 삶의 질이 얼마나 향상되었는지에 대한 연구뿐만 아니라, 거주민의 삶의 질에 관한 연구도 하고 있다. 앞서 언급했듯이, 환경의 변화에 따라 개인이 인식하는 삶의 질도 함께 변화하기 때문에, 관광으로 인한 지역 변화는 관광객뿐만 아니라 거주민의 삶의 질에도 긍정적 또는 부정적인 영향을 미치게 된다.

일반적으로 관광 개발로 인해 관광객이 증가하면, 지역에 긍정적인 경제적·사회적·문화적 파급효과가 발생한다. 실제로 이런 긍정적인 파급효과 때문에 거주민들은 일반적으로 복합리조트, 호텔, 컨벤션 센터 등의 관광시설이나 지역 축제의 유치를 환영해왔다.

그러나 관광 개발이 지속되어 지역의 수용 능력 이상으로 관광객들이 몰릴 경우, 관광객들로 인한 혼잡, 교통과 주차 문제, 범죄율 증가, 거주 비용 증가, 관광객과의 마찰, 거주민들의 삶의 방식 변화 등이 발생하여 거주민의 삶에 부정적인 영향을 미치게 된다(Andereck & Nyaupane, 2011).

5) 결과 3: 거주민의 안티투어리즘과 지역 이탈

무분별한 관광 개발과 오버투어리즘 및 그로 인한 사회문제들로 삶의 질이 저하된 거주민들이 폭력 시위를 하거나 관광객을 공격하는 등 안티투어리즘이 확산되고 있다. 스페인 바르셀로나는 2017년 한 해에만 거주민 수의 20배가 넘는 3천만 명 이상의 관광객들이 방문하면서, 삶의 질이 저하된 거주민들이 폭력 시위를 하거나 관광객들을 공격하는 일이 벌어지기도 했다. 이런 상황하에서 연구자들은 거주민이 평화롭고 조용하게 살 권리와 관광객들이 여행할 수 있는 권리 사이에서 논쟁을 거듭하고 있다. 관광객들이 여행할 수 있는 권리, 즉 '이동의 권리', '이동의 자유'[6]는 인간의 기본 권리이지만(Alvarez-Sousa, 2018), 관광 생태계의 이해관계자(거주민, 지역 정부, 관광 기업 등)들의 권리 또한 보장되어야 한다. 관광은 관광 생태계를 구성하는 이해관계자들 간의 상호작용에서 발생하는 현상과 관계의 총합이기

6 mobility rights or freedom of movement.

때문에(Perkumienė & Pranskūnienė, 2019), 어떤 한 이해관계자의 권리라도 침해된다면 이는 지역사회의 쇠퇴와 붕괴를 야기할 수 있다.

오버투어리즘이 거주민들을 지역 밖으로 내몬다는 것을 고려해본다면, 거주민들의 권리를 무시하는 것은 다른 이해관계자들의 권리를 무시했을 때보다 더 심각한 문제를 초래할 수 있다. 대표적인 예가 젠트리피케이션과 투어리스티피케이션touristification이다. 젠트리피케이션은 도시 관광객의 과잉 증가로 인해 낙후된 구도심 지역이 활성화되면서 임대료가 상승하여 기존 거주민들이 내몰리는 현상이다. 투어리스티피케이션은 주거지역의 관광지화로 인한 거주민의 이주 현상을 의미한다. 이탈리아 베네치아에서는 계속되는 오버투어리즘에 따른 문제들 때문에 매년 2천여 명의 거주민들이 떠나면서, 17만 명이 넘던 거주민들의 수가 5만 5천 명으로 급속히 감소했다. 국내에서도 북촌 한옥마을 주민 수가 매년 감소하고 있다. 2012년 8,719명이던 북촌 인구 수가 2016년 7,538명으로 감소하면서 정주定住형 관광지라는 정체성이 훼손되고 있다.

2. 거주민 연구 사례[7]

여기서는 대칭형 모델링과 비대칭형 모델링이 혼합된 혼합 분석 기

7 본 내용은 이현애(2019)의 박사학위논문 "Assessing the Residents' Anti-Tourism Attitude and Intention towards Tourism Development"를 재구성했다.

법mixed-method analysis을 사용하여 관광 개발의 여러 측면이 거주민의 안티투어리즘과 이주 의도에 미치는 영향을 복합적으로 살펴본다.

1) 오버투어리즘으로 인한 거주민의 안티투어리즘

오늘날 여러 유명 관광도시들은 오버투어리즘으로 인한 환경오염, 문화재 훼손, 지가 및 임대료 상승, 공동체 문화 약화, 주민 불안 등의 사회문제를 겪고 있다. 특히 도시 관광객의 과잉 증가로 인해 낙후된 구도심 지역이 활성화되면서 임대료가 상승하여 기존 거주민들이 내몰리는 젠트리피케이션, 그리고 주거지역의 관광지화로 인해 거주민들이 이주하는 투어리스티피케이션 현상은 전 세계적인 문제로 지적되고 있다. 오버투어리즘은 더 이상 특정 관광지만의 문제가 아닌, 도시 전체가 겪고 있는 문제이기 때문에 전체론적 관점에서 관광 개발에 대한 거주민들의 태도와 행동에 대한 연구의 필요성이 높아지고 있다.

선행연구들을 종합하면, 오버투어리즘의 원인은 크게 두 가지로 볼 수 있다. 첫 번째는 도시 수용력 이상의 관광객이 몰리는 상황이다. 베니스나 바르셀로나 등의 도시는 도시 거주민 이상의 관광객들이 몰리면서 여러 사회문제를 겪고 있다. 이에 따라 거주민들이 관광객을 대상으로 폭력적 시위를 하거나 거주지를 떠나는 현상이 심화되고 있다. 두 번째 원인은 정보통신기술이 발달하면서 넓어진 관광객들의 활동 반경이다. 최근 활발히 사용되고 있는 에어비앤비나 구글 번역앱 같은 스마트폰 앱으로 인해 관광객들은 관광지가 아닌 거주민들의 이웃으로까지 접근하고 있다.

오버투어리즘은 더 이상 특정 관광지만의 문제가 아닌, 도시 전체가 겪고 있는 문제다. 따라서 관광 개발에 대한 거주민들의 태도와 행동을 연구하기 위한 새로운 방법이 필요하다. 이에 본 장에서는 대칭형 모델링(구조방정식 모형)과 비대칭형 모델링(퍼지셋 질적 비교 분석)을 결합하여 거주민들의 안티투어리즘과 행동에 영향을 미치는 요인들에 대한 전체론적 통찰력을 갖고자 했다. 구체적으로 여기서 두 단계로 구성된 혼합 기법 분석을 사용했다. 첫 번째 단계에서는 구조방정식 모형을 사용하여 거주민들의 안티투어리즘과 행동에 영향을 미치는 요인들의 순수 효과를 살펴보았으며, 두 번째 단계에서는 퍼지셋 질적 비교 분석을 통해 이 요인들의 복합 효과를 살펴보았다. 이 두 분석 방법의 결과가 유사할 경우, 연구 결과의 신뢰성은 증가하게 된다. 한편, 요인들은 Choi & Sirakaya(2005)가 제시한 지속가능한 관

〈그림 4〉 이론적 프레임워크

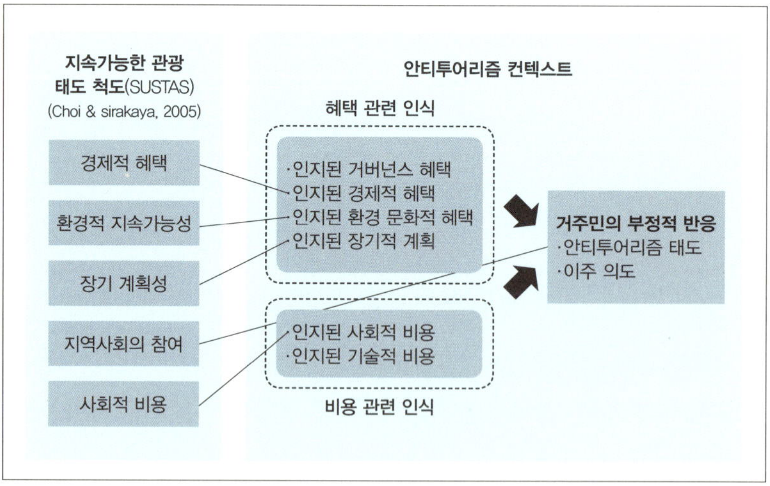

광 태도 척도Sustainable Tourism Attitude Scale, SUSTAS를 본 연구의 맥락에 맞게 이용했으며, 사회교환이론을 토대로 이 요인들을 혜택 관련 인식(인지된 거버넌스 혜택, 인지된 경제적 혜택, 인지된 환경 문화적 혜택, 인지된 장기적 계획 등)과 비용 관련 인식(인지된 사회적 비용, 인지된 기술적 비용 등)으로 구분했다(〈그림 4〉 참조). 데이터는 감천문화마을과 해운대 해수욕장 등 인기 관광지의 오버투어리즘으로 인한 사회문제를 겪고 있는 부산의 거주민 221명을 대상으로 수집했다.

2) 분석 방법: 혼합 분석 기법

관광은 거주민이라는 안정적인 상황의 집단과 관광객이라는, 일반적으로 사전에 알지 못하고 변동이 심한 사람들의 만남이다(Bimonte, 2008). 서로의 상호작용과 경험은 관광객은 물론 거주민들의 태도, 의견, 일상생활에 영향을 미치게 된다. 이러한 사회적 상호작용은 사회의 여러 구성원과 복잡한 인과관계가 있기 때문에 하나의 관점으로만 이 현상을 이해하고자 하는 것은 적절하지 않다(Urry, 2005). 또한 사회적 상호작용은 어떠한 사건의 발생이 규칙적으로 실행되는 질서를 갖고 있어서, 패턴과 체계를 살펴보고자 하는 관점에서 연구되어야 한다. 더불어, 오버투어리즘은 더 이상 특정 관광지만의 문제가 아닌, 도시 전체가 겪고 있는 문제다. 따라서 관광 개발에 대한 거주민들의 태도와 행동을 연구할 때 전체론적 시각으로 접근할 필요가 있다.

다수의 연구들이 분석 방법으로 사용해온 구조방정식 모형은 그 전제가 되는 대칭적 통계symmetric statistics가 잘못 해석될 가능성이 있다. 실제 사회현상 또한 비대칭적asymmetric 관계가 지배적이기 때문에 결과를 유발하는 원인 변수들 간의 복잡한 관계를 설명하는 데 한계가 있다(Ragin, 2008). 전통적인 대칭형 모델링 방법은 다중공선성multicollinearity 문제, 연구 내용과는 반대로 나타나는 사례들contrarian의 파악 불가, 기타 통제변수들의 영향력 간과 등의 문제점이 있다. 이러한 문제점들은 연구 결과를 잘못 해석하는 원인이 된다. 반면, 비대칭적 접근법은 이러한 문제들로부터 자유로우며, 서로 반대되는 결과(거주민 삶의 질 저하와 강화 등)를 모두 모델링할 수 있다. 예를 들어, 대치형 모델링 방법을 사용하여 관광지 수가 거주민의 삶의 질 저하에 부정적인 영향을 끼친다면, 연구자들은 관광지 수가 적을 때는 삶의 질이 향상될 것이라고 불완전하게 결과를 해석할 것이다. 반면, 비대칭형 모델링 방법을 적용한다면 거주민의 삶의 질 저하나 증대에 모두 영향을 미치는 요인들을 보다 완전하게 파악할 수 있다.

복잡성 이론과 퍼지셋 질적 비교 분석을 활용한 비대칭적 접근법은 원인 조건들 각각의 특성들(결과 변수에 긍정적 영향을 미치는지, 부정적 영향을 미치는지 등)이 다른 원인 조건의 상태에 따라 달라진다고 주장한다(Olya & Gavilyan, 2017). 따라서 복잡성 이론은 특정 결과에 대해 단 하나의 원인만 연구하는 것은 결과를 설명할 때 부족하다는 문제의식에서 시작되었으며, 원인들 간의 다양한 관계를 이론화하는 데 적합하다(Woodside, 2013).

또한 복잡성 이론은 같은 결과에 대한 원인 변수들의 다양한 패턴을 고려함으로써 보다 명확한 가설을 설정할 수 있는 방향을 제시한다. 구체적으로 종속 변수(Y)에 대한 원인 변수(X)의 순수한 영향 관계를 살펴보는 통계 분석 방법과는 달리, 복합성 이론과 결합한 퍼지셋 질적 비교 분석에서는 종속 변수(Y)에 대한 원인 변수들의 배치configuration가 독립 변수 역할을 한다(Olya & Gailyan, 2017). 이러한 분석 방법을 통해 독립 변수들의 조합을 보여주는 형상 모형configural model을 제시할 수 있다.

본 장에서는 거주민의 삶의 질 저하에 영향을 미치는 요인들에 대한 보다 넓고 깊은 이해를 시도할 뿐 아니라 현실적으로 적용가능한 스마트관광도시의 역할을 제시하고자 하기 때문에 복잡성 이론이 유용하다. 특히 거주민 삶의 질 저하에 영향을 미치는 요인들로 개인적 요소와 공동체적 요소, 감성적 요소와 이성적 요소, 경제적 요소와 비경제적 요소를 도출하고, 퍼지셋 질적 비교 분석을 통해 그 요인 각각의 영향뿐만 아니라 복합적인 영향까지 살펴보고자 한다. 따라서 퍼지셋 질적 비교 분석을 적용한 논문들에서 주요 이론으로 사용되어온 복잡성 이론을 적용하고자 한다.

〈그림 5〉 연구 구성

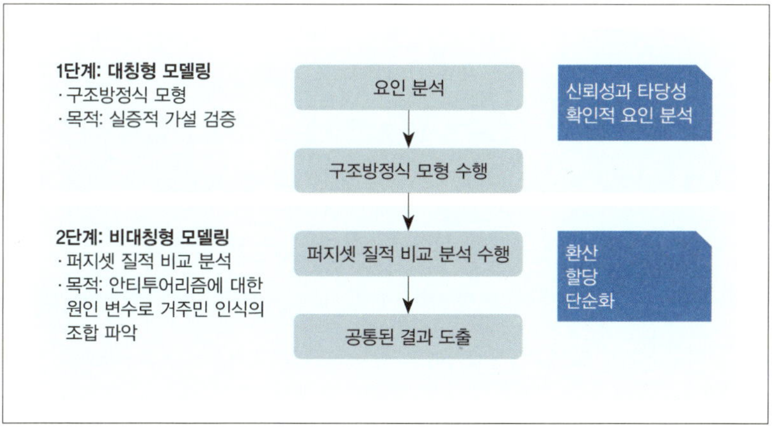

구체적으로 본 연구의 구성은 〈그림 5〉와 같다. 첫 번째 단계에서는 구조방정식 모형을 사용하여 거주민들의 안티투어리즘과 행동에 영향을 미치는 요인들의 순수 효과를 살펴보았으며, 두 번째 단계에서는 퍼지셋 질적 비교 분석을 통해 이 요인들의 복합 효과를 살펴보았다. 이 두 분석 방법의 결과가 유사할 경우, 연구 결과의 신뢰성은 증가하게 된다.

3) 연구 결과

연구 결과, 구조방정식 모형의 결과와 퍼지셋 질적 비교 분석의 결과가 혜택 관련 인식에 있어서 유사하게 나타났다. 두 분석 결과 모두 혜택 관련 인식의 부족 또는 부재가 안티투어리즘과 행동에 영향을 미치는 것으로 나타났다(〈그림 6〉 참조). 구체적으로, 1단계 구조방정식 모형을 분석해본 결과, 비용 관련 인식은 안티투어리즘에 유의미한 영향을 미치지 않는 것으로 나타난 반면, 인지된 거버넌스 혜택을 제외한 혜택 관련 인식은 안티투어리즘에 부정적 영향을 미치는 것으로 나타났다. 2단계 퍼지셋 질적 비교 분석 결과, 총 4개의 패턴이 도출되었다(〈표 1〉 참조). 4가지 패턴 모두 관광 개발로 인한 혜택이 없는 것이 안티투어리즘의 주요 요인으로 도출되었다. 즉, 거주민들은 관광 개발로 인해 발생하는 비용 때문이 아니라, 혜택이 없기 때문에 관광 개발에 부정적인 태도를 취한다. 이는 불만족[dissatisfaction] 요인을 없애는 것은 만족을 유발하지 않으며, '무만족[no dissatisfaction]'의 요인을 해결하는 것이 만족을 유발한다는 Herzberg의 two-factor 이론(Herzberg et al., 1967)으로 설명할 수 있다.

〈그림 6〉 연구 결과

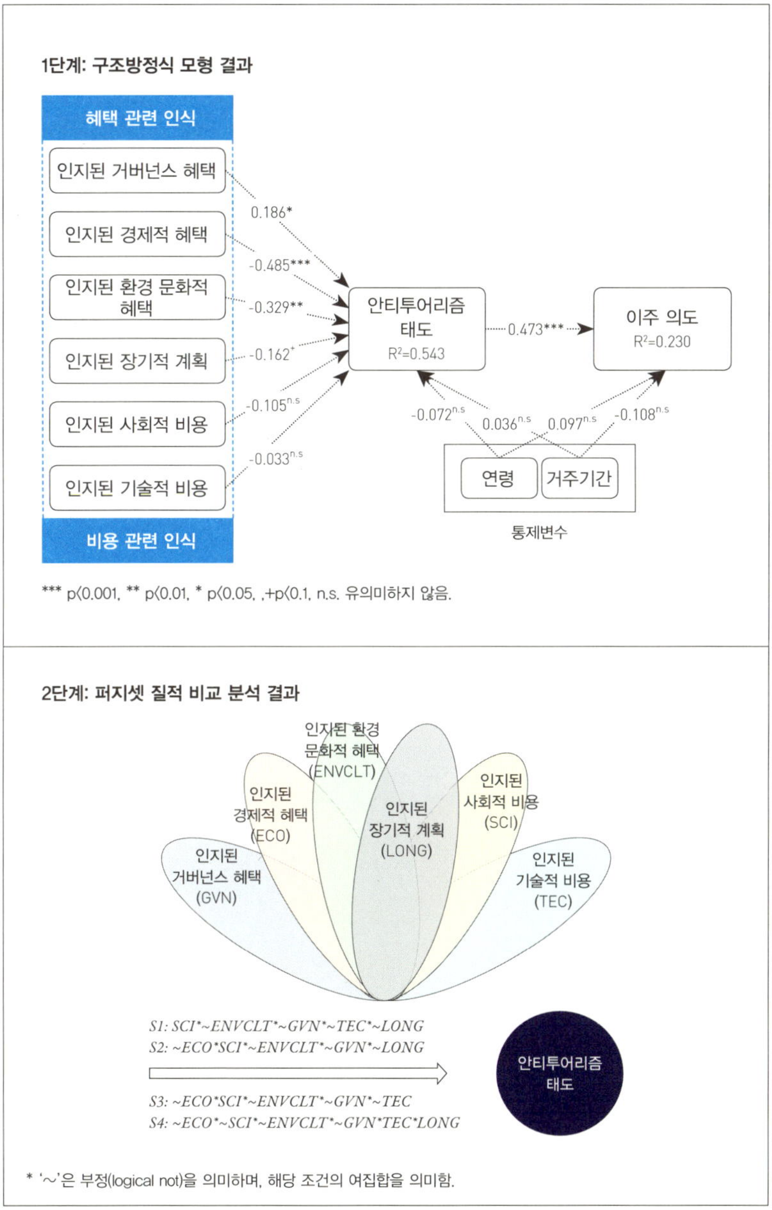
1단계: 구조방정식 모형 결과
혜택 관련 인식
인지된 거버넌스 혜택
인지된 경제적 혜택
인지된 환경 문화적 혜택
인지된 장기적 계획
인지된 사회적 비용
인지된 기술적 비용
비용 관련 인식
0.186*
-0.485***
-0.329**
-0.162+
-0.105n.s
-0.033n.s
안티투어리즘 태도
R²=0.543
0.473***
이주 의도
R²=0.230
-0.072n.s
0.036n.s
0.097n.s
-0.108n.s
연령
거주기간
통제변수
*** p〈0.001, ** p〈0.01, * p〈0.05, ,+p〈0.1, n.s. 유의미하지 않음.
2단계: 퍼지셋 질적 비교 분석 결과
인지된 환경 문화적 혜택 (ENVCLT)
인지된 경제적 혜택 (ECO)
인지된 장기적 계획 (LONG)
인지된 사회적 비용 (SCI)
인지된 거버넌스 혜택 (GVN)
인지된 기술적 비용 (TEC)
S1: SCI*~ENVCLT*~GVN*~TEC*~LONG
S2: ~ECO*SCI*~ENVCLT*~GVN*~LONG
S3: ~ECO*SCI*~ENVCLT*~GVN*~TEC
S4: ~ECO*~SCI*~ENVCLT*~GVN*TEC*LONG
안티투어리즘 태도
* '~'은 부정(logical not)을 의미하며, 해당 조건의 여집합을 의미함.

〈표 1〉 안티투어리즘을 확산시키는 패턴

인과요인	S1	S2	S3	S4
혜택 관련 인식				
인지된 거버넌스 혜택	⨂	⨂	⨂	⨂
인지된 경제적 혜택		⨂	⨂	⨂
인지된 환경 문화적 혜택	⨂	⨂	⨂	⨂
인지된 장기적 계획	⨂		⨂	●
비용 관련 인식				
인지된 사회적 비용	⬤	⬤	⬤	⊗
인지된 기술적 비용	⊗	⊗		⬤
일관성	0.833	0.839	0.820	0.842
설명력	0.500	0.509	0.485	0.407
전반적 일관성	0.769			
전반적 설명력	0.626			

* 검은색 원(●)은 요인의 존재를 의미하며, ×가 교차된 원(⊗)은 요인의 부재를 의미함. 큰 원은 주요 요소, 작은 원은 주변 요소를 나타내며, 빈칸은 상관없음(don't care)을 의미함.

스마트관광도시를 위한 지리정보시스템의 적용[1]

김진원 _미국 플로리다대학교 관광호텔이벤트경영학과

지난 수십 년 동안 정보기술의 발달로 우리의 삶은 더욱 역동적이고 풍성하게 변화해왔다. 이러한 환경 속에서 스마트관광과 스마트관광의 주요 목적지인 스마트관광도시 연구의 중요성도 점점 부각되고 있다(Lee et al., 2020). 관광 현상이란 관광객들의 거주지와 관광지, 그리고 관광지와 관광지 간의 공간적 이동spatial movement을 전제로 하는 지리적 현상이다(Lee et al., 2019). 따라서 관광객들의 최종 목적지이자 활동무대인 관광지를 효과적으로 계획·관리하고 정책을 수립하기 위해서는 관광지에서 발생할 수 있는 다양하고 복잡한 공간 문제를 효과적으로 해결할 수 있도록 관광지의 다양한 자연적·인문

1 본 내용은 김진원·윤병국(2013)의 "관광 분야에서 GIS의 이론적 배경과 국내외 연구동향" 연구에 기반하여 재구성한 것이다.

적 자원에 관한 공간 데이터베이스의 구축/획득, 그리고 분석을 위한 체계화된 정보시스템이 도입되어야 한다. 지리정보시스템Geographic Information System, GIS은 효과적인 공간의사결정을 지원하기 위해 공간 데이터를 수집/생성, 변환/저장/관리, 분석, 그리고 시각화하기 위한 통합적인 컴퓨터 시스템이다. 관광 분야에서도 GIS는 2000년 이후 관광자원 관리, 관광 개발/계획, 관광 마케팅 등 다양한 분야에서 복잡한 공간 문제를 해결하기 위한 효과적인 공간의사결정지원시스템spatial decision support system으로 인식되고 적용되어 왔다(김진원·윤병국, 2013). 하지만 GIS의 도입에 관한 국내외적 중요성에도 불구하고, 국내 관광학계에서 GIS는 여전히 새로운 연구방법론으로 인식되고 있으며, 여전히 GIS 적용을 위한 심도 있는 논의가 부족해 이에 관한 관심이 요구되고 있다. 따라서 본 장에서는 GIS의 개념과 주요 기능, 그리고 관광 분야에서 GIS의 기능별 적용 분야를 탐색함으로써, 최근 관심이 고조되고 있는 스마트관광도시 연구에서의 GIS 적용 가능성을 살펴보고자 한다.

1. GIS란 무엇인가?

GIS는 지리적geographic, 정보information, 그리고 시스템system의 합성어로 효과적인 공간의사결정을 지원하기 위해 위치적 속성을 지닌 공간 데이터 또는 공간 정보에 관한 획득, 저장, 갱신, 분석, 시각화를 위한 시스템으로 통상적으로 정의되며(Longley et al., 2001), 이는 학자들에 따라 크게 4가지 개념으로 논의되기도 한다. 첫 번째 관점은 GIS를 공간 데이터 및 공간 정보의 획득, 생성, 저장, 관리, 분석, 그리고 시각화를 위해 필요한 도구들을 통합한 도구상자[toolbox]로 보는 개념이다. 여기서 공간 데이터란 위도나 경도, 주소 등과 같이 위치적 속성을 지닌 객체를 의미하며, 공간 정보란 특정 목적을 위해 가공된 공간 데이터를 의미한다(김진원·윤병국, 2013). 두 번째 관점은 GIS를 정보시스템의 한 분야인 지리정보시스템[GISystem]으로 보는 개념으로서, 공간 데이터를 이용하여 복잡한 공간의사결정을 지원하고 수행하기 위해 하드웨어와 소프트웨어가 포함된 통합적인 정보시스템을 의미한다(김남조, 2000). 세 번째 관점은 GIS를 정보학의 한 분야인 지리정보학[GIScience]으로 보는 개념이다. 지리정보학이란 공간 정보의 생성과 처리, 분석과 시각화를 위한 주요 기능들을 보다 이론적 측면에서 심층적으로 연구하는 분야로, Goodchild(1992)에 의해 처음으로 이 개념이 소개되었다. 네 번째 관점은 GIS를 지리정보연구[GIStudies]로 보는 것으로, GIS를 적용할 때 지리정보의 사회적 활용 및 효과에 초점을 둔다. 특히 지리정보의 유통과 공유에 있어 야기될 수 있는 법적 또는 윤리적 이슈들에 관심을 두기도 한다(이희연, 2003).

이와 같은 개념들을 종합해봤을 때, GIS란 다양하고 복잡한 공간 문제를 해결하고, 효율적인 공간의사결정을 지원하는 데 필요한 공간 데이터의 획득, 저장, 관리, 갱신, 분석, 시각화를 통해 우리의 삶에 영향을 줄 수 있는 고부가가치의 공간 정보와 지식을 창출하기 위한 지리정보처리시스템, 지리정보학, 지리정보 연구 등으로 정의할 수 있다.

2. GIS의 주요 기능

GIS의 기능들은 사용자의 목적에 따라 다양하게 분류될 수 있다. GIS의 개념을 관광 분야에서 주로 채택하고 있는 GISystem으로 정의했을 때, 크게 데이터 입력, 데이터 저장/관리, 데이터 분석, 데이터 출력의 4가지 기능으로 분류할 수 있다(〈그림 1〉 참조).

데이터 입력data input이란 공간의사결정을 위해 필요한 데이터 수집collection과 변환conversion의 과정들을 포함한다(Malczewski, 1999). 데이터 수집은 위성항법장치Global Positioning System, GPS나 원격탐사Remote Sensing, RS, 디지타이저digitizer 등과 같이 GIS 환경과 통합될 수 있는 측정 도구들을 사용하여 특정 객체들을 직접 측정direct measurement한 데이터를 획득data acquisition하는 과정으로, GIS 활용을 위한 여러 과정 중에서 가장 많은 시간과 비용이 소모되는 과정이다(김진원·윤병국, 2013). 데이터 변환

〈그림 1〉 GIS의 주요 기능

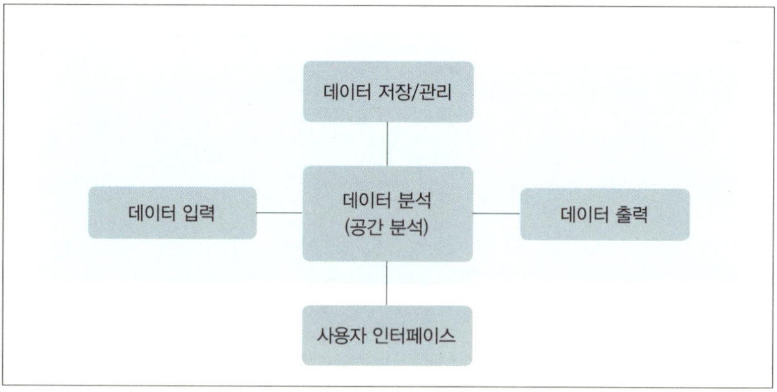

출처: Longley et al., 2001.

이란 GIS 활용을 위해 수집한 객체들을 GIS 환경에서 연동될 수 있는 데이터 모델data model로 변환하는 과정이다. GIS 적용을 위한 데이터 모델은 크게 벡터vector와 래스터raster 모델로 구분할 수 있다(Longley et al., 2001). 벡터 모델이란 우리가 사는 실세계의 객체들을 크게 점point, 선line, 면polygon으로 형상화한 데이터 형태로, 규격화된 그리드 셀grid cell로 객체를 표현하는 래스터 모델과는 차이가 있다. 벡터나 래스터 모델들로 표현된 객체들은 지리좌표 변환Geo-referencing 과정을 통해 고유한 위치적 속성들을 부여받게 된다. 이와 같이 특정 지리좌표로 변환된 실세계의 객체들은 객체들 간의 기하학적·공간적 관계인 공간적 위상spatial topology을 형성하게 된다. 여기서 공간적 위상이란 '인접', '근접', '연계', '포함'처럼 객체 간에 발생할 수 있는 다양한 공간적·기하학적인 관계를 포괄하는 개념이다. 이와 같은 객체 간의 공간적 위상 관계들은 추후 진행될 공간 분석의 기반이 된다(김진원·윤

〈그림 2〉 GIS 적용을 위한 데이터 모델

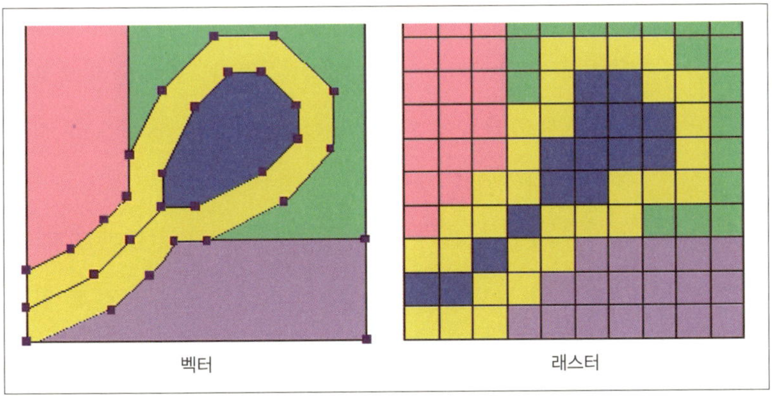

출처: https://wacomkoreablog.com/624

〈그림 3〉 공간 분석의 예(네트워크 분석)

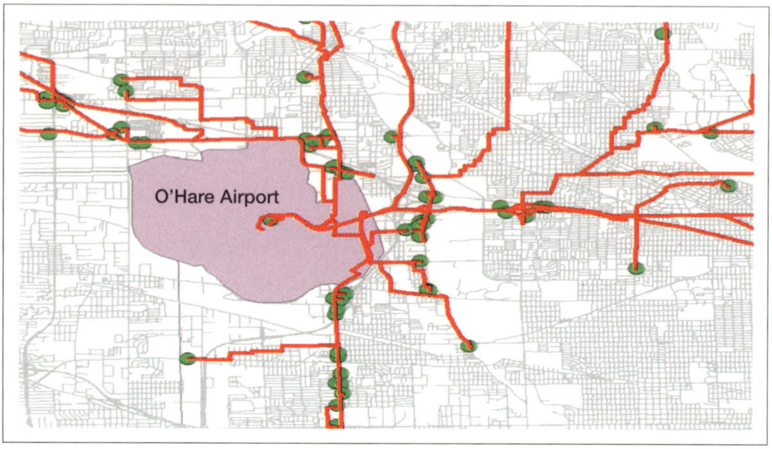

* 시카고 지역의 호텔들과 오헤어 국제공항 간의 도로망을 기반으로 한 거리 측정.

병국, 2013).

데이터 저장/관리data storage/management는 수집과 변환의 과정을 거친 공간 데이터들을 공간 데이터베이스geodatabase 구축을 통해 효과적으로 저장storage, 검색retrieving하는 일련의 과정들을 의미한다(김진원·윤병국, 2013). 여기서 언급된 공간 데이터베이스란 실세계의 다양하고 복잡한 공간문제를 해결하기 위해, GIS 사용자들이 보다 효과적으로 수집/변환된 공간 데이터들을 저장, 검색, 갱신하는 데 필요한 컴퓨터 시스템을 의미한다(이희연, 2003).

데이터 분석은 공간 분석spatial analysis이라고도 하며 GIS를 다른 유사한 정보시스템들과 차별화시켜주는 핵심 기능이다. 공간적 위상관계를 기반으로 벡터나 래스터로 전산화된 공간 데이터들을 특정 공간문제를 해결하는 데 필요한 고부가가치의 공간 정보들로 변환

〈그림 4〉 서울시 3D 지도

출처: https://economy1.tistory.com/363

하는 모든 과정을 의미한다(Longley et al., 2001). 그동안 중첩 분석overlay analysis, 근접성 분석proximity analysis, 네트워크 분석network analysis 등이 GIS의 주요 공간분석 기법들로 다양한 분야에서 널리 활용되어 왔다(Nicholls, 2001). 하지만 계속된 지식의 발달과 이를 구현할 수 있는 컴퓨팅 시스템의 도입으로 최근에는 공간통계 분석spatial statistical analysis, 시공간 분석spatio-temporal analysis 등과 같은 보다 향상된 공간 분석 기법들이 GIS 소프트웨어에 제공되고 있다.

데이터 출력data output이란 GIS 공간 분석을 통해 생성된 공간 정보들을 사용자들의 목적에 맞게 사용할 수 있도록 정보를 전달하는 과정이다. 지도나 테이블과 같은 형태로 이용자들에게 공간 정보를 전달하거나, 생성된 공간 정보들을 다른 시스템으로 전송transfer하는 과정들도 포함될 수 있다(Malczewski, 1999). 이러한 GIS의 데이터 출력

기능은 사용자들의 필요와 목적에 따라 기본적인 형태인 지도나 테이블에서부터 3차원 지도3D map와 같은 시각화된 형태에 이르기까지 다양하다(〈그림 4〉 참조). 이와 같은 GIS의 데이터 출력 기능은 사용자들에게 복잡한 공간문제들에 관한 시각화된 정보를 제공함으로써, 보다 효과적으로 공간의사결정을 지원할 수 있다.

3. 관광 분야에서 GIS의 기능별 적용 분야

Bahaire와 Elliott-White(1999)는 관광 분야에서 최초로 GIS의 기능별 적용 분야와 연구 주제를 분류했는데, 〈표 1〉은 이를 정리한 것이다. Bahaire와 Elliott-White(1999)에 의하면 GIS의 주요 기능은 '데이터 입력/저장/조작', '시각화(지도 제작)', '데이터베이스의 통합/관리', '데이터 검색', '공간 분석', '공간 모델링'의 기능들로 분류되며, 각각의 GIS의 기능들은 '관광자원 인벤토리 구축', '관광 개발을 위한 입지 적합성 분석', '관광 효과의 측정', '관광객 관리', '위락기회의 배분', '관광효과 예측'의 분야에서 복잡한 공간문제를 해결하는 데 공헌할 수 있다.

효과적으로 관광지를 개발, 관리, 계획하기 위해서는 먼저 관광자원tourism resource의 인벤토리inventory가 구축되어야 한다. GIS를 활용한 관광자원의 인벤토리 구축은 지도를 통해 다양한 관광자원의 공간적 분포와 관련 속성에 관한 정보들을 제공할 수 있다(〈그림 5〉 참조). 이를 통해 기존의 관광시설물들을 관리하거나, 새로운 시설물 입지

〈표 1〉 관광 분야에서 GIS의 기능별 적용 분야

GIS의 기능	연구대상/주제	관련 질문	적용 분야
데이터 입력/저장/조작	입지 (location)	무엇이 어디에 있는가?	관광자원 인벤토리 구축
시각화	상태 (condition)	각각의 상태는 어떠한가?	관광 개발을 위한 입지적합성 분석
데이터베이스 통합/관리	경향 (trend)	어떠한 변화가 발생했는가?	관광 효과의 측정
데이터 검색	코스 (routing)	최적의 코스는 어디인가?	관광객 관리(이동, 흐름)
공간 분석	패턴 (pattern)	공간적 패턴은 어떠한가?	여가/위락기회의 배분
공간 모델링	모델링 (modeling)	어떠한 결과가 예상되는가?	관광 개발로 인한 관광효과 예측

출처: 김진원·윤병국, 2013; Bahaire & White, 1999.

를 위한 최적지를 결정하는 데 도움을 줄 수 있다. 그뿐만 아니라, 인터넷의 급속한 보급과 함께 제공된 웹 기반의 관광정보 시스템을 관광객들이 유용하게 활용할 수 있다(〈그림 6〉 참조).

효과적인 관광계획 및 정책 수립을 위해서는 관광효과에 관한 정확한 측정이 선행되어야 한다(Hall & Page, 2006). GIS를 이용한 관광효과 측정은 관광의 효과를 공간적 관점에서 시각화함으로써, 지역 기반의 관광계획과 정책을 수립하는 데 효과적인 공간 정보를 제공할 수 있다.

관광이란 관광객들의 공간적 이동을 전제로 하는 지리적 현상이다(Lee et al., 2019). 모빌리티mobility에 관한 관광객들의 시공간적 이해는 관광학의 핵심 분야 중 하나로서, 많은 학자에 의해 논의되어 왔다(Kang et al., 2014). 관광객들의 모빌리티를 이해하기 위해 전통적으

〈그림 5〉 GIS를 활용한 시카고 지역의 관광 인벤토리 구축

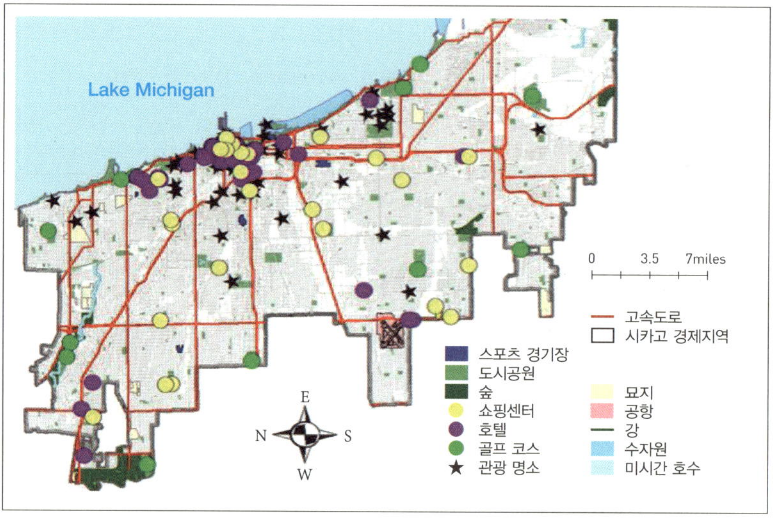

출처: https://economy1.tistory.com/363

〈그림 6〉 웹 기반 관광정보 시스템의 활용

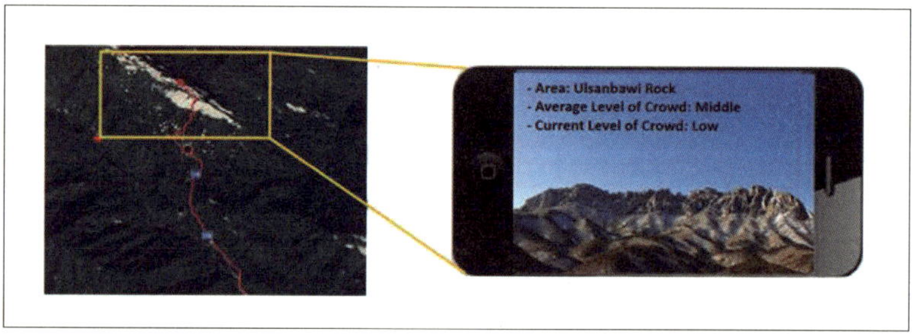

출처: Kim et al., 2018.

로는 설문지나 지역별 통계자료들을 주로 이용해왔지만, 표본 수의 제약이 있을 뿐만 아니라 관광객들이 실시간 이동하는 동적인 흐름을 파악하지 못하는 한계가 있다(Kim et al., 2019). 하지만 GIS를 활용해

〈그림 7〉 GIS를 활용한 설악산 관광객들의 계절에 따른 시공간 패턴 분석

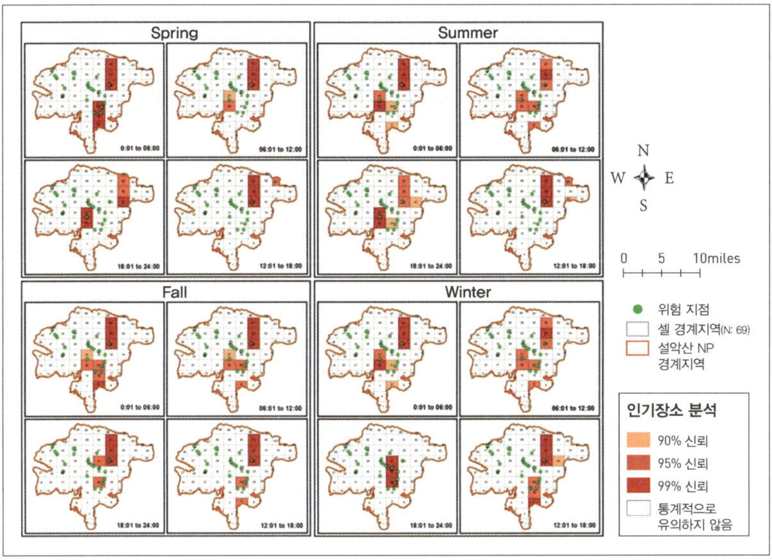

출처: Kim et al., 2019.

관광객들의 모빌리티를 시공간적으로 접근하면, 시간에 따른 관광객들의 공간적 분포 패턴에 관한 정보를 지도를 이용하여 명확하게 제공할 수 있다(Yang & Wong, 2013). 뿐만 아니라 GPS와 같은 관련 기술들과의 통합을 통해, 관광지에서 시간에 따른 연속적인 관광객들의 모빌리티를 보다 정확하게 분석할 수 있다(Shoval & Isaacson, 2007).

관광지 주민들의 삶의 질quality of life은 관광학 분야의 중요한 연구 주제로서, 여가/위락시설의 효과적인 배분allocation은 주민들의 삶의 질과 밀접하게 관련되어 있다(Nicholls, 2001). 관광지 주민의 삶의 질을 높이기 위해서는 먼저 관광지 주민들의 여가/위락시설에 관한 공간적 접근성accessibility과 형평성equity이 정확하게 측정되어야 한다. 특히

여가/위락시설들에 관한 공간적 접근성을 측정할 때 주로 거주지에서부터 주변에 이용 가능한 여가시설이나 장소까지의 거리나 시간과 같은 공간변수들을 활용해왔다. 근접성 분석이나 네트워크 분석 등과 같은 GIS의 특화된 공간분석 기법들은 여가/위락시설에 관한 접근성과 형평성을 더 정확하게 측정해 관광지 주민들의 삶의 질을 높이는 데 효과적인 도구로 활용될 수 있다.

관광 개발로 인한 효과를 정확하게 예측하는 것은 효과적인 관광 개발과 정책 수립을 위한 필수 불가결한 요소이다. GIS를 활용한 수요 예측이나 시뮬레이션 기법들은 관광지의 토지 이용이나 환경 변화, 관광객들의 공간 분포 같은 중요한 공간 현상에 관한 정확한

〈그림 8〉 GIS를 활용한 디트로이트 지역의 공공비치에 관한 지역별 접근성 측정

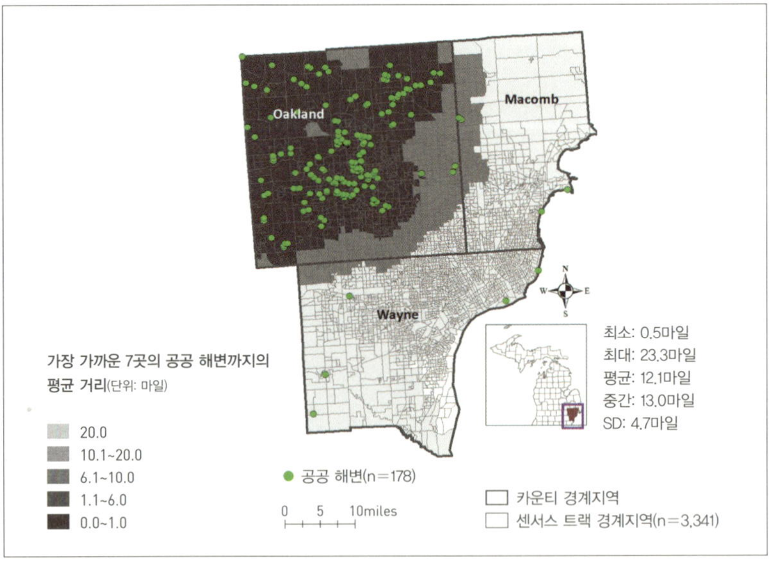

출처: Kim & Nicholls, 2016.

〈그림 9〉 GIS를 활용한 서울시 사회적 약자들의 도시공원 접근에 관한 형평성 측정

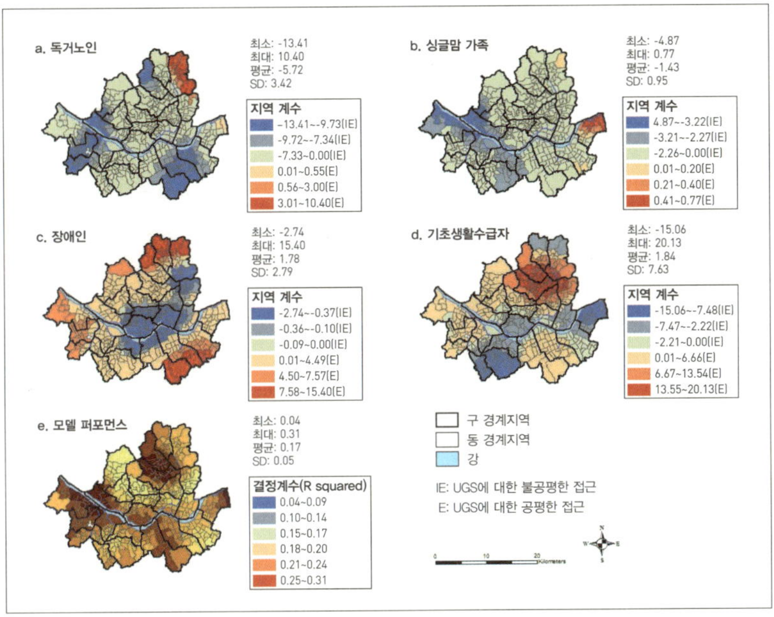

출처: Kim et al., 2021.

예측 결과를 제공함으로써 보다 효과적인 관광계획 및 정책을 수립하는 데 활용될 수 있다.

GIS의 적용은 관광 분야에서 다양하고 복잡한 공간 문제들을 해결하기 위한 공간의사결정시스템으로 활용되어 왔다. 이와 같은 GIS의 주요 기능들은 스마트관광도시에서 발생할 수 있는 다양한 공간 문제들에 대하여 효과적으로 공간의사결정을 지원할 수 있는 시스템으로 독립적으로 혹은 통합적으로 활용될 수 있을 것이다. 특히 최근에 관심이 고조되고 있는 소셜미디어, 소셜커머스와 관련된 빅데이터의 보급과 인공지능을 활용한 새로운 데이터 분석기법들은 스

〈그림 10〉 GIS 기반의 시뮬레이션 기법을 활용한 이탈리아 베니스 지역의 관광객 모빌리티 예측

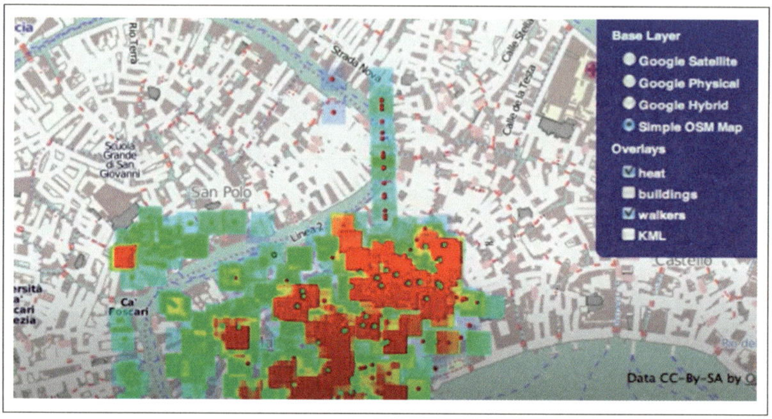

출처: https://www.youtube.com/watch?v=KJ3SGCGoY_o

마트관광도시 연구에서도 GIS 기반의 공간통계기법이나 공간모델링, 그리고 3차원 기반의 지리시각화와 같은 분석기법들과의 통합을 통해 스마트관광도시의 복잡하고 다양한 공간 문제를 해결할 수 있다. 또한 웹을 기반으로 한 참여형 GIS participatory GIS의 보급은 공간정보의 공유를 통해 스마트관광도시의 다양한 이해집단 stakeholder 간의 갈등을 최소화함으로써, 보다 민주적이고 참여적인 공간의사결정을 하는 데 공헌할 수 있을 것으로 판단된다.

스마트관광도시 인증제도, 어떻게 활용할 것인가

이환수 _단국대학교 산업보안학과

1. 스마트도시와 스마트관광도시

세계 각국에서 도시화와 인구 집중, 에너지 절감 등의 도시문제를 해결하는 방안으로 스마트도시 정책을 추진하고 있다. 스마트도시란 도시의 경쟁력과 삶의 질 향상을 위하여 건설·정보통신기술 등을 융·복합하여 건설된 도시 기반시설을 바탕으로 다양한 도시 서비스를 제공하는 지속가능한 도시를 의미한다(「스마트도시 조성 및 산업진흥 등에 관한 법률」, 이하 스마트도시법, 제2조).

스마트도시에서는 교통, 환경, 생활·복지, 경제, 안전, 에너지 등 다양한 분야에서 ICT Information and Communication Technology를 접목한 서비스를 제공한다. 교통 분야 서비스로는 자율주행 및 무인 셔틀 서비스, 스마트 주차 서비스, 차세대 지능형 교통 시스템(운전자에게 주변

교통상황과 급정거, 낙하물 등의 사고 위험 정보를 실시간으로 제공) 등이 있다. 치안 분야로는 비상 대응 시스템, 치안관리용 드론, CCTV가 있으며 의료 분야로는 스마트 의료기기, 의료 데이터관리 센터가 있다. 이외에도 스마트 대피 시스템, 지능형 도시 모니터링, 에너지 수집 센서 등이 있어서 스마트도시 내에서 더욱 편리한 생활을 보장한다(박현애 등, 2020).

2014년 ITU International Telecommunication Union의 조사 결과에 따르면 스마트도시에 대한 정의는 전 세계적으로 100개 이상에 달할 것으로 예상된다. 물론 국가나 기관에 따라 스마트도시를 정의하는 방법은 다양하겠으나 공통으로 '삶의 질', '상호연결', '지속가능성', 'ICT', '도시 운영 데이터/시스템 통합(효율성)', '거버넌스' 개념이 정의에 포함되어 있다. 과거에는 도시문제가 발생할 때 대규모 재원을 투자하

〈그림 1〉 스마트도시

출처: 픽사베이.

여 인력을 확대하거나 물리적 기반시설 등을 추가로 건설하는 방식을 적용했지만, 스마트도시는 필요한 곳에 정보를 제공하는 방식으로 문제를 해결하기 때문에 도시문제를 효율적으로 해결하는 방안으로 주목받고 있다(이재용 등, 2016). 이러한 이유로 ICT 및 정보통신, 지능, 정보 등과 같은 기술적 개념과 도시, 기반시설, 인프라 등의 건설적 개념, 환경, 시민, 사회, 지속가능성 등 시민적 개념을 포함하는 형태로 스마트도시의 개념이 진화하고 있다(김성원·이환수, 2020).

우리나라는 2003년부터 시민들의 삶의 질 향상과 도시경쟁력 제고를 목표로 신도시 개발과정에 정보통신기술을 접목한 유비쿼터스 도시Ubiquitous City 프로젝트를 추진한 경험이 있다. 그러나 정보통신기술의 급속한 변화에 즉각적으로 대응하는 데 한계가 있었고, 기술 중심의 정책 추진으로 국토 및 건설 분야를 제외하고는 가시적인 성과를 내는 데 어려움이 있었다(김승남 등, 2018). 이러한 문제를 해결하기 위해서 정부는 국민의 이해를 돕기 위해 '유비쿼터스'라는 단어를 버리고 '스마트'라는 단어로 교체하여 스마트도시라는 개념을 정립하기 시작했다. 그럼에도 유비쿼터스 도시 프로젝트는 2000년대 초반 시범사업 추진, 2008년 관련 법률 제정, 2009년부터 5년 단위의 종합계획 등을 수립해, 2018년부터는 본격적인 스마트도시 정책 추진을 위한 스마트도시 구축의 기반이 되었다.

4차 산업혁명 시대에 접어들면서 신기술 테스트베드, 리빙랩, 혁신 생태계 등 새로운 개념들을 포괄하는 스마트도시 정책으로 확대되기 시작했고, 정부의 8대 혁신성장 선도 사업 중 하나로 국가 시범도시 조성, 기존 도시의 스마트화 확대, 산업 생태계 구축 등 다양한 스마트도시 정책을 추진 중에 있다(국토교통부, 2019). 또한, 기존 유비쿼터스 도시의 문제들을 답습하지 않기 위해서 스마트도시 기반시설 구축뿐만 아니라 거버넌스, 서비스, 시민과 민간기업 참여 등을 포함하는 개념으로 그 의미를 확장하고 있다(이재용 등, 2016). 실제로 해외의 스마트도시 정의를 살펴보면 기술적 부문Technology Dimension, 인적자원 부문Human Dimension, 제도적 부문Institutional Dimension 등을 포괄하는 개념으로 정의하고 있다. 과거에 비해 최근의 스마트도시는 창의적 교육, 혁신적 직업, 개방적 마인드와 같은 인적자원 부문 및 부처 간 적극적 협업, 정책과 제도, 정부 투명성, 민간 협력 같은 제도적 부문을 보다 강조하고 있다.

국내·외에서는 다양한 형태로 스마트도시를 구축하고 있는데, 주요 사례는 〈표 1〉과 같다. 중국의 상하이와 아랍에미리트UAE의 마스다르Masdar는 정부 주도로 스마트도시 프로젝트가 실시되고 있다. 중국 상하이는 중앙 및 지방 정부의 지원에 따라 도시운영 통합 플랫폼을 구축하여 편리한 공공 서비스를 제공하고 있다. 또한, 마스다르는 친환경 탄소제로도시를 목표로 도시계획 및 개발을 추진하고 있다. 캐나다 토론토에서는 정부가 구글 Side walk Labs와 계약해, 온타리오 호수 지역에 혁신적인 도시 인프라를 구축하고 있다. 이와 다른 형태로 네덜란드의 ASC Amsterdam Smart City는 시민 주도의 혁신 문화를 창출하고 있다. ASC는 시민, 정부, 기업 등이 공동으로 스마트도시 프로젝트를 실시하며, 시민이 직접 참여하고 주도할 수 있는 것이 특징이다. 핀란드의 헬싱키도 정부, 기업, 시민이 협력하여 리빙랩Living Labs 사업을 추진하고 있다.

〈표 1〉 국내·외 스마트도시 주요 사례

구분	지역	내용
해외	중국 상하이	스마트 주차 네트워크를 구축하고, 정부 서비스에 접근할 수 있는 앱 개발
	아랍에미리트(UAE) 마스다르	석유가 아닌, 지역 조건을 활용한 신재생에너지(태양광, 풍력)만을 이용해 세계 최초의 친환경 탄소제로 도시를 목표로 스마트도시 구축
	캐나다 토론토 (Province of Ontario)	구글 Side walk Labs와 계약을 체결하여 캐나다 토론토 온타리오 호수 지역에 스마트도시 인프라 구축
	네덜란드 암스테르담 (ASC)	스마트도시 인프라를 바탕으로 '테크놀로지', '에너지, 물, 쓰레기', '교통 Mobility', '순환도시', '거버넌스와 교육', '시민과 생활' 6개 분야에서 시민, 정부, 기업이 프로젝트 진행
	핀란드 헬싱키 (Forurn Virium Helsinki)	시민이 적극적으로 서비스를 요구하는 시민 주도 개방형 혁신 생태계인 리빙랩(living lab) 서비스와 스마트도시 관련 데이터 개발 등 Smart and Open 전략 실시
국내	세종시 5-1 생활권	3차원 DB 정보와 공간 정보 플랫폼을 구축하여 이를 스마트도시 사업에 활용
	부산 에코델타 스마트도시	10대 혁신 서비스를 계획하여 로봇 활용 서비스, 스마트 교육 서비스, 교통, 안전, 의료 등 다양한 분야에서 스마트도시 서비스 제공
	고양시	개방형 스마트도시 플랫폼을 활용하여 IoT 기반의 융·복합 서비스 제공
	인천경제자유구역	송도, 영종, 청라 3구역으로 나누어 스마트도시 서비스 구축

국내 세종시의 5-1 생활권 지역은 시설물에 대해 3차원 DB와 공간정보 플랫폼을 구축하고, 도시계획, 경관분석, 가상 시뮬레이션 등을 분석하여 다양한 스마트도시 사업에 활용할 계획이다(4차산업혁명위원회, 2018). 또한, 세종시는 한국전자통신연구원[ETRI]과 함께 도시 행정을 지원하기 위해 디지털 트윈 플랫폼 핵심기술을 개발하고, 2022년까지 프로토타입을 구축할 예정이다. 도시 행정을 지원하는 디지털 트윈 플랫폼에서는 인구, 상권, 교통, 환경 등에 대한 다양한

정보를 수집해 활용할 계획이며, 수집 정보를 기반으로 대규모의 도시 사회 모델을 시뮬레이션하여 도시 행정 및 정책 결정을 지원한다(임시영 등, 2018).

2018년 1월 스마트도시 국가시범도시로 선정된 부산 에코델타 스마트도시는 로봇 활용 서비스, 스마트 교육 서비스, 교통, 안전, 의료 등 전 분야에 걸쳐 스마트도시 거주자가 편리한 생활을 누릴 수 있도록 10대 혁신 서비스를 계획하고 있다. 10대 혁신 서비스에는 사회적 약자 생활권을 보호하기 위한 이동보조 로봇, 케어 로봇 서비스 개발, 증강현실을 이용한 도시 운영, 스마트 정수장 시설 설치, 도시통합 에너지 운영 등 다양한 서비스가 포함된다(https://www.kwater.or.kr/website/ecodeltacity.do).

고양시는 개방형 스마트도시 플랫폼을 활용하여 IoT 기반의 융·복합 서비스 발굴 및 시민 참여 거버넌스 체계를 구축하고, 지속가능한 IoT 융·복합 실증단지를 조성하는 것을 목표로 하고 있다. 이미 2016년 실증 서비스로 스마트 쓰레기 수거관리 서비스, 스마트도시 환경 서비스, 안심 주차 서비스를 시행했다. 2017년에는 스마트 수거관리 서비스, 스마트 클린 하우스, 스마트도시 환경 서비스의 고도화, 복합 환경 가로등, 주거환경 개선 스마트 방역 서비스, 스마트 환경 자전거 공유 서비스를 실증한 경험이 있다(www.smartcitygoyang.kr).

인천경제자유구역은 송도, 청라, 영종 3구역으로 구성된 스마트도시이다. 송도 구역은 비즈니스와 IT, 영종 구역은 물류 및 관광, 청라 구역은 업무, 금융, 관광 레저 첨단산업 분야 중심으로 성장 중에 있다. 인천경제자유구역은 특히 방범·방재 서비스가 우수한데, 범죄 발생 시 인천경제자유구역 관제센터에서는 이를 인지해 경찰서에 신고를 접수하고, U시티 관제센터 모니터에 화재가 감지되면 소방서에 신고가 접수된다. 이러한 연계 시스템이 도입되면서, 청라지구가 속한 인천시 서구의 범죄율이 2006년 대비 9% 감소하는 성과를 거두기도 했다(오병록 등, 2018). 〈그림 2〉와 같이 통합 플랫폼은 전자정부의 표준 프레임워크를 바탕으로 외부 유관기관 및 현장시설물과 실시간으로 연계되어 다양한 통합 서비스 제공이 쉽다는 것도 장점이다.

스마트관광도시는 관광요소와 기술요소의 융·복합으로 관광객에게 차별화된 경험, 편의, 서비스를 제공하고 축적되는 정보를 분석해 관광 콘텐츠와 기반을 지속해서 발전시키는 도시이다(문화체육관광

〈그림 2〉 인천 스마트시티 통합 플랫폼

출처: 인천 스마트시티 웹사이트.

부, 2020). 거주자들을 위한 도시의 스마트화가 스마트도시의 목적이라면, 스마트관광도시는 관광객들을 위한 도시 서비스의 스마트화에 초점이 맞추어져 있다. 그럼에도 불구하고 거주자와 관광객이 실제 이용하는 도시 인프라와 서비스가 유사해서 스마트도시와 스마트관광도시의 개념적 차이는 그리 크지 않다.

실제로 스마트도시를 추진하고 있는 20개 지자체에서 문화·관광·스포츠 서비스를 추진 중이다. 기존 도시 스마트화 확대 정책의 일환으로 2018년 김해, 2019년 부산 수영구는 관광 중심의 스마트도시로 성장하고 있으며, 향후 개발 예정인 지자체들도 관광을 중요한 서비스로 인식하고 있다(국토교통부, 2019). 더욱이 2020년부터 시작된 문화체육관광부의 스마트관광도시 시범사업이 스마트도시 선도지역인 인천에서 추진되는 것만 보더라도, 스마트관광도시는 스마트도시를 중심으로 개발 및 활성화될 가능성이 크다. 다만 추진 용이성을 차치하고라도 과연 스마트도시의 관광 서비스화와 관광도시의 스마트화 중 무엇이 더 바람직한 것인지에 대해서는 많은 고민이 필요할 것으로 보인다.

2. 스마트도시 인증제도와 스마트도시 서비스 인증제도

스마트도시가 도입될 당시, 국내에는 스마트도시 개발을 위한 관리 기준이 마련되어 있지 않았다. 이로 인해 2017년 기준, 190개 이상의 서로 다른 스마트도시 모델이 존재해 중복 투자, 스마트도시 서비스 간 호환성 등 다양한 문제가 발생하게 되었다. 무분별한 스마트도시 증가를 저지하고 정부 차원의 관리를 강화하기 위해서 스마트도시 인증제도의 필요성이 강조되어 왔다. 이에 정부와 학계에서는 인증제도 개발을 위한 다양한 연구 활동을 펼쳐왔고, 다양한 연구 성과를 창출해왔다. 이재용 등(2016)은 스마트도시 개념을 기반으로 스마트도시의 성숙도와 잠재력을 진단할 수 있는 모형을 제시했고, 조유정(2016)은 스마트도시 인덱스의 개발과 적용의 중요성에 대하여 강조했다. 이재용·이성원(2017)은 국내외 스마트도시 관련 진단지표를 세부적으로 검토하여 스마트도시 진단지표의 방향성과 효과적인 스마트도시 정책방안을 제시했다(〈표 2〉 참조). 연구자들이 노력한 결과, 〈표 3〉과 같이 2017년 9월 국토교통부에서는 스마트도시 사업을 추진할 때 정부로부터 적합성 평가를 받도록 하는 스마트도시 인증제도를 마련했다. 2017년 9월 기준 스마트도시 인증제도가 도입된 후에는 국내 스마트도시 인증지표에 대한 개선 방향, 표준화 개발에 관한 연구가 이루어지기 시작했다. 한선희 등(2018)은 국내 스마트도시 인증지표 검토를 기반으로 수요조사를 하여, 지표의 적합성 및 신뢰성을 검증했다. 또한, 표준화 개발에 관해 연구한 이정구(2019)는 국내 스마트도시 표준절차 및 기술 개발 가이드라인의 중요성을 제기했다.

스마트도시 인증제도는 스마트도시법에 따른 도입수준 및 정량적 지표평가, 광역 및 기초 지자체별 맞춤형 지원, 성공모델 확산 등을 위해 도입되었다. 스마트도시 인증제도의 개별 평가지표는 스마트도시 지원기관으로 지정된 국토연구원에서 개발했다. 평가지표와

〈표 2〉 스마트도시 인증 연구 동향

연구자	내용
이재용 외(2016)	글로벌 동향에 맞게 재해석한 스마트도시 개념을 기반으로 도시 성숙도와 잠재력을 진단할 수 있는 모형 제시
조유정(2016)	스마트도시의 국제적 선점을 위한 인덱스의 개발과 적용의 중요성 강조
이재용·이성원(2017)	국내외 스마트도시 관련 진단지표를 세부적으로 검토하여 도출한 진단지표를 실제 스마트도시에 적용
한선희 등(2018)	수요조사를 바탕으로 지표의 적합성 및 신뢰성 검증, 거버넌스와 제도 부문이 미흡하다는 것을 확인하고 제도 부문 개선 강조
이정구(2019)	국제표준화 기구들의 스마트도시 표준화 현황과 성능평가지표 표준을 검토하여 국내 스마트도시 표준절차 및 기술 개발 가이드라인 강조

〈표 3〉 스마트도시 인증제도 평가지표

대분류	중분류
혁신성	민간·시민 역량
	공공역량
	정보 공개 및 활용
거버넌스·제도	재원 조성
	추진 체계
	제도 기반
	참여 네트워크
서비스·기술 인프라	지능화 시설 및 서비스
	정보통신망
	도시통합 운영센터
	친환경기술 인프라

출처: 한선희 등, 2018.

관련된 자세한 내용은 〈표 3〉과 같다. 스마트도시 인증제도의 지표들은 정보시스템 운영 환경과 자치단체 간 시스템 연계 및 호환성을 고려한 객관화된 지표로 평가받고 있다. 더욱이 인증제도를 통해 스마트도시 수준을 측정하고 스마트도시의 성공 여부를 평가하는 데 활용될 수 있으므로 스마트도시의 발전을 위해 매우 중요한 요소이다. 스마트도시 인증제도는 정량평가와 정성평가로 나뉜다. 정량평가에서는 혁신성, 거버넌스·제도, 서비스·기술 인프라 등 3개 분야를 평가하며, 정성평가에서는 도시의 성장단계에 따라 착수 단계, 일부 요건 충족 단계, 요건 충족 단계, 발전 단계, 최적화 단계 등으로 구분하여 단계별 평가를 하고 있다. 정량·정성적 지표에 따라 5등급(A~E)으로 평가하여 C등급 이상일 경우, 스마트도시 인증을 부여하고 있다.

그러나 국내 스마트도시 인증제도의 평가지표는 수요자인 시민들의 관점보다는 관리자 중심으로 평가 요소가 구성되는 경향이 있다. 또한, 평가대상이 광범위하고 도시 인프라 자체에 대한 인증에 그치는 측면이 있다. 세부 평가지표인 공무원 전문성, 정보 공개 수준 및 데이터 연계 환경, 협의체 활동 건수, 스마트도시 계획 수립 여부, 해외기관 MOU 체결, 연간 집행 예산 마련 등 지나치게 행정적 요소들이 강하다. 스마트도시의 중심이 시민들임에도 불구하고 평가지표 대부분이 공급자나 관리자 중심으로 인증평가가 이루어진다면, 스마트도시에 대한 관리자들의 자체적인 평가는 높을 수 있어도 실제 시민들의 생각이 동일할지는 또 다른 문제이다.

스마트도시 인증제도가 광역 및 기초 지방자치단체를 대상으로 한다면, 스마트도시 내에서 제공되는 서비스를 대상으로 하는 스마트도시 서비스 인증제도가 존재한다. 스마트도시 서비스 인증제도

〈표 4〉 스마트도시 서비스 인증 평가지표

분야	내용
스마트도시 부합성	삶의 질 개선, 도시 경쟁력 제고(고용 창출 등), 지속가능성(운영관리 등)
성능 우수성	플랫폼 연동, 통신전송표준 채택 여부, 서비스의 목표 성능 달성 여부
운영 효율성	서비스 설치·운용 용이성, 장애 요인 제거방안, 데이터 보완 여부

출처: 국토교통부, 2019.

는 도시 공간에 스마트도시 서비스 및 기술이 적용될 때 해당 서비스의 스마트도시 부합성, 성능 우수성, 운영 효율성 등 3개 분야 11개 항목에 적합한지에 따라 국토교통부가 인증하는 제도이다. 스마트도시 서비스 인증제도의 평가 항목은 〈표 4〉와 같다. 인증대상은 스마트도시 서비스 개발사, 제공자 또는 운영·관리자이다. 인증방식은 총점 60점 이상일 경우 인증을 부여하고, 신규 서비스 도입 촉진, 기술변화 속도 등을 고려해 유효기간을 2년으로 제한하고 있다. 스마트도시 서비스 인증제도는 2020년 하반기부터 시행되고 있다. 인증을 취득한 지자체나 기관에 향후 국토교통부 공모사업 제안 시 가점을 부여하고, 우수 서비스 대상으로는 사례집 발간 등 인증 인센티브를 제공해나갈 예정이다.

해외의 경우 이러한 인증제도의 지표를 활용한 성과평가를 스마트도시 추진 성공요소로 규정하고 있으며, EU에서는 스마트도시 지표의 목표를 현 수준 모니터링, 타 도시와의 비교, 운영비 절감 등 스마트도시 개선방안 도출과 장기적 관점의 표준화에 적극적으로 활용하고 있다(한선희 등, 2018). 결국 스마트도시를 운영 및 관리하기

〈표 5〉 해외 스마트도시 인증 평가지표

지표명(기관)	목적
영국 스마트도시 지표 (UK Smart Cites I)	영국 내 대표 스마트도시와 기타 도시를 비교하여 평가
Navigant 스마트도시 지표 (Woods & Gartner)	스마트도시를 선도하는 도시와 기술적 우위, 스마트도시 관련 활동, 수주금액 등의 요소를 기반으로 평가
스마트도시 지표(INTELI)	리빙랩 도시를 운영한 데이터를 기반으로 비교 지표 제시
스마트도시 개발지수(IDC)	스마트도시를 기능별로 14개 항목으로 세분화하여 분야별로 평가한 뒤 스마트도시 최우수 프로젝트를 선별
유럽 스마트도시 지표(EU)	6대 핵심 요소(환경, 교통, 거버넌스, 경제, 인력자원, 생활)를 기반으로 핵심 속성 파악
스마트 지속가능 도시 지표 (ITU-T)	경제·사회·환경적 관점의 효율성과 국제표준화에 맞는 70여 개의 측정지표에 따라 평가
스마트도시 주요 지표 (Smart Cities Council)	EU에서 채택한 6대 핵심요소(환경, 교통, 거버넌스, 경제, 인력자원, 생활)를 기반으로 스마트도시의 핵심 속성 파악하여 평가
스마트도시 성과지표(IBM)	한정적 변수로 스마트도시의 핵심 속성 파악하여 평가
스웨덴(Easy Park Group)	교통, 지속가능성, 행정 등 7개 요소로 도시의 스마트 지수를 파악하여 평가

출처: 한선희 등, 2018; 이재용·이성원, 2017.

위해서는 스마트도시 및 서비스 인증제도의 역할이 매우 크다. 해외에서는 이미 협회 및 국제화 기구 등 국가와 기업 차원에서 스마트도시 인증제도가 활발히 적용되고 있다. 해외의 경우 관련 연구를 바탕으로 평가지표에 대한 논의가 오랜 시간 진행됐으며, 국내의 인증체계 도입을 위해서 많은 부분이 참조되었고, 앞으로도 지속적인 벤치마킹이 필요하다. 주목할 만한 부분은 자국 내 우수한 스마트도시를 기준으로 상대비교를 통한 인증을 추진하고 있고, 인증체계가 체계적으로 구축되어 있어 정량평가를 통한 평가의 객관성 확보를 위해 노력하고 있다는 점이다. 해외의 스마트도시 인증제도 현황은 〈표 5〉와 같다.

국내 스마트도시 인증 평가지표 중 IDC International Data Corporation 의 스마트도시 개발지수 Smart City Development Index 와 스웨덴 Easy Park Group 의 스마트도시 지수를 비교하면 〈표 6〉과 같다. 우리나라의 평가영역을 기준으로 비교했다. IDC는 IT 시장분석 및 컨설팅 기관으로서,

〈표 6〉 국내외 스마트도시 인증 평가지표 비교

구분	한국	IDC	Easy Park Group
혁신성	• 공무원 전문성 • 기업 고용 및 혁신성 • 정보 공개 수준 및 데이터 연계 환경	• 스마트도시 플랫폼 • 데이터 개방성	• 비즈니스 생태계 • 블록체인 생태계
거버넌스·제도	• 스마트도시 협의체 운영 및 조직 • 스마트도시 계획 및 조례 • 정책 네트워크 • 연간 집행 예산	• 스마트도시 관련 입법 • 도시계획 지역 설정 • 스마트 빌딩 투자 • 스마트 그리드 투자 • 시민 투표 • 도시 포털 구축	• 전자정부 • 도시계획 설정 • 스마트 빌딩 투자 • 인프라 투자 • 시민 투표 비율
서비스·기술 인프라	• ICT 기반 교통 체계 • ICT 기반 범죄 또는 재난 예방 안전 체계 • ICT 기반 행정 체계 • 스마트홈 • 이러닝 등 교육 체계 • ICT 기반 문화, 관광 체계 • ICT 기반 경제 체계 • ICT 기반 의료, 복지 체계 • 환경, 에너지 체계 • 유·무선 통신망 구축 • 에너지, 상·하수도, 대기의 질	• 공공 와이파이 설치 여부 • 스마트 워터 기술 • 스마트 파킹 및 지능형 교통 관리 여부 • 토지 활용 및 환경 에너지 관리 여부 • 전자학습 및 스마트 캠퍼스 • 관광, 예술 등 문화 공간 마련 • 원격 의료 • 사회 복지 체계 • 행정 체계 • 공공안전 및 재난 대응	• 와이파이, 4G LTE 여부 • 스마트 주차 앱 사용량 • 자동차 공유 서비스 수 • 교통 체증의 수준 • 대중교통 시민평가 • 재생가능 에너지 생산 비율 • 재활용률 • CO^2 배출량 및 환경 성과 • 개인용 컴퓨터 수 • IT 개발지수 • 사이버 보안지수
기타	• 도시통합운영센터 조직 및 규모	• IDC 분석가 평가 • IDC 국제 자문위원회 평가	• 1인당 GDP, 평균 연봉 • 전문가 평가

2015년도부터 매년 IDC Smart City Asia Pacific Awards^SCAPA^를 개최하여 운송, 공익사업, 스마트 빌딩, 검사, 도시계획 등 14개 분야별로 수상국을 선정하고 있다. 스웨덴 Easy Park Group은 전 세계 500개 도시를 교통, 지속가능성, 행정 등 총 24가지 요소로 구성된 스마트 지수로 평가하여 스마트도시 순위를 도출하고 있다. 국내 스마트도시 인증 평가지표는 해외 평가지표보다 다양한 분야에서 평가하고 있으며 기업의 고용 및 혁신성, 스마트도시 협의체 운영 및 조직, 도시통합운영센터 조직 및 규모 등 일부 차별화된 평가지표를 포함하고 있다.

반면에 광범위한 영역을 평가하다 보니 해외와 비교할 때 일부 구체성이 부족한 지표도 포함하고 있고, 행정 및 관리 중심의 지표 비율이 높아 스마트도시의 실제 성과를 평가하기에는 한계가 있다. 더욱이 '시민 생활수준', '시민 투표'와 같은 시민 관점의 요소와 기술 및 도시계획 전문가들의 평가인 '전문가 인식'에 대한 요소는 상대적으로 미흡하여, 실제 수요자나 전문가들의 의견이 충분히 반영될 수 있도록 개선이 필요하다.

3. 스마트관광도시 인증제도의 필요성과 향후 과제

최근 문화체육관광부와 한국관광공사는 관광객 방문이 잦은 특정 거리 대상으로 스마트관광 5대 요소(스마트 경험, 스마트 편의, 스마트 서비스, 스마트 모빌리티, 스마트 플랫폼)를 적용하기 위하여 2020년부터 '스마트관광도시 시범조성 사업'을 시작했다. 공모에는 총 21개의 지자체가 참여했으며 계획 적합성, 실현 가능성, 스마트관광 활성화 노력, 비즈니스 모델 구현 등을 기준으로 예비 후보지 3곳(인천, 속초, 수원)이 선정되었다. 그리고 서면평가와 발표평가를 거쳐 최종 대상지로 '스

〈표 7〉 스마트관광도시 시범조성 사업 최종 대상지 평가방법

평가 구분		평가 항목	배점	주요 세부 평가 항목
서면 평가 (60%)	사업수행 컨소시엄 역량	계획의 구체성과 실현가능성	10	• 사업계획의 구체화 및 실현가능성 • 연도별 추진계획의 구체성
		스마트관광 요소의 우수성	30	• 스마트관광도시 방문 관광객의 편의성을 위한 서비스 구성 적절성 및 실현가능성(연계성, 기술력 등)
		컨소시엄 운영 및 협업 우수성	20	• 컨소시엄 구성의 적정성 및 역할 분담/협업의 우수성 • 컨소시엄에서 제시하는 예산계획과 자부담 현금 비율의 적절성
	지속가능성 및 운영계획의 적절성	수익모델 우수성	20	• 제시하는 비즈니스 모델의 수익창출 방안의 구체성 • 컨소시엄 구성원 간 수익창출과 수익 공유에 대한 내용의 구체성
		운영계획 적절성	20	• 스마트관광도시 시범조성 완료 후 운영·관리 계획의 적절성
소계			100	
현장 평가 (40%)	스마트관광의 효과성		25	• 계획한 연계 서비스의 관광객, 지역 관광에 미치는 효과성
	컨소시엄 협업		25	• 시연을 위한 컨소시엄 구성원 간 역할과 책임, 협업의 적절성
	사업대상지 적정성		20	• 스마트관광 5대 요소 활용을 위한 사업대상지 적정성
	사업계획의 구현 적절성		30	• 사업계획 대비 실제 시연의 우수성
소계			100	
합계			100점	

출처: 한국관광공사, 2020.

마트한 19세기 제물포'를 내세운 인천광역시의 개항장 지역이 최종 확정되었다. 최종 대상지 선정과정에서는 서면평가와 현장평가가 종합적으로 이루어졌는데, 구체적인 평가항목 및 기준은 〈표 7〉과 같다.

최종 사업지로 선정된 인천광역시는 계획의 구체성, 실현가능성 및 사업계획의 구현 적절성 등 기술 구현 가능성 관련 평가 요소에서 높은 점수를 받은 것으로 나타났는데, 인천 지역의 스마트도시 인프라가 최종 선정에 영향을 준 것으로 보인다. 88억의 사업비를 투입하여 증강현실 기반 관광 콘텐츠, 비대면 간편 결제, 스마트 주문, 인공지능 기반 맞춤형 방문지 추천 서비스 등 다양한 스마트관광 특화 서비스를 제공할 예정이다. 기존 인천 지역의 스마트도시 인프라를 바탕으로 인천 개항장거리의 관광자원을 잘 융합한다면 인천은 대표적인 스마트관광도시로 성장할 것으로 기대된다(매일경제, 2020).

그러나 한편, 향후의 스마트관광도시를 선정하고 지원하는 데 있어서 과연 현재의 정책 방향을 유지할 것인지에 대한 고민은 필요해 보인다. 스마트관광도시 시범사업에서 강조되었던 부분은 스마트관광 5대 요소와 관광자원의 융합이었다. 이러한 접근이 바람직하나 스마트관광 5대 요소 대부분이 스마트도시 기술 및 인프라와 관련성이 높아, 도시를 선정하는 과정에서 자칫 주객이 전도되는 결과를 초래할 가능성이 있다.

물론 과거 여러 사례를 통해서 전통적인 관광자원에 기술을 더하기가 쉽지 않다는 것은 확인되었으나, 반대로 기술에 관광자원을 더하는 개념으로 접근한다면 오히려 더 큰 역효과를 초래할 수도 있다. 스마트도시를 중심으로 스마트관광도시가 형성될 수 있는데, 이

〈표 8〉 스마트관광과 연계요소

5대 요소	세부내용	연계 관광요소	연계 기술요소	핵심 가치
스마트 경험	최신기술(AR/VR/MR/홀로그램)을 활용해 자연문화, 역사 등 관광 매력 극대화	관광 콘텐츠	VR, AR, MR, 홀로그램 등	관광 매력
스마트 편의	편리한 체류를 위해 식당, 체험 등 정보를 실시간으로 알려주고 예약 및 결제 지원	관광 인프라	O2O, 디지털 사이니지 등	관광 일정 관리
스마트 서비스	다국어, 불편 신고, 짐 배송 등 관광지 현장의 불편에 대한 신속 대응	관광 지원 서비스	챗봇, 로보틱스 등	관광 품질 개선
스마트 모빌리티	공유자동차, 수요 대응형 자동차 등 도시 간 이동 및 퍼스널 모빌리티 등 도시 내 이용 가능한 2차 교통수단	관광 교통	공유플랫폼, 자율주행, MaaS 등	방문 범위 확대
스마트 플랫폼	스마트관광도시 내 다양한 서비스를 등록, 이용하며 그 기록을 수집 및 공유	관광정보	AI, Data Analytics 등	관광정보 공유

출처: 문화체육관광부, 2020.

는 결국 지역 관광자원의 도태를 초래할 수 있다. 이러한 결과를 초래하지 않도록 충분한 연구 및 논의가 필요하다. 단적인 예로 〈표 8〉과 같이 스마트관광 5대 요소를 효과적으로 구현할 수 있는 관광도시를 발굴한다고 가정했을 때, 과연 얼마나 많은 도시가 이를 충족할 수 있을지 또는 성공적으로 개발할 수 있을지는 의문이다. 예산 문제를 고려한다면 당연히 기존 인프라를 충족하고 있는 일부 도시를 중심으로 추진될 수밖에 없고, 결국 이는 오버투어리즘과 언더투어리즘 간 양극화를 초래하는 원인으로 작용할 수도 있다. 이러한 문제를 해결하기 위해서는 스마트관광도시를 선정하고 개발하는 데 있어서 보다 신중할 필요가 있다.

이러한 차원에서 스마트관광도시 인증제도는 스마트도시 및 서비스 인증제도처럼 스마트관광도시를 선정하고 관리할 수 있는 제도이다. 방법적인 측면에서는 스마트도시 서비스 인증의 한 분류로 관광 서비스를 인증하는 방법도 가능하고, 스마트도시 인증과는 별개로 독자적인 인증체계를 개발하는 것도 가능할 것이다. 또한, 기존의 업체 단위로 이루어지고 있는 관광품질인증제를 지역 단위로 확장하여 개발하거나 글로벌 인증과 연계해서 추진하는 것도 가능할 것으로 보인다.

다만 스마트관광도시를 선정하고 개발해 나감에 있어서 기술과 관광 콘텐츠, 나아가 도시와 관광의 비중을 어떻게 두고 평가할 것인지에 대한 더 많은 논의가 이루어져야 한다. 스마트관광도시가 '스마트', '관광', '도시'라는 3개의 거대한 개념이 융합된 개념인 만큼, 각각의 개념이 의미하고 지향하고자 하는 방향이 명확하지 않다면 스마트관광도시의 차별성은 크지 않을 수 있다. 또한 스마트도시를 추진하는 국토교통부와 스마트관광을 추진하는 문화관광부가 서로 협력해야 한다. 복잡하게 얽혀 있는 관련 법에 대한 정비를 통해 스마트관광도시의 진흥 기반을 굳건히 하는 노력도 필요하다.

전 세계적으로 심각해지는 도시문제와 환경문제를 해결하고 더욱 윤택한 삶을 살려는 욕구를 해결하고자 하는 것이 스마트도시이다. 과거 건설·정보통신산업의 발전을 목표로 수직적인 데이터 통합과 폐쇄적인 플랫폼을 추구했다면, 이제는 도시문제 해결, 혁신 생태계 육성을 목표로 다자간·양방향 정보와 확장된 개방형 플랫폼을 추구하고 있다. 스마트도시는 도시경쟁력을 회복시켜줄 뿐만 아니라 새로운 관광자원 개발과 서비스 인프라를 구축하는 데 크게 기여할 수 있을 것으로 기대된다. 스마트도시의 수요를 반영하지 않은 공급자 중심의 추진은 시민 체감도를 저하시킬 수 있으므로, 스마트관광도시를 개발할 때 실제 수요자인 관광객과 도시에 거주하는 거주자들의 관점을 반드시 고려할 필요가 있다.

스마트관광도시 발전을 위해 필요한 제도적 기반은 무엇인가[1]

김도승 _목포대학교 법학과

1. 관광과 일상의 스마트한 변화, 스마트관광

1) 지능정보기술의 발달과 스마트관광

인공지능, 빅데이터, 사물인터넷 등 지능정보기술로 촉발된 4차 산업혁명은 관광 영역에도 막대한 영향을 미치고 있으며, 지능정보기술은 관광의 새로운 변화를 견인하고 있다. 정보통신기술이 발전하고 스마트폰이 널리 보급되면서 사람들은 수시로 인터넷에 접속해 언제나 원하는 정보를 검색하고 공유·활용할 수 있게 되었다. 스마트 기술은 네트워크와 연결되어 사용자가 기능을 확장하고 재구성

1 본 내용은 정남호·김도승(2021)의 "스마트관광도시 발전을 위한 공법적 과제"의 내용을 재구성한 것이다.

하며, 사물과 사물을 네트워크로 연결하여 사람이 직접 개입할 필요성을 획기적으로 줄여준다. 여행은 주로 일상적인 장소나 환경으로부터 이탈해 새로운 흥미나 편의를 즐기는 것이므로, 장소의 환경적 이탈에 따른 이질성을 갖게 된다. 따라서 관광객이 여행을 위해 관광지 정보에 접근하고 활용할 수 있는 능력은 곧 여행의 편의나 안전성, 경험의 다양성 등 관광의 가치를 결정짓는 요소와 직결된다.

'스마트관광'은 기존의 관광 개념에 정보통신기술, 지능정보기술 등 스마트 기술을 접목한 것이다. 이는 스마트 기술의 발달로 언제나 휴대 가능한 스마트 기기가 우리 생활에 활용됨으로써 이루어지는 자연스러운 현상이기도 하다. 관광객의 자율성을 높여주기 위해서는 무엇보다 접근성을 높일 필요가 있는데, 여기에 다양한 스마트 기술이 접목되어 이를 실현한다. 이제 여행을 떠나기에 앞서 스마트폰을 통해 내 손안에서 여행지를 검색하고, 교통과 숙박시설을 예약하는 것은 너무나 평범한 일상이 되었다. 누구나 다양한 온라인 플랫폼을 통해 관광 명소의 할인 쿠폰을 얻거나 맛집을 편하게 이용하는 노하우를 전수받을 수 있다. 그뿐만 아니라 이제는 단순히 내가 경험하는 것이 아니라 내 경험을 공유하는 게 더 중요해졌다. 소위 인스타그래머블 장소에 가서 온라인으로 경험을 공유하는 행위야말로 관광의 백미가 된 것이다. 인스타그래머블이란 '인스타그램Instagram'과 '할 수 있는-able'의 합성어로 '인스타그램에 올릴 만한'이라는 뜻인데, 관광은 이제 인스타그래머블 스폿을 찍어 SNS에 올리면서 완성된다는 점을 상징적으로 보여준다. 이처럼 스마트 기술은 관광의 시작과 과정은 물론 그 마무리까지 필수적인 기반이 되고 있다.

2) 코로나 팬데믹이 가져온 급격한 변화와 수용

최근에는 코로나 팬데믹 상황으로 기업과 소비자 모두 급격한 경기 심리 위축을 경험하고 있는데, 특히 관광산업은 매우 심각한 타격을 입고 있다(최식원, 2020). 감염 위험으로 대외 활동 자체가 금기시되는 상황에서 관광의 위축은 자연스러운 귀결이지만, 이러한 미증유의 상황에서 스마트 기술을 활용한 스마트관광은 팬데믹 시대 관광의 새로운 대안으로 또 다른 가능성을 열어주고 있다. 관광 영역에서 비대면 서비스를 선호하는 경향이 높아지고, 관광객은 관광지 정보에 매우 민감하게 반응하여 청결, 위생, 안전에 대한 신뢰와 확신이 관광지 선택의 중요한 요인이 되고 있다. 무엇보다 이러한 정보가 온라인을 통해 시시각각 매우 신속하고 정확한 방식으로 '스마트하게' 전해져야 함은 물론이다. 상대적으로 사람이 붐비지 않고 조용하게 풍경을 즐길 수 있는 관광지에 대한 선호도가 높아지고 있다. 이에 따라 기존의 단체 패키지 관광보다 가족 또는 개인화된 개별 관광에 대한 욕구가 커지고, 이를 온라인 플랫폼 서비스와 연계하여 제공하는 형태가 더욱 주목받고 있다. 빅데이터를 활용해 관광객의 개별 욕구를 충족하기 위한 차별화된 서비스를 고안하고, 관광객의 동선을 분석해 적정 분산할 수 있을 것이다. 키오스크Kiosk를 활용한 호텔 셀프 체크인, 인공지능 기반의 지능화된 호텔 서비스, VR·AR을 통한 관광과 쇼핑 등 비대면 기술을 기반으로 한 관광 서비스에 대한 수요와 선호도가 코로나19로 인해 급격하게 증가할 것이다. 코로나 팬데믹 상황에서 스마트관광의 주요 요소인 경험, 편의, 서비스, 이동수단(모빌리티), 온라인 플랫폼 등의 가치를 관광객이 경험하게 되고, 짧은 기간 내 스마트관광에 대한 수용성이 높아지는 계기가 될 것으로 전망된다. 이제 스마트관광은 하나의 유형이 아닌 관광의 기본이 되어가고 있다.

3) 스마트관광도시에서 누리는 스마트관광

스마트관광도시는 도시 거주민과 관광객의 조화로운 삶을 지향하는 개념으로, 주민의 삶과 관련된 공공 시스템을 관광객을 위한 환경으로 확장 또는 변환하고, 이를 통해 관광객이 스마트도시의 기능을 관광 목적에 최적화하여 사용할 수 있도록 조성한 도시를 의미한다(정남호·구철모, 2020). 이처럼 스마트관광도시는 스마트관광이 지속가능한 성장을 하기 위한 물리적 기반이자 도시 거주민과 관광객이 상호 소통하고 조화롭게 누리는 관계망으로 상호 연계된다. 또한, 내용적 측면에서 스마트관광도시는 관광요소와 기술요소의 융·복합으로 관광객에게 차별화된 경험, 편의, 서비스를 제공하고 축적되는 정보를 분석해 관광 콘텐츠와 기반을 지속해서 발전시키는 도시이다. 따라서 관광지에서 스마트한 방식, 스마트한 경험을 누리는 스마트관광이 가능하기 위해서는 도시의 기능이 스마트해져야 한다. 이는 결국 스마트도시의 발전이 스마트관광의 기반이 된다는 점을 의미한다. 스마트도시란 ICT 기술과 건축·토목 기술 및 도시 인프라를 결합하여 도시화 문제를 해결하고 삶의 질을 높이는 지속가능한 도시라고 설명할 수 있다(한국정보화진흥원, 2016). 스마트도시는 기존 도시의 시스템에 데이터의 연계·활용을 통한 지능정보기술을 접목하여 교통 혼잡, 에너지 부족, 환경오염 등 도시문제를 해결하고 도시 운영을 효율화하는 것이다. 이러한 스마트도시가 기존 도시와 차별화되는 점은 '데이터의 활용'이다. 상호 연결된 도시 네트워크를 통해 다양한 데이터가 표준화된 형태로 수집·공유된다. 이러한 데이터 분석을 통해 도시의 문제점을 해결하는 데 기여하고 지능화된 다양한 서비스를 활성화한다. 즉 데이터 기반의 지능화된 인프라는 도시를 운영하는 공적 주체가 환경오염, 교통체증, 질서 위반, 범죄 등 도시문제를 파악하고 이를 스마트하게 해결하는 데 기여한다. 스마트도시에서 기업은 개별화된 소비자의 욕구를 신속하게 파악하고, 다양한 상업 활동에서 지능화된 서비스를 활용하고 제공한다. 일례로 도시 환경을 풍요롭게 누리기 위한 일상의 모빌리티에도 활용될 수 있다. 주차시설을 관리할 때도 스마트 서비스 제공을 비롯해 자율주행차량, 스마트 대중교통망, 스마트 대중교통 정류장smart public transport stops, 공유 모빌리티 등 스마트 모빌리티smart mobility를 통해 교통 체증이나 주차난과 같은 도시문제를 해결할 수 있다. 또한, 공유 모빌리티를 비롯해 수집된 교통 데이터를 기반으로 새로운 서비스를 창출하며, 시민은 지능화된 교통 인프라를 통해 삶의 질이 향상되는 경험을 누리게 된다. 스마트도시에는 데이터와 지능화된 정보기술로 진화한 스마트한 정부, 스마트한 환경과 물적 기반, 스마트한 시민, 그리고 빅데이터와 정보기술을 경제활동과 매개하는 스마트한 경제가 존재한다. 이처럼 스마트도시는 지능화된 정보통신기술이 도시의 행정·빌딩·인프라·문화·의료 등 다양한 분야와 결합해 삶의 질을 추구하는 미래형 도시이다. 이러한 도시의 기능은 시민뿐만 아니라 도시를 방문하는 관광객에게도 중요한 수단이자 매력적인 요소로 활용된다. 더욱이 코로나 팬데믹을 경험하고 있는 최근의 상황에서 스마트도시의 지능화된 서비스는 이제 21세기 관광을 위한 선택이 아닌 필수가 되고 있다.

2. 스마트관광도시 기반과 법적 쟁점들

1) 스마트관광도시에 대한 제도적 조망

스마트관광이란 최첨단 정보통신기술을 관광에 접목하여 실시간 소통 및 위치정보를 기반으로 내·외국인 관광객에게 실시간·맞춤형 서비스를 제공하는 것을 의미하며, 관광 콘텐츠 생태계와 산업구조 혁신을 통해 고부가가치를 창출하는 차세대 관광이다(이정희·김홍민·안택균, 2012). 코로나 팬데믹으로 관광산업 자체가 위축되고 있으나 안전을 중시하는 근교 중심의 개별 여행 트렌드가 부상하고, ICT 기술이 접목된 간접 체험 방식의 여행 서비스가 확산되고 있다. 이러한 스마트관광을 가능하게 하는 유력한 기반이 바로 스마트도시이다. 스마트도시는 인공지능, 빅데이터, AR·VR 기술, 사물인터넷 등 스마트 기술과 공유경제를 비롯한 다양한 스마트 경제활동을 통해 구현된다. 스마트관광과 스마트도시가 기존의 관광이나 도시와 차별화되는 근본적인 차이는 바로 '데이터data'이다. 그리고 스마트관광도시의 핵심 요소인 '스마트smart'는 수집된 데이터를 단순히 연결하는 게 아니라 데이터를 공유 및 분석하여 새로운 기회와 가치를 창출하는 것을 의미한다. 방대하게 수집·분석된 '빅데이터big data'는 인공지능을 비롯해 사물인터넷, 클라우드 컴퓨팅 등 지능정보기술을 통해 차별화된 서비스를 제공한다.

스마트 기기의 보편화와 정보통신기술의 발전으로 관광산업은 스마트관광으로 빠르게 진화하고 있다. 스마트관광은 스마트도시 안에서 정보의 축적과 공유를 통해 상당한 부가가치를 창출하는 신성장 산업으로 주목받고 있다. 이에 각국 정부는 이러한 스마트관광도시를 가능하게 하는 스마트 기술의 개발과 활용을 지원할 뿐만 아니라 그러한 기술을 기반으로 하는 다양한 서비스의 법·제도적 근거를 마련하는 한편, 그 역기능을 방지하기 위한 법적 장치도 마련하고 있다. 여기서는 스마트관광을 구성하는 다양한 기술과 경제활동에 관하여 데이터의 활용 이슈를 중심으로 제도적 현상을 조망하고, 스마트관광도시의 발전을 위한 과제를 살펴본다.

2) 관광 데이터의 안전한 이용을 위한 기반 조성

기존의 관광 내지 도시와 스마트관광도시의 차별성은 바로 '데이터'의 활용에 있다. 관광지에서 수집되는 관광객의 교통·이동 데이터, 쇼핑, 기타 소비 데이터 등 다양한 데이터를 이용해 관광객의 니즈를 충족하는 새로운 관광 서비스를 개발하고 관광지를 발굴한다. 또한, 기상 데이터와 재해, 전염병 등 여행지 위험 데이터 등을 수집·분석하여 여행에 위험을 미칠 수 있는 패턴이나 정보를 구체적으로 제공하는 것도 가능하다. 일례로 한국관광공사는 각 지자체별 축제를 구분하고 유동인구와 매출 등에 대해 성/연령별, 시간대별, 유입지역별, 업종일별 매출, 결제 건수 등 데이터를 분석하여 광역시·도별 관광객들의 강세지역과 약세지역을 분류하고 그 원인을 분석했다. 이를 통해 방문객들이 선호하는 행사의 내용과 특성을 파악할 수 있었으며, 다음 연도 축제를 효율적으로 운영하는 기초자료로 확보할 수 있었다(윤종식, 2018).

데이터의 활용과 관련하여 법적 측면에서 직접적인 장애요인은 개인정보 보호와의 충돌이라 할 수 있다. 캐나다 정부가 추진하던 스마트도시의 일환으로 구글이 도시개발 자회사 '사이드워크 랩스 Sidewalk Labs'를 통해 토론토의 워터프론트를 세계 최초의 스마트도시로 탈바꿈시킨다는 퀘이사이드Quayside 프로젝트에 관하여, 캐나다 자유인권협회는 개인정보 및 사생활 침해를 들어 계약무효 소송을 제기했다. 프라이버시 옹호자들의 거센 비난의 대상이 되었던 이 프로젝트는 결국 무산되었다(시사위크, 2020). 물론 구글의 사업 철회에는 코로나 팬데믹으로 인한 경기 침체와 예측 불가능성이 주요 원인으로 지목되었지만, 시작부터 줄곧 개인정보 유출과 프라이버시 침해 문제를 둘러싸고 찬반양론이 극한으로 대립된 개인정보 보호 이슈가 중대한 걸림돌이었음을 부정할 수 없다.

관광과 관련하여 처리되는 데이터가 모두 '개인정보'라고 단정하기는 어렵지만, 현행 「개인정보보호법」상 개인정보의 개념(「개인정보보호법」 제2조 제1호)이 광범위하고, 스마트관광도시의 특성상 수집된 데이터가 개별적으로는 개인정보에 해당하지 않더라도 '다른 정보와 쉽게 결합하여 특정 개인을 식별할 수 있는 정보'로서 개인정보에 해당할 가능성이 클 것이라는 점에 비추어볼 때 데이터의 상당수는 개인정보에 해당할 것이다. 개인정보와 관계없는 데이터의 경우 상대적으로 큰 어려움 없이 데이터 결합을 통한 가치 창출이 이루어지고 있으나, 개인을 식별할 수 있는 개인정보가 그렇지 않은 정보('익명정보' 등)에 비하여 활용도나 추가적인 가치가 높을 것이라는 점은 어렵지 않게 예상된다. 따라서 스마트관광도시의 활성화를 위한 데이터 처리의 핵심 쟁점은 바로 '개인정보의 적법한 처리'에 있다. 무엇보다 많은 데이터가 「개인정보보호법」 규제로 이동과 결합이 제한되고 있는 현실에서 개인정보 수집·활용·제공 등에 대한 사전동의 원칙의 예외를 현실적인 수준으로 설정함으로써 데이터 양을 확대할 필요가 있다. 이와 관련하여 유럽연합은 2018년 5월부터 「일반개인정보보호규정(GDPR)」을 시행하면서 가명 처리된 개인정보를 공익·연구·통계의 목적으로 사용할 때는 정보 주체의 동의 없이도 빅데이터를 분석할 수 있도록 규정했다. 우리나라는 이른바 데이터3법 개정으로 2020년 8월 5일에 시행된 「개인정보보호법」에서 개인정보 중 정보 주체를 식별할 수 있게 하는 일부 정보를 삭제하거나 대체함으로써 추가정보 없이는 정보 주체를 알아볼 수 없도록 '가명 처리'한 개인정보를 '가명정보'로 규정하고 그 활용기준을 제시함으로써 빅데이터의 활용을 위한 입법적 전기를 마련했다. 가명정보는 정보 주체 보호와 정보의 활용을 절충하기 위해 도입된 개념이다. 식별가능성이 완전히 제거된 '익명정보'가 정보 업데이트나 정보 간 결합이 불가능하여 활용도가 현저히 낮다는 점을 고려할 때, 가명정보는 정보의 활용 가치 측면에서는 익명정보보다 유용하다는 평가를 받는다. 이러한 '가명정보'에 대해 개인정보 처리자는 통계 작성, 과학적 연구, 공익적 기록 보존 등을 위하여 정보 주체의 동의 없이 가명

정보를 처리할 수 있기 때문에 관광 빅데이터의 활용에 있어서도 중요한 활용 근거가 된다. 여기서 '통계 작성'에는 시장조사와 같은 상업적 목적의 통계 처리도 포함된다. 또한, '과학적 연구'는 기술의 개발과 실증, 기초연구, 응용연구뿐만 아니라 새로운 기술·제품·서비스 개발 등 산업적 목적을 위해서도 수행할 수 있으며, 민간 투자 연구, 기업 등이 수행하는 연구도 가능하다. 가명정보에 대한 파기의무 불분명, 가명 처리된 '민감정보'의 '상업적 활용'에 대해서는 우려와 반발이 제기되는 등 가명정보에 대해 여전히 논란이 남아 있지만, 관광 빅데이터 활용에 있어 유력한 근거로 활용될 것임은 분명하다. 실제로 금융권 가명정보 결합의 첫 사례로 신한카드와 SK텔레콤이 금융보안원을 통해 '부산시 여행객 소비패턴'을 위한 가명정보의 결합을 추진한 것으로 알려져 있으며, 이를 통해 부산시 여행객들의 소비패턴과 모바일 이용행태가 합쳐진 결합 데이터가 나올 것으로 기대된다(조선일보, 2020). 아울러 '가명정보'의 결합은 '보호위원회 또는 관계 중앙행정기관의 장이 지정하는 전문기관'으로 제한하고 있으므로(「개인정보보호법」 제28조의3), 관광 분야에 특화된 다양한 전문기관이 결합기관으로 지정·육성되는 것도 중요하다. 요컨대, 스마트관광도시의 발전을 위해 정부와 민간이 협력하여 적극적으로 데이터를 발굴하고 스마트도시 데이터 활용에 관한 다양한 이용 사례를 발굴함으로써, 관광 빅데이터 활용을 통한 공익적·사회적 가치를 창출하기 위해 계속 노력해야 한다.

3) 관광 공공데이터의 개방과 활용

'공공데이터'란 데이터베이스, 전자화된 파일 등 공공기관이 법령 등에서 정하는 목적을 위해 생성·취득하여 관리하는, 광光 또는 전자적 방식으로 처리된 자료나 정보를 말한다. 공공데이터는 그 자체로도 중요하고 다른 데이터와 결합될 가능성도 커 빅데이터 활용의 촉매제가 될 수 있으므로 관광 분야 공공데이터 개방의 질과 양을 개선하는 것이 중요하다(정준화, 2018). 우리나라는 경제협력개발기구OECD가 OECD 공공데이터 지수Open-Useful-Reusable, OUR data Index에 기초해 2년마다 실시하는 '공공데이터 평가'에서 2015년, 2017년, 2019년 3년 연속 1위로 평가받을 정도로 공공데이터 선진국이다. 따라서 스마트관광을 위한 빅데이터 활용 및 지능정보 서비스 개발을 위한 중요한 자산으로 관광 분야 공공데이터에 주목할 필요가 있다.

공공데이터 개방 모범국가로 평가되는 우리나라는 공공데이터의 이용 활성화를 위해 별도의 법률을 두고 있는데, 바로 2013년 제정된 「공공데이터의 제공 및 이용 활성화에 관한 법률」(이하 「공공데이터법」)이다. 「공공데이터법」은 공공데이터의 민간 활용을 촉진하려는 거버넌스를 구축하기 위해 마련된 것이다. 공공기관에 공공데이터 제공 의무를 부과하여 공공데이터의 민간 제공과 이용 활성화를 지원할 수 있는 법적 근거를 부여하는 것이 주된 내용이다. 과거 공공데이터와 관련하여 「정보공개법」, 「국가정보화기본법」, 「전자정부법」 등의 법률과 기상·통계·위치 등의 정보 등 분야별로 다양한 개별 법령이 있었지만, 구체적인 정보 제공 절차와 방법이 규정되어 있지 않아 선언적으로 운용되는 데 불과했다. 지방자치단체나 공공기관에서 소관사무에 관한 정보를 데이터화하여 대외적으로 제공해오고 있었으나 원천데이터raw data는 공개하지 않아서 데이터 활용이 제한적이었다. 「정보공개법」에서도 공공기관이 보유·관리하는 원천데이터를 공개청구대상에서 제외했다. 이는 민간이 방대하게 축적된 공공데이터를 활용할 수 있는 제도적 기반이 없어 스마트 산업의 발전에 장애가 되고 있다는 인식에서 비롯된 것이다. 이에 따라 정부의 공공정보 개방 및 민간 활용을 총괄적으로 뒷받침할 수 있는 법적 근거를 마련하기 위하여 「공공데이터법」이 제정되었다.

개방되는 공공데이터의 대표적인 형태로 '데이터베이스'와 '전자화된 파일'을 꼽을 수 있다. 데이터베이스란 각 기관이 생성·취득한 텍스트, 수치, 이미지, 동영상, 오디오 등 다양한 형태의 데이터를 테이블table 형식으로 구조화하여 데이터베이스 시스템Database Management System으로 관리하는 것을 말한다. 버스 운행정보 DB, 기상관측 DB, 공간 정보 DB 등이 대표적 형태이다. 「공공데이터법」은 공공데이터의 이용권 보장과 민간 활용 촉진을 위한 거버넌스를 규율하기 위한 것으로 공공데이터의 민간 제공 기준과 절차, 방법 등을 규정하고 있다. 이에 따라 공공기관은 원칙적으로 보유·관리하고 있는 공공데이터를 민간에 제공해야 한다(법 제17조 제1항 본문). 먼저, '공공기관'은 누구든지 공공데이터를 편리하게 이용할 수 있도록 노력함과 동시에 이용권의 보편적 확대를 위하여 필요한 조치를 취할 의무가 있고(법 제3조 제1항), 공공데이터에 관한 국민의 접근과 이용에 있어서 평등의 원칙을 보장해야 하며(법 제3조 제2항), 공개된 공공데이터의 이용을 저해하지 않아야 한다(법 제3조 제3항).

「공공데이터법」에는 '공공기관의 민간 유사·중복 서비스 개발 금지'가 선언되어 있는데, 정부가 민간과 유사한 서비스를 직접 제공함으로써 기업의 창업 의욕을 저해하고 창업기업의 성장을 막는다는 지적에 따라 지난 2016년 「공공데이터법」 개정 시 신설되었다(법 제15조의2·제15조의3). 그 결과 정부는 원천데이터를 제공하고 민간이 창업과 서비스를 개발하는 것으로 각자의 역할이 명확히 구분되었다. 또한, 행정안전부장관이 주기적인 실태조사를 실시한 후, 조사결과에 대한 전략위원회의 개선·시정 의결사항을 권고하도록 규정함으로써 민간 유사·중복 서비스 정비가 정례화되었다. 한편 민간 유사·중복 서비스 정비 기준은 원칙적으로 공공기관에서 제공하는 서비스의 공공데이터 활용 여부, 서비스의 공공성, 민간 서비스와의 중복·유사성, 민간 대체성 등을 종합적으로 고려한다. 여기서 1차적으로 공공데이터 활용 여부, 서비스의 공공성 여부 등을 우선적으로 반영하고, 2차적으로 중복 유사성, 민간 서비스 대체 가능성 및 기존 정비 선례 기준 등을 참작하여 정하게 된다. 다만, 공공데이터를 활용하지 않는 경우, 다른 법령에 명백한 서비스 제공 규정이 존재하는 경우, 국가 안보·외교·국방 등 민간이 제공할 수 없는 정부 고유 서비스인 경우, 민간이 제공하는 것이 부적절한 공공 서비스에 해당하는 경우 등은 정비대상에서 제외된다. 민간 유사·중복 서비스 개발 금지 조항은 관광 분야와 인연이 깊다. 민간 유사·중복 서비스를 조사해서 시정하는 과정에서 각 지방자치단체가 제작한 수많은 관광 홈페이지와 앱이 정비의 대상이 되었기 때문이다. '서울시 한강공원', '서울 여행의 모든 것' 등 지방자치단체 차원에서 제작·배포

했던 공공 앱이 공공데이터를 활용한 민간의 서비스와 유사·중복된다는 이유로 정비되었다. 스마트관광의 모범적인 사례로 꼽히던 것이 갑자기 정비되어야 할 문제아가 되어버린 셈이기 때문에 초기에는 상당한 진통과 저항이 있었다. 하지만 이 제도는 공공데이터의 생성과 확산을 위해 국가는 원 데이터의 생산과 관리에 집중하고, 주로 민간에서 이를 통한 가치 창출을 하도록 하기 위해 공공기관의 서비스를 개선(폐지, 중복 제거, 기술 이전, 상생 협력 등)하려는 것이다. 즉, 데이터 경제 시대를 맞아 국가의 역할과 책임을 보다 명확하게 하기 위한 것이다. 또한, 공공데이터의 민간 활용을 적극적으로 촉진하기 위한 법의 도입 취지를 고려하여 특별히 공공데이터의 영리적 이용을 금지하거나 제한하는 것을 명문으로 금지했다(법 제3조 제4항). 아울러 공공기관이 개방에 따른 사후책임을 염려하여 데이터 제공 요구에 소극적으로 대처하는 것을 막기 위해, 공공데이터의 제공 직무를 성실히 수행한 공무원과 공공기관의 임·직원이 데이터의 품질, 목록의 제외 등으로 발생한 손해에 대하여 민·형사상의 책임을 지지 않도록 제도적으로 보장하고 있다(법 제36조 제1항).

관광 분야에서 공공데이터를 활용한 사례로는, 한국관광공사와 한국환경공단의 오픈 API를 활용하여 춘천 여행에 대한 정보를 제공한 '춘천 관광 요람', 한국관광공사의 오픈 API를 활용하여 전국의 축제 정보를 제공하는 'KRFESTIVAL', 부산광역시를 비롯한 여러 기관의 오픈 API를 활용하여 부산의 생활 및 관광정보를 제공하는 '부산모아', 한국관광공사의 공공 API를 활용하여 전통가옥에 대한 정보를 제공하는 '옛집 투어' 등이 있다. 또한, 신체적 제약 때문에 관광

활동이 자유롭지 못한 장애인은 물론 노약자, 어린이, 임산부 등 다양한 관광 약자를 대상으로 한국관광공사의 공공 API를 활용해 무장애 여행정보를 제공하는 '무장애 여행 ver. 대구', 행정안전부, 전국 지자체 같은 여러 기관의 공공데이터를 활용하여 VR로 맛집, 교통 등 관광지역의 정보를 전달해주는 'VR 관광 서비스' 등 다양한 서비스가 있다(공공데이터 포털(data.go.kr) 참조).

공공데이터와 관련해서는 무엇보다 활용 가능한 데이터의 양을 확대하고, 현재 개방된 데이터의 실질적인 활용도를 높여 개선하려는 노력이 병행되어야 한다. 이를 위해 향후 국가 중점데이터의 제공기관 수와 제공 분야를 확대하여 보다 적극적으로 개방하려는 노력을 기울여야 할 것이다. 데이터의 활용가치가 높은 오픈 API 방식은 물론 데이터의 가공과 편집을 자유롭게 할 수 있는 오픈 포맷 방식을 더 늘릴 필요가 있다. 또한, 국민 생활 밀착형 공공데이터를 보다 적극적으로 발굴하여 개방해야 한다. 특히 데이터 유형, 파일 형식, 제공 방식 등을 수요자 중심으로 전환함과 아울러 개방된 데이터에 대한 메타데이터meta data를 체계적으로 구축하여 어디에 어떤 데이터가 있는지 수요자가 더욱 편리하게 알 수 있게 함으로써 그 활용도를 높여야 한다.

4) 공유경제 서비스에 대한 특화된 규율체계 마련

'공유경제'란 플랫폼 등을 활용해 자산·서비스를 타인과 공유함으로써 효율성을 높이는 경제 모델이다. 개인, 기업, 공공기관 등이 유휴자원을 일시적으로 공유하는 활동도 공유경제에 포함된다. 이러한 공유경제에 대한 평가는 긍정적 평가와 부정적(회의적) 평가로 갈린다. 긍정적으로 보는 견해는 공급자가 유휴자원을 사용하여 수입을 늘릴 수 있고, 노동시간이 탄력적이라 복지의 기회가 증가한다는 점을 공유경제의 장점으로 본다. 그뿐 아니라, 유휴자원을 활용해 자원의 효율성을 극대화하고 탄소를 배출할 수 있어 환경문제에 유익하다고 평가한다. 이에 반해 공유경제를 부정적으로 보는 견해는 공유경제 기업 중 이익추구형 플랫폼이 혁신적인 기술을 사용하고 있을지언정 실제로는 거대 ICT 플랫폼으로서 전통적 자본주의 기업과 속성에 있어 변함이 없다고 본다. 또한, 전통적 비즈니스와 동일한 시장을 두고 갈등과 경쟁이 초래되어 사회적 비용을 발생시키며, 소비자 안전, 노동력의 부당한 이용, 과세권 약화 등 적지 않은 문제를 야기한다고 비판한다(이성엽, 2016). 엇갈린 평가 속에서도 4차 산업혁명으로 공유경제가 확대되면서 미래의 서비스 경제는 공유와 경험에 가치를 두는 이른바 '경험경제'로 진화할 것이라는 평가가 주를 이룬다. 그 대표적인 분야가 바로 관광산업이다. 대표적인 공유경제 서비스로 숙박 공유 서비스인 '에어비앤비'와 차량 공유 서비스인 '우버'가 손꼽힌다. 이러한 숙박과 교통은 관광 선택에 있어 필수적인 고려요소임은 물론이다.

빈방을 이용한 숙박 서비스로 공급자-수요자를 연결하는 '에어비앤비' 플랫폼은 전 세계적으로 자리 잡은 대표적 사례이다. 최신 정보기술을 관광 분야에 적용해 관광객이 숙박, 교통 또는 플랫폼 서비스를 경험하고, 기존의 환대산업과 여행업을 통합해 이것을 지능화하고자 하는 스마트관광과 공유경제 서비스가 매우 밀접한 관련이 있다는 점은 분명하다. 우리나라에서도 공유숙박, 공유오피스, 공유주방, 승차공유(모빌리티), 취미공유 플랫폼까지 다양한 공유경제 서비스가 늘어나고 있다.

먼저 차량공유 서비스와 관련해서, 우리나라에서 우버, 카카오 카풀 등의 서비스를 둘러싸고 발생했던 갈등은 그야말로 극 대 극의 대치였다. 2014년 8월 '우버'가 렌터카 업체와 파트너 계약을 맺고 국내 사업을 시작했다가 「여객자동차운수사업법」 위반으로 처벌받으면서 서비스가 중단된 바 있다. 당시 「여객자동차운수사업법」은 자동차 대여 사업자의 사업용 자동차를 임차한 자는 그 자동차를 유상으로 운송에 사용하거나 다시 남에게 대여하여서는 아니 되며, 누구든지 이를 알선하여서는 아니 된다고 규정하고 있었다(제34조). 다른 사람의 수요에 응하여 자동차를 사용해서 유상으로 여객을 운송하는 사업을 '여객자동차운수사업'이라고 한다. 현행 「여객자동차운수사업법」은 자가용자동차의 유상운송(운송용으로 제공, 임대, 알선 등을 포함)을 원칙적으로 금지하고 있다(제81조). 이를 위반한 경우에는 2년 이하의 징역 또는 2천만 원 이하의 벌금에 처하게 된다(제90조). 그런데 '출퇴근 때 승용자동차를 함께 타는 경우'에는 운송용으로 유상 제공 또는 임대하거나 이를 알선할 수 있는 예외를 인정하고 있다(이른바 카풀에 대한 예외적 허용). 이에 우버를 불법으로 간주해 주춤했던 한국 내 승차공유 서비스는 '카풀'이라는 제한적인 모델의 승차공유 서비스('카카오 T 카풀', '풀러스', 'LUXI' 등)로 변모했다. 그러나 카풀 서비스가 시장에 등장하면서 카풀과 택시업계의 갈등이 폭발했다. 정부와 여당이 '택시업계-카풀업계-정부'가 참여하는 사회적 대타협기구 출범

방안을 논의할 자리를 마련했지만 택시업계는 끝내 불참했으며, 택시 운전사의 분신자살 등으로 극한의 갈등으로 치달았다. 현재도 차량 분야 공유사업은 한치의 진전 없이 여전히 제자리걸음이다. 2019년 택시·카풀 사회적 대타협기구가 국회에서 열렸다. 이곳에서 택시업계와 스타트업계가 손잡고 규제 혁신형 플랫폼 택시사업 합의안을 도출했다. 하지만 2020년 초 이른바 '타다금지법'[2]으로 지칭된 여객자동차운수사업법 개정안이 통과되면서 사실상 그간의 논의가 원점으로 돌아갔다. '타다금지법'은 오히려 관광 목적의 경우에는 허용됨을 명확히 했지만, 사실상 택시와 동일한 전방위 영업이 목적이었던 플랫폼 기업으로선 이러한 제한을 받아들이기 어려웠을 것이다.

여객자동차운수사업은 인간의 기본 욕구인 의衣·식食·주住·행行 중 '행行'의 기반이 되는 사업이다. 국민의 일상적인 경제생활과 밀접한 관련이 있고 사업자 간의 경쟁이 과열될 경우 국민의 권익이 제한될 가능성이 크다. 따라서 이러한 여객자동차운수업에 대해서는 공공성 확보 차원에서 경영에 많은 법적 규제를 가하고 있다. 외국에서는 여객자동차운수사업의 공공성과 공익성을 고려하여 정부나 지방자치단체가 사업을 직접 경영하는 경우가 많다. 공공기관에서 경영하지 않는 경우에도 공익 차원에서 사업상 많은 제재를 가하고 있다. 우리나라에서도 운수사업을 민간 부문에서 경영할 수 있도록 하

2 기존 11~15인승 승합차의 예외 조항에 '관광 목적으로 대여 6시간 이상이거나 대여 또는 반납 장소가 공항 또는 항만'인 경우와 플랫폼 운수사업자가 기여금을 주고 정부로부터 택시 면허를 산 후 이 면허 내에서 영업하는 경우를 인정했다.

는 대신, 면허제나 등록제와 같은 진입 규제를 두고 기업의 이익보다는 공공의 이익을 위해 당해 사업을 경영하도록 강조하고 있다. 여객자동차운수사업의 공공성에 따른 제한이 과연 합당한가에 대해서 프랑스 헌법재판소는 유의미한 판결을 내린 바 있다. 즉, 프랑스 헌법재판소는 2015년 9월 22일 유상으로 운송업을 하는 비직업 운전자를 처벌하는 교통법전Code des transports 제L.3124-13조의 규정을 합헌으로 선언함으로써 여객자동차운수사업의 특성을 인정한 바 있다. 이 판결(Décisions n° 2015-484 QPC du 22 septembre 2015, Société Uber France SAS et autre(II))을 계기로 프랑스에서 '우버팝UberPop' 서비스가 종료되었다. 여객자동차운수사업은 일반적인 시장경제 원리가 맞지 않는 이러한 요소들로 인해 진입 규제를 완전히 철폐하기란 불가능하다. 세계적으로 현재까지 이를 제한 없이 전면 개방하고 있는 나라는 없으며, 오히려 최근 규제가 강화되는 추세를 보이기도 한다. 이러한 점은 공유경제 모델의 적용 대상으로서 운송업이 가지는 근본적인 한계를 보여준다. 일반 재화나 서비스와 달리 공공의 필요에 따라 사인私人[3]의 참여가 제한된 영역을 거래 비용의 감소와 기술 발달이라는 상황 변화를 이유로 그대로 적용하기에는 한계가 불가피한 측면이 있는 것이다.

우리나라는 우버 합법화 논란이 일어났을 때 운송업에 공유경제 모델을 접목하여 새로운 유형의 유상운송을 허용할 것인가에 대한 충분한 논의 없이 기존 운수사업법 체계하에서 이를 불법으로 규

---

3 국가, 공공기관 등 공공주체에 대비되는 주체를 의미한다.

정하고 금지하는 데 급급했다. 이후 외국의 공유경제 확산을 목격하면서 정부가 금지 일변도 정책으로 우버를 받아들이지 않은 것이 기술사회의 진보에 맞지 않은 퇴행적 정책이라는 비난에 직면하게 되었다. 그런데 「여객운수사업법」 제81조에 따라, 카풀의 경우 여객자동차운수사업 면허가 필요하지 않은 예외 규정을 바탕으로 새로운 서비스가 도입되자, 정부는 자동차운수사업의 법적 특성을 고려하여 카풀에 대한 정의를 도출하지 못하고 '출퇴근'이라는 형식적 요건에 과몰입하게 되었다. 그리고 출퇴근길 목적의 카풀이기만 하면 자가용 유상운송업 금지라는 대원칙을 얼마든지 회피할 수 있는 정당한 근거라는 사인을 시장에 보내게 되었다. 출퇴근 요건에 과몰입하면서, '카풀'이라는 승차공유 모델의 정책적 유용성이 마치 택시의 문제(특정 시간대 수요공급 불일치)에 대한 대응 수단으로 논의되었다. 그러나 전 세계 어디에도 카풀을 유상운송업의 대체수단으로 논의하는 곳은 찾아볼 수 없다. 오히려 유럽의 대표적 카풀 서비스인 프랑스의 '블라블라카BlaBlaCar'는 그 형태나 유상성(요금)이 매우 제한적이다. 우버 논란 당시 우리나라 교통 상황과 여객운수사업을 고려할 때 과연 자가용 유상운송업을 허용할 것인지, 허용한다면 어떠한 제한을 둘 것인지, 기존 수단과의 관계를 어떻게 설정할 것인지 등을 심도 있게 논의하고 장기적 정책 방향을 수립하여 국민과 시장에 예측 가능성을 제공했어야 마땅하나 그러지 못했다. 최근 '카풀 불법화', '타다 금지' 등의 논란이 공유경제의 진정한 가치에 대한 논란이 되어서는 안 되며, 지난 승차공유 서비스에 대한 극도의 갈등을 두고 한국의 공유경제가 실패했다는 성급한 결론을 내리는 것을 경계해야 할 것이다. 만약 특정 시간대에 수요공급 불일치로 자가용승용차라도 유상운송업에 참여하도록 할 필요성이 있다면, 이때에는 카풀이 아닌 기존 유상운송업의 체계를 고려하여 정책을 설계하는 것이 타당하다. 이때에는 자가용승용차라 하더라도 교통정책과 공공안전에 직결되는 유상운송업의 영역이므로 일정한 공적 규제(일정한 면허 등)는 불가피한데, 이는 외국도 일반적인 현상이다. 다만 유상운송에 대한 상시적 참여자가 아니므로 자격 간소화 등 규제를 완화할 필요가 있다. 세제 혜택을 비롯해 일정한 지원방안도 고려할 수 있을 것이다.

우리나라에서 공유숙박 서비스와 관련된 논의는 2011년 12월 외국 관광객의 한국 방문이 급증하자, 정부가 숙박시설 부족 현상을 해소하고 한국의 가정 문화 체험을 희망하는 관광수요를 맞추기 위해 외국인 관광도시 민박업을 관광편의시설업으로 추가한 관광진흥법 시행령 개정안을 의결하면서 시작되었다. 하지만 숙박과 관련해 도시 지역에서는 민박 영업자가 내국인을 상대로 숙박 서비스를 제공하는 것이 여전히 불법이다. 이후 공유경제에 대한 국민의 관심과 수요가 커지면서 2016년 제9차 무역투자진흥회의에서 '공유경제 활성화 방안'을 확정·발표하면서 일부 지역에 대한 공유숙박을 허용했다. 즉, 정부는 규제프리존 제도를 통해 부산과 강원, 제주 등 3개 시·도를 지정해 외국인뿐만 아니라 내국인 대상으로도 숙박 서비스를 제공하는 공유민박업이 가능해졌다. 다만 기존 민박업체와 형평성을 고려해 영업가능 일수는 연간 최대 120일, 연면적 230㎡ 미만으로 제한했다. 이후 숙박 공유업체들은 이용률이 높은 내국인을 영업 대상에 포함해달라는 요구를 해왔고, 이에 정부는 2019년 11월 내국인 대상 공유민박을 한시적으로 허용한 적이 있다. 최근 정부는 「관광진흥법」을 개정해 도시 지역에서 내국인 대상으로 주택의 빈 공간을 숙박용으로 제공하는 도시민박업을 허용할 계획임을 밝혔다. 다만, 전문숙박업으로 변질되지 않도록 본인이 거주 중인 주택만 등록을 허용하고 영업일 수도 연 180일 이내로 제한한다. 하지만 이에 대해 공유숙박업계는 혁신 성장에 역행하는 반쪽짜리 허용이라고 반발했다. 기존 숙박업계도 위생과 안전 등 상당한 규제를 받아온 기존 숙박업계의 이익에 대한 중대한 침해이고, 180일 제한도 규제의 실효성을 담보할 수 없다며 반발하고 있다. 영업일 수를 제한하는 방식은 기존 숙박업 규제를 받는 숙박업체와의 형평성을 고려한 것으로 보이는데, 이러한 영업일 수에 대한 규제가 과연 실효성이 있는지, 다른 부작용은 없는지 면밀히 살펴야 할 것이다. 통상 여러 숙박 예약 플랫폼을 통해 투숙객을 모집하는 공유숙박을 고려할 때 180일을 효과적으로 통제할 수 있을지, 또 180일을 초과하여 단속할 경우 예약 취소에 대한 소비자의 피해를 어떻게 구제할 것인지 등 다양한 추가 문제가 우려된다. 따라서 180일 규제는 특정 지역이나 주택을 부수적으로 제한하거나, 오히려 규제를 완화하는 기준으로 활용하는 것이 합리적으로 보인다. 실제로 공유숙박업의 영업일 수를 제한하는 미국이나 프랑스도 자신이 거주하지 않는 주택을 추가로 활용하거나, 특정 관광밀집지역에 대해서만 영업일 수를 제한하는 것으로 알려져 있다. 최근 코로나 팬데믹으로 인한 전반적인 관광수요 침체로 공유숙박 서비스에 대한 논의가 시들해져 버린 면이 있지만, 관광이 활성화되고 개별 여행과 스마트관광에 대한 욕구가 커지면 결국 또 촉발될 갈등이다. 공유숙박을 기존 숙박과의 경쟁 구도로 보면서 이에 대한 규제 형평의 시각에서 접근하기보다는, 공유숙박을 새로운 관광의 한 방식으로 이해하면서 '일상생활의 공유'라는 새로운 관광 트렌드를 위한 특화된 숙박 형태로 발전시켜나가고 그에 걸맞은 고유한 규제 방안을 모색하는 것이 바람직하다.

3. 스마트관광도시를 견인하는 스마트법제

스마트관광도시는 그간 관광도시들이 직면했던 여러 장애와 현안들을 극복하고 지속가능한 관광을 실현할 것으로 기대된다. 단순히 관광정보 제공이나 온라인을 통한 관광 서비스의 매개 수준이 아니라 공공과 민간의 다양한 관광 데이터를 활용한 '스마트한' 관광 생태계가 구축되기 위해서는 무엇보다 데이터의 안전한 활용을 위한 '스마트한' 법제가 마련되어야 한다. 이를 위해서는 정부와 민간이 협력하여 적극적으로 데이터를 발굴하고 스마트도시의 데이터 활용에 관한 다양한 이용 사례를 발굴함으로써 관광 빅데이터 활용을 통한 공익적·사회적 가치 창출에 기여하는 방향으로 법제도가 설계되어야 할 것이다. 또한 관광의 기본 인프라인 교통과 숙박도 지능정보기술을 적극 활용해 스마트하게 진화되도록 기존 법제의 틀을 탈피한 공유숙박 및 공유 차량의 고유한 규율체계를 마련함으로써 스마트관광도시의 발전을 위한 법적 기반을 완비해 나가야 할 것이다.

관광의 문화 표현과 경험: 두 가지 형태의 모방

월리엄 캐넌 헌터 William Cannon Hunter _경희대학교 스마트관광원

1. 들어가며

1) 지능정보기술의 발달과 스마트관광

관광에 있어서 문화의 표현을 다루는 것은 항상 많은 문제를 야기했다. 전통적으로 문화의 유형적·무형적 형식은 기념품이나 공연으로 변모했고, 이제는 스마트관광도시 플랫폼에서 이들의 가상적인 배증virtual doubling과 다른 형태들이 나타나고 있다. 이러한 문화적 모방mimesis은 특히 현재 코로나19 팬데믹 상황에서 문제이자 기회가 될 수 있다. 관광의 본질적인 문제는 경이로운 이벤트의 정신적 상태와 육체적 상태의 관련성에 의문이 제기되었을 때의 정체성에 관한 것이었다(Braddon-Mitchell & Jackson, 2007). 관광산업과 관광 연구원들은 항상 목적지에서 벌어지는 물리적인 사건들과 방문객 사이의 관계를

밝히는 데 주력했다(Berent, 1983). 스마트관광은 목적지가 문화적 자원을 가시성과 접근성이 높은 가상 표현virtual representations으로 디지털 패키지화할 수 있도록 기회를 모색한다(Hwang, Park & Hunter, 2015). 문제는 목적지의 문화적 경험이라는 현실과 관광객들에게 제공되는 상업적인 측면 사이에 넘을 수 없는 괴리가 존재한다는 점이다.

관광에서 문화적 표현을 변환시키는 문제는 테세우스호The Ship of Theseus의 사례와 같다. 그리스 영웅의 유산을 보존하기 위해, 시간의 흐름에 따라 배의 다양한 부품들을 원래의 것이 아무것도 남지 않을 때까지 교체하는 방식으로 테세우스의 배는 보존되었다. 게다가 모든 구식 플랭크들을 원래의 정확한 형태로 재조립하여 결과적으로 2척의 배가 되었다(Hosey, 2018). 따라서 테세우스호가 물질의 문제인지, 아니면 정체성의 문제인지에 관한 고찰이 필요해진다. 그것이 원래 부분들을 그저 합친 것인가, 아니면 테세우스와 그의 영웅적인 노력을 표현한 것인가? 무엇이 실체인가? 물리적인 사건인가 혹은 그것이 개인에게 미치는 영향인가(Heiphetz, Strohminger & Young, 2016)? 재생산, 대체의 각 층은, 방문객의 요구와 기대에 점점 부합하지만, 원본과는 멀어진다. 실재로부터 멀어지게 된다(Baudrillard, 1983). 코로나19 팬데믹 상황하에서, 사회는 완화 조치 도입에서 사회적 거리 두기, 격리quarantines, 여행 금지를 통해 바이러스를 억제하는 쪽으로 변화하면서 양극화되었다(Cohen & Kupferschmidt, 2020). 도시 지역의 방문객들이 사라지면서 관광지는 비거나 일시적으로 폐쇄되었고, 상점가 전체가 버려지고 있다. 현재 상황에서, 문화적 모방은 정체성의 문제보다는 보존, 또는 동면 상태의 문제가 큰 것으로 보인다.

본 장에서는, 관광에서 문화적 표현의 변환에 관한 이러한 문제들을 고찰한다. 두 가지 형태의 문화적 모방, 다시 말해 그들이 가상으로 재해석한 것인지, 아니면 직접 경험한 문화인지에 대해 논의한다. 아울러 스마트도시 플랫폼은 원본을 대체하는 것이 아닌, 증원의 역할만 할 수 있는 쇼케이스이자 문화적 보존의 수단으로 고려된다. 테세우스호처럼, 두 가지 버전이 있을 것이다.

2. 스마트도시 플랫폼

2020년, 코로나19 팬데믹은 사회적 거리 두기와 관련된 다른 정책들과 함께 여행 금지 조치가 도입됨에 따라 국제 관광에서의 예기치 않은 패러다임 변화를 불러왔다. 많은 여행지에서, 주요 관광지와 지정된 쇼핑 구역들은 비거나 버려진 상태에 놓이게 되었으며, 관광객들은 눈에 띄게 없어졌다. 이러한 새로운 상황에서, 여행과 그와 관련된 활동에서 물리적 행동의 상당 부분이 일시적으로 제한되거나 스마트 기술의 영향을 받음으로써 현실과 서서히 멀어져갔다. 다시 말해, 가상적 표현이 점점 현실 세계의 물리적인 것을 대체하고 있다. 원격 혹은 '언택트untact' 미팅과 이벤트는 목적지에서의 모임을 대체한다. 현지 관광을 위한 증강현실 기반 기술은 활용되고 있지 않다. 하지만 스마트도시 기술은 목적지의 문화적 표현의 스펙트럼을 가상으로 보존하고 이를 원격으로, 세계적으로, 온라인으로 볼 수 있고 접근할 수 있게 하는, 예상치 못하게 매우 유용한 기술이 되었다.

스마트관광도시는 증강현실을 통해 현지의 내비게이션을 지원하고, 전자상거래를 촉진하며, 원격의 뷰로 VR과 소셜미디어를 활용한 사용자 생성 콘텐츠와 다방향적인 정보의 흐름을 제공하는 기술적·사회적 요소들의 집합에 의존한다(Hwang, Park & Hunter, 2015). 현재 반휴면상태인 AR 시스템은 전 도시를 연결해 거주민과 방문객이 공동으로 가치를 창출할 수 있는 고도의 통합된 정보 네트워크를 사용하여 방문객이 목적지를 시각화하고 길을 찾을 수 있도록 설계되었다(Um & Chung, 2019). 이러한 스마트 시스템은 관광 목적지의 정체성과 지속가능한 발전을 유지하는 동시에 거주자들의 사회적·물리적인 문제를 완화하는 역할을 한다(Lee, Hunter & Chung, 2020). 팬데믹 이전에는 관광지에서 관광 가이드 서비스를 대체하거나 '증강'하고, 방향 표지판, 지도 등과 같은 특정 자원들을 배치할 수 있는 AR 기술에 열광적이었다(Jung, Chung & Leue, 2015). 스마트관광도시 시스템, 특히 전자상거래와 연관된 시스템은 제재[lockdown] 기간 동안 고평가를 받게 되었다. 전자상거래에서의 기술적합성[Task-Technology Fit, TTF](Lin & Huang, 2008)은 관광 상품에서 거주자들의 니즈로 주안점을 변경했는데, 이는 스마트 플랫폼이 제재와 격리 기간 사이에 거주자들에게 매우 중요해졌고, 온라인 제품과 서비스 제공에 대한 의존도가 높아졌기 때문이다(Kim, Chung & Lee, 2011).

스마트관광도시는 누구나 온라인을 통해 접근하고 사용자 생성 콘텐츠를 다양한 형식으로 추가할 수 있도록 원격의 뷰를 지원한다. 이는 잠재적으로 목적지 현장에서 할 수 있는 직접적인 경험과 유사한 이상적인 현실을 시뮬레이션하는 가상 표현의 집합이다(Chung &

Koo, 2015). 이러한 원격 뷰는 사진, 비디오 및 다른 정보 공유 플랫폼으로 구성되어 있다(Chung, Tyan & Chung, 2017). 가상 커뮤니티의 정체성, 경험의 공유, 그리고 이러한 창조적인 경제에서 그들의 역할에 관한 사용자들의 태도와 선택에 영향을 미치는 웹사이트도 이에 포함된다(Chung, Lee, Lee & Koo, 2015; Snieska & Normantiene, 2012).

이러한 이미지와 기술의 융합은 매우 유동적이고, 문화의 스타일과 기대, 다른 도시와의 경쟁, 재난이나 전염병, 정보시스템의 발전 등에 따라 예상하지 못한 방식으로 급격하게 변화한다(Choi, Lehto & Morrison, 2007). 동시에, 이러한 뷰는 시간에 맞춰 그 이미지를 고정함으로써 물리적 안정성에 대한 환상을 창조하는 역할을 한다. 도시 환경의 기호학적semiotic 표현은 다양한 플랫폼을 통해 물리적·환경적 특징과 추상적이고 일관성 없는 뷰를 일치시킴으로써 생겨난다(Hunter, 2016). 이 목적지 이미지는 전통적 형식의 방송이나 인쇄 매체를 통해 투영되었을 때보다 훨씬 인식과 기대의 합에 가깝다(Hunter, 2008). 하지만 몇몇 뷰를 다른 뷰들보다 선호할 수 있어서, 가상 목적지 이미지는 목적지 문화의 실제적인 측면을 모두 보여주지는 못할 수 있다. 이 문제는 다음 부분에서 다루고자 한다.

3. 목적지 경험

소셜미디어와 여타 웹사이트들이 실제의 커뮤니티들로 원격으로 정보를 공유하고 정체성을 구성할 수 있게 해줄 수는 있지만(Zhang &

Watts, 2003), 그들이 공유하는 콘텐츠는 실제 목적지의 대표적 특성보다는 그들의 매체에 따라 형성된다(Chung, Han & Koo, 2015). 시공간적으로 분리된 사용자들은 의도적으로 혹은 자신도 모르게 목적지의 표현 사인을 바꾸게 되는데, 이는 목적지 이미지를 모방하려는 시도라기보다는 그룹 정체성과 더 연관된 재활용된 정보를 기반으로 한다(Ellison, Steinfeld & Lampe, 2007). 이러한 측면에서, 스마트도시는 그들의 디지털적인 자기표현에 그칠 수 있다. 온라인 표현을 완벽하게, 전체적으로 수집하려는 노력이 물리적·직접적인 목적지 경험을 대체할 수는 없을 것으로 보인다. 더욱이 문화적 표현의 가상 배증은 경이로운 이벤트가 일어나는 기반의 정체성을 위협할 수 있다. 관광에서 표현은 지기 참조적이고self-referential, 목적지의 문화적·자연적 득징의 참된 묘사이며, 거주자와 방문객이 시각적·구두적 방법을 통해 드러내는 주관적인 인식이나 믿음이다(Brown, 1995). 이런 의미에서 원본과 많은 복제 사이의 유형적·경험적인 연계가 유지되어야만 한다(Beerli & Martin, 2004).

관광에서, 이것은 본래 목적지 문화를 직접적으로 경험하는 호스트와 손님 간의 실제적인 상호작용을 통해 성취되었다. 그러나 이러한 진실성은 다양한 이유로 공격받아 왔다. 첫째로, 문화는 권력관계power relations가 발전이나 변화에 영향을 미칠 수 있다는 점에서 매우 혼합적인데, 특히 관광에서는 문화 간 브로커가 위치적 이점을 강화하는 쪽으로 목적지를 표현할 수 있다(Scherle & Nonnenmann, 2008). 둘째, 관광객들은 어느 목적지에서도 활용할 수 있는 특정한 문화적 특징들(표준화된 문화 상품)을 기대할 수 있다(Kirshenblatt-Gimblett, 1998). 셋째, 거주민이나 목적지 커뮤니티(일반적으로 전체, 혹은 지배적 여론 주도자에 의해 주도되는)는 대표적인 '콘텐츠'를 선택함으로써 기술·재정의된 문화적 자원에 스스로 끌릴 수 있다(Teo & Li, 2003). 문화의 변화, 혹은 재생산의 필연성(Jenks, 1993)은 조정을 할 수는 있지만 막을 수는 없다. 양심적인 관광 실무자들과 연구자들은 더 나은 방향으로 문화를 변화시키기 위해서 과거와 현재의 사회적 세력에 대한 반사적인 시선을 유지하는 것을 경계해야 한다. 그러나 테세우스호처럼, 실제의 정체성은 늘 문제가 될 것이다.

4. 고찰

지금까지 문화 표현에 관한 몇 가지 문제를 논의했다. 관광에서 문화는 상상된 원조의 형식과(Hunter, 2011) 두 가지 형식의 모방, 다시 말해 가상적 표현과 타인의 경험(외부인과 방문객) 사이에 자리 잡고 있다. 두 가지 형식 모두 목적지 문화의 윤곽에 대한 힌트를 제공하고, 문화를 더욱 탄력적으로 만든다. 스마트관광은 AR을 통해 목적지 문화를 더욱 접근성 있게 만들어주고, 산업의 접근성도 높인다. 스마트도시는 가시성과 지속성을 유지하기 위해 가상 플랫폼에 의존하기도 하는데, 특히 현재의 팬데믹 상황과 같은 위기 상황에서 더욱 그렇다. 〈그림 1〉에서는 관광에서의 문화적 표현과 경험을 비교했다. 보다 전통적·경험적인 관광 형태는 문화를 표현하는 과정에서 만들어지는 그룹과 선택 사이의 경쟁적이고 공유된 주관을 시험하는 행

〈그림 1〉 관광의 문화적 표현과 경험

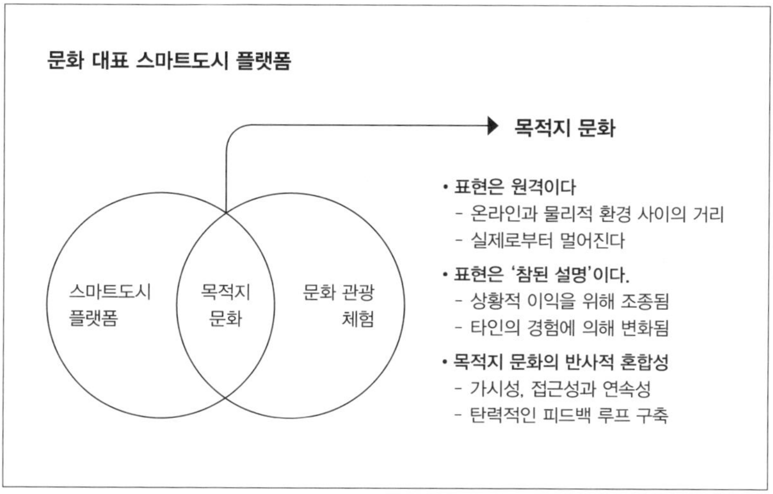

동적 피드백 루프behavioral feedback loops를 설정하고 유지한다(Yang, Ryan & Zhang, 2013). 그러나 두 가지 형태의 문화적 모방 모두 그 자체로는 완벽하지 않으며, 코로나19는 오히려 표현과 경험의 격차를 줄일 방법을 찾는 기회를 제공할 수 있다.

참고문헌

Part 1. 4차 산업혁명 시대, 스마트관광도시가 열 새로운 세상

디지털 트랜스포메이션 시대의 스마트관광도시_**정남호**

서울관광재단(2019), "서울 스마트관광도시 조성 기본구상 보고서."

서울관광재단(2020), "스마트관광도시 지표 개발 및 적용 최종보고서."

이상원(2020), "디지털 트랜스포메이션과 산업변화 전망: 새로운 성장전략의 모색," 『한국관광정책』, 82, 10-15.

정남호·구철모·이팜·이선영·윤아영·양성병·함주연·태호·William C. Hunter(2019), 『스마트관광도시 포용적 혁신의 플랫폼』, 서울: 경희대학교 출판문화원.

정남호·김진영·이현애·구철모(2020), "4차 산업혁명 시대의 지속가능발전목표와 스마트관광도시의 역할", 『인터넷전자상거래연구』, 20(2), 127-146.

제주경제신문(2020), "제주관광공사 실시간 관광지 혼잡도 분석 서비스 UN도 인정," http://www.jejueconomy.com

한국관광공사(2020), "비대면지수개발 및 운용 최종보고서."

한국관광공사(2021), "스마트관광도시 조성사업," http://kto.visitkorea.or.kr/kor/biz/smarttourism/main.kto

Archer, B., Cooper, C., and Ruhanen, L.(2005), "The positive and negative impacts of tourism. Global tourism", 3, 79-102.

IDC (2015). "Digital Transformation(DX): An opportunity and an imperative."

Jeon, M. M., Kang, M. M., and Desmarais, E.(2016), "Residents' perceived quality of life in a cultural-heritage tourism destination," *Applied Research in Quality of Life*, 11(1), 105-123.

Lee, P., Hunter, W.C., and Chung, N.(2020), "Smart Tourism City: Developments and Transformations," *Sustainability*, 12(10), 3958.

NewsWire(2020), "여행 스타트업 얼라이언스 구성으로 '디지털 전환' 앞당긴다," https://www.newswire.co.kr/newsRead.php?no=916232

UNWTO(2015). "Making Tourism More Sustainable-A Guide for Policy Makers," UNEP and UNWTO.

UNWTO(2020), "A Real-time Safety and Congestion Level Analysis System for Jeju Tourist Sites," https://www.unwto.org/asia/a-real-time-safety-and-congestion-level-analysis-system-for-jeju-tourist-sites

UNWTO(2021), "Digital transformation," https://www.unwto.org/digital-transformation

World Travel and Tourism Council(2019), "Travel & Tourism continues strong growth above global GDP," Retrieved from: https://www.wttc.org/about/media-centre/press-releases/press-releases/2019/travel-tourism-continues-strong-growth-above-global-gdp

공유경제, 스마트관광도시를 혁신하다_**양성병**

기획재정부(2019), 『공유경제 활성화 방안(서비스산업 혁신 II)』, 서울: 정부간행물.

김지현(2019), "호텔도 아니면서 에어비앤비에 잠자리 올리는 회사들," TTimes, 2019.08.08. http://www.ttimes.co.kr/view.html?no=2019080717557731377&ref=https%3A%2F%2Fwww.google.com%2F.

김창훈(2018), "[원 포인트 경영학] 공유자전거 업체, 규제 대상 아닌 민관협력 파트너," 한국일보, 2018.10.27. http://m1.hankookilbo.com/News/Read/201810261499719769

농림축산식품부(2014), 『향토음식자원을 활용한 음식관광 활성화를 위한 조사연구』, 서울: 정부간행물.

문화체육관광부(2013), 『음식관광 활성화 방안』, 서울: 정부간행물.

문화체육관광부(2016), 『숙박 공유 도입에 따른 효과분석 및 발전방향 연구』, 서울: 정부간행물.

배미정(2019), "이상현 에어비앤비코리아 정책총괄대표 인터뷰: 지자체·학계·NGO 전방위적으로 협업해 규제리스크 낮추고 편견 해소," DBR, February 2019, Issue 2, No. 267, 동아일보사.

박문수·김천곤·고대영·이동희·이순학(2016), 『공유경제 활성화를 통한 서비스업 성장전략』, 서울: 산업연구원.

정남호·구철모·이팜·이선영·윤아영·양성병·함주연·홍태호·W. C. Hunter(2019), 『스마트관광도시: 포용적 혁신이 플랫폼』, 서울: 경희대학교 출판문화원.

위키백과(2021). "긴 꼬리," https://ko.wikipedia.org/wiki/긴_꼬리.

위키백과(2021). "유니콘 기업," https://ko.wikipedia.org/wiki/유니콘_기업.

이한나·김예지·구철모·정남호(2017), "공유경제가 갖는 국내 시장 영향력과 관광산업을 위한 정책적 시사점: 숙박 공유를 중심으로," 『관광레저연구』, 30(10), 95-112.

크라우드산업연구소(2013), 『새로운 대한민국을 꿈꾸는 기업들을 통해 살펴본 공유경제』, 서울: 좋은땅.

한국관광공사(2018), 『한국관광공사 2018년 외래관광객 실태조사(2018. 2분기)』, 원주: 한국관광공사.

한국문화관광연구원(2016), "관광 공유경제 정책," 『2016 OECD 관광 동향 및 정책』, 파리: OECD.

Fowler, G. G.(2015), There's an Uber for Everything Now, The Wall Street Journal, 2015.05.05. https://www.wsj.com/articles/theres-an-uber-for-everything-now-1430845789

PWC(2015), *The Sharing Economy:* Consumer Intelligence Series, pwc.com/CISsharing.

Technical Policy Institute.(2015), The competitive effects of the sharing economy: How is Uber changing taxis? http://techpolicyinstitute.org/files/wallsten_the%20competitive%20effects%20of%20uber.pdf.

Uriely, N.(2005), The tourist experience: Conceptual developments. *Annals of Tourism Research*, 32(1), 199-216.

Yang, S.-B., Lee, K., Lee, H., and Koo, C.(2019), "In Airbnb we trust: Understanding consumers' trust-attachment building mechanisms in the sharing economy", *International Journal of Hospitality Management*, 83, 198-209.

빅데이터와 함께 떠나는 상하이와 모스크바 여행_**홍태호**

야오즈옌·김은미·홍태호(2020), "온라인 리뷰의 텍스트 마이닝에 기반한 한국방문 외국인 관광객의 문화적 특성 연구," 『정보시스템연구』, 제29권, 제4호, 171-191.

야오즈옌·박영기·홍태호(2020), "리뷰어의 속성이 온라인 리뷰 유용성에 미치는 영향에 관한 연구," 『정보시스템연구』, 29(2), 173-195.

이륜경·정남호·홍태호(2019), "딥러닝을 이용한 온라인 리뷰 기반 다속성별 추천 모형 개발," 『정보시스템연구』, 28(1), 97-114.

이태원·홍태호(2017), "SVM+MTL을 이용한 감성분류 통합모형: 온라인 쇼핑몰의 고객리뷰를 중심으로," *Entrue Journal of Information Technology*, 17(1), 81-95.

홍태호·니우한잉·임강·박지영(2018), "LDA를 이용한 온라인 리의 다중 토픽별 감성분석-TripAdvisor 사례를 중심으로," 『정보시스템연구』, 27(1), 89-110.

Ren, G. & Hong, T.(2019), "Examining the relationship between specific negative emotions and the perceived helpfulness of online reviews," *Information Processing & Management*, 56(4), 1425-1438.

인공지능을 활용한 관광수요 예측_**김은미**

구철모(2020), 『스마트관광: 개념과 사례를 중심으로』, 청람.

김은미·홍태호(2020), "딥러닝과 온라인 리뷰 감성분석을 적용한 관광객 수요예측 모형," 2020 한국IT서비스학회 춘계학술대회.

김형종·강헌수(2020), "국민 국내관광 수요의 모형화 및 예측연구," 『정책연구』, 한국문화관광연구원.

문화체육관광부(2018). "2017 국민여행 실태조사," http://www.tour.go.kr

송운강·이혜진(2018), "제주도 관광수요 특성과 예측," *Tourism Research*, 43(4), 111-124.

이인지·윤현식(2020), "머신러닝을 활용한 지역축제 방문객 수 예측모형 개발," 『정보시스템연구』, 29(3), 35-52.

Law, R., Buhalis, D., and Cobanoglu, C.(2014), "Process on information and communication technologies in hospitality and tourism," *International Journal of Contemporary Hospitality Management*, 26(5), 727-750.

Gawlik, E., Kabaria, H., and Kaur, S.(2011), "Predicting tourism trends with Google insights."

Guy, I., Avihai, M., Nus, A. and Raiber, F.(2017), "Extracting and Ranking Travel Tips from User-Generated Reviews," *Proceedings of the 26th International Conference on World Wide Web*, 987-996.

Hu, Y. and Li, W.(2011), "Document sentiment classification by exploring description model of topical terms," *Computer Speech and Language*, 25(2), 386-403.

Liu, B.(2012), "Sentiment analysis and opinion mining," *Synthesis Lectures on Human Language Technologies*, 5(1), 1-167.

Medhat, W., Hassam. A., and Korashy, H.(2014), "Sentiment analysis algorithms and application: A survey," *Ain Shams Engineering Journal*, 5, 1093-1113.

Zang, G., Hu, M. Y., Patuwo, B. E., and Indro, D. C.(1999), "Artificial neural netowks in bankruptcy prediction: General framework and cross-validation analysis," *European Journal of Operational Research*, 116, 16-32.

모바일 빅데이터 분석과 네트워크 과학_박상원

Baggio, R.(2008), Symptoms of complexity in a tourism system, *Tourism Analysis, 13*(1), 1-20.

Baggio, R.(2011) Collaboration and cooperation in a tourism destination: a network science approach, *Current Issues in Tourism, 14*(2), 183-189.

Baggio, R.(2017) Network science and tourism – the state of the art, *Tourism Review*.

Baggio, R & Cooper, C.(2010) Knowledge transfer in a tourism destination: the effects of a network structure, *The Service Industries Journal, 30*(10), 1757-1771.

Baggio, R., Scott, N. & Cooper, C.(2010), Network science: A review focused on tourism, *Annals of tourism research, 37*(3), 802-827.

Barabási, A.-L.(2013). Network science, *Philosophical Transactions of the Royal Society A: Mathematical, Physical and Engineering Sciences, 371* (1987), 20120375.

Barabási, A.-L.(2016), *Network science,* Cambridge university press.

Barcelö, J., Montero, L., Marqués, L. & Carmona, C.(2010), Travel time forecasting and dynamic origin-destination estimation for freeways based on bluetooth traffic monitoring, *Transportation research record, 2175*(1), 19-27.

Byrne, D. & Callaghan, G.(2013), *Complexity theory and the social sciences: The state of the art,* Routledge.

D'Agata, R. Gozzo, S. & Tomaselli, V.(2013), Network analysis approach to map tourism mobility, *Quality & quantity, 47*(6), 3167-3184.

Erdős, P. & Rényi, A.(1960), On the evolution of random graphs, *Publ. Math. Inst. Hung. Acad. Sci, 5*(1), 17-60.

Erkuş-Öztürk, H. & Eraydın, A.(2010). Environmental governance for sustainable tourism development: Collaborative networks and organisation building in the Antalya tourism region. *Tourism management, 31*(1), 113-124.

Gonzalez-Diaz, B., Gomez, M. & Molina, A.(2015), Configuration of the hotel and non-hotel accommodations: An empirical approach using network analysis, *International journal of hospitality management, 48*, 39-51.

Grinberger, A. Y. & Shoval, N.(2019), Spatiotemporal contingencies in tourists' intradiurnal mobility patterns, *Journal of Travel research, 58*(3), 512-530.

Guimera, R., Mossa, S., Turtschi, A. & Amaral, L. N.(2005), The worldwide air transportation network: Anomalous centrality, community structure, and cities' global roles, *Proceedings of the National Academy of Sciences, 102*(22), 7794-7799.

Hardy, A., Hyslop, S., Booth, K., Robards, B., Aryal, J., Gretzel, U. & Eccleston, R.(2017), Tracking tourists' travel with smartphone-based GPS technology: a methodological discussion, *Information Technology & Tourism, 17*(3), 255-274.

Hashem, I. A. T., Chang, V., Anuar, N. B., Adewole, K., Yaqoob, I., Gani, A., … Chiroma, H.(2016), The role of big data in smart city, *International Journal of Information Management, 36*(5), 748-758.

Hawilo, H., Shami, A., Mirahmadi, M. & Asal, R.(2014), NFV: State of the art, challenges and implementation in next generation mobile networks(vepc). *arXiv preprint arXiv:1409.4149*.

Hede, A. M. & Stokes, R.(2009), Network analysis of tourism events: An approach to improve marketing practices for sustainable tourism, *Journal of Travel & Tourism Marketing, 26*(7), 656-669.

Hwang, Y.-H., Gretzel, U. & Fesenmaier, D. R.(2006). Multicity trip patterns: Tourists to the United States, *Annals of tourism research, 33*(4), 1057-1078.

Javed, M. A., Younis, M. S., Latif, S., Qadir, J. & Baig, A.(2018), Community detection in networks: A multidisciplinary review. *Journal of Network and Computer Applications, 108*, 87-111.

Kotaru, M., Joshi, K., Bharadia, D. & Katti, S.(2015), *Spotfi: Decimeter level localization using wifi*, Paper presented at the ACM SIGCOMM Computer Communication Review.

Leiper, N.(2000), Are destinations' the heart of tourism? The advantages of an alternative description, *Current Issues in Tourism, 3*(4), 364-368.

Leung, X. Y., Wang, F., Wu, B., Bai, B., Stahura, K. A. & Xie, Z.(2012), A social network analysis of overseas tourist movement patterns in Beijing: The impact of the Olympic Games, *International Journal of Tourism Research, 14*(5), 469-484.

Lozano, S. & Gutiérrez, E.(2018), A complex network analysis of global tourism flows, *International Journal of Tourism Research, 20*(5), 588-604.

McKercher, B.(1999), A chaos approach to tourism, *Tourism management, 20*(4), 425-434.

Mckercher, B., Hardy, A. & Aryal, J.(2019), Using tracking technology to improve marketing: insights from a historic town in Tasmania, Australia, *Journal of Travel & Tourism Marketing*, 1-12.

Milo, R., Shen-Orr, S., Itzkovitz, S., Kashtan, N., Chklovskii, D. & Alon, U.(2002), Network motifs: simple building blocks of complex networks, *Science, 298*(5594), 824-827.

Newman, M. E., Barabási, A.-L. E. & Watts, D. J.(2006), *The structure and dynamics of networks*, Princeton university press.

O'Connor, A., Zerger, A. & Itami, B.(2005), Geo-temporal tracking and analysis of tourist movement, *Mathematics and Computers in Simulation, 69*(1-2), 135-150.

Paget, E., Dimanche, F. & Mounet, J.-P.(2010), A tourism innovation case: An actor-network approach, *Annals of tourism research, 37*(3), 828-847.

Park, S., Xu, Y., Jiang, L., Chen, Z. & Huang, S.(2020), Spatial structures of tourism destinations: A trajectory data mining approach leveraging mobile big data, *Annals of tourism research, 84*, 102973.

Pechlaner, H., Raich, F., Beritelli, P., Baggio, R., Scott, N. & Cooper, C.(2010), Improving tourism destination governance: a complexity science approach, *Tourism Review*.

Sainaghi, R. & Baggio, R.(2014), Structural social capital and hotel performance: Is there a link? *International journal of hospitality management, 37*, 99-110.

Sainaghi, R. & Baggio, R.(2017), Complexity traits and dynamics of tourism destinations, *Tourism management, 63*, 368-382.

Sayama, H.(2015), *Introduction to the modeling and analysis of complex systems*: Open SUNY Textbooks.

Scott, N., Baggio, R. & Cooper, C.(2011), *Network analysis methods for modeling tourism inter-organizational systems*, Emerald Group Publishing Limited.

Scott, N., Cooper, C. & Baggio, R.(2008), Destination networks: four Australian cases, *Annals of tourism research, 35*(1), 169-188.

Shih, H.-Y.(2006), Network characteristics of drive tourism destinations: An application of network analysis in tourism, *Tourism management, 27*(5), 1029-1039.

Shoval, N. & Ahas, R.(2016), The use of tracking technologies in tourism research: the first decade. *Tourism geographies, 18*(5), 587-606.

Shoval, N., McKercher, B., Ng, E. & Birenboim, A.(2011), Hotel location and tourist activity in cities. *Annals of tourism research, 38*(4), 1594-1612.

Stienmetz, J. L. & Fesenmaier, D. R.(2019), Destination value systems: Modeling visitor flow structure and economic impact. *Journal of Travel research, 58*(8), 1249-1261.

Versichele, M., De Groote, L., Bouuaert, M. C., Neutens, T., Moerman, I. & Van de Weghe, N.(2014), Pattern mining in tourist attraction visits through association rule learning on Bluetooth tracking data: A case study of Ghent, Belgium, *Tourism Management, 44*, 67-81.

Wang, Z., He, S. Y. & Leung, Y.(2018), Applying mobile phone data to travel behaviour research: A literature review, *Travel Behaviour and Society, 11*, 141-155.

Williams, N. & Hristov, D.(2018), An examination of DMO network identity using Exponential Random Graph Models, *Tourism management, 68*(October), 177-186.

Xu, Y., Li, J., Belyi, A. & Park, S.(2020), Characterizing destination networks through mobility traces of international tourists—A case study using a nationwide mobile positioning dataset. *Tourism management, 82*, 104195.

Part 2. 끊임없이 변화하는 스마트관광도시

최적화된 스마트관광도시를 위한 발전 모델_**함주연**

구철모(2016), "4차 산업혁명과 스마트관광도시," 한국관광정책, 65, 65-72.

구철모·정남호(2019), 『스마트관광』, 백산출판사.

김치수(2015), 『쉽게 배우는 소프트웨어 공학』, 한빛아카데미.

서울관광재단(2019), "서울 서울스마트관광도시 조성 기본구상."

서울관광재단(2020), "스마트관광도시 지표 개발 및 적용."

정남호·구철모·이팜·이선영·윤아영·양성병·함주연·홍태호·William Cannon Hunter(2019), 『스마트관광도시: 포용적 혁신의 플랫폼』, 경희대학교출판문화원.

한국법제연구원(2018), "스마트시티 조성·확산을 위한 제도개선 연구," 1-222.

한국정보통신기술협회(2018), "4차 산업혁명 핵심 융합사례-스마트시티 개념과 표준화 현황," 1-31.

한국정보화진흥원(2018), "SMART CITY by SMART CITIZEN" 제1편: 시민 주도 스마트시티의 도전과제, 1-54.

Becker, J., Knackstedt, R., and Pöppelbuß, D.-W. I. J.(2009), "Developing Maturity Models for It Management—a Procedure Model and Its Application," *Business & Information Systems Engineering*, 1(3), 213-222.

Clarke, R. Y.(2013), Business Strategy: IDC Government Insights' Smart City Maturity Model—Assessment and Action on the Path to Maturity.

Curley, M., and Kenneally, J.(2011), "Using the it capability maturity framework to improve it capability and value creation: An intel it case study," 2011 IEEE 15th International Enterprise Distributed Object Computing Conference, 107-115.

Donnellan, B., Sheridan, C., and Curry, E.(2011), "A capability maturity framework for sustainable information and communication technology," *IT Professional*, 13(1), 33-40.

European Union(2019), "European Capital of Smart Tourism."

Gretzel, U., Sigala, M., Xiang, Z., and Koo, C.(2015), "Smart tourism: foundations and developments," *Electronic Markets*, 25(3), 179-188.

ISACA(2012), *COBIT 5: A Business Framework for the Governance and Management of Enterprise IT*, Information Systems Audit and Control Association.

Kalampokis, E., Tambouris, E., and Tarabanis, K.(2011), "Open Government Data: A Stage Model," in *Electronic Government*, M. Janssen, H. J. Scholl, M. A. Wimmer and Y.-H. Tan(eds.), Springer, 235-246.

Koo, C., Mendes Filho, L., and Buhalis, D.(2019), "Smart tourism and competitive advantage for stakeholders," *Tourism Review*, 74(1), 1-128.

Layne, K., and Lee, J.(2001), "Developing Fully Functional E-Government: A Four Stage Model," *Government Information Quarterly*, 18(2), 122-136.

Lee, P., Hunter, W. C., and Chung, N.(2020), "Smart Tourism City: Developments and Transformations," *Sustainability*, 12(10), 3958.

Lim, C., Baba, K., and Iijima, J.(2019), "Developing a Capability Maturity Model for Smart Tourism," PACIS 2019, 189.

Marchiori, E., Pavese, G., and Cantoni, L.(2012), "eTcoMM – eTourism Communication Maturity Model. A framework to evaluate the maturity of a DMO when it comes to the online communication management: The case of Canton Ticino and Lombardy," ENTER 2012, 215-226.

Siau, K., and Long, Y.(2005), "Synthesizing E-Government Stage Models – a Meta-Synthesis Based on Meta-Ethnography Approach," *Industrial Management & Data Systems*, 105(4), 443-458.

UrbanTide(2015), "Overview of the Smart Cities Maturity Model."

West, D. M.(2004), "E-Government and the Transformation of Service Delivery and Citizen Attitudes," *Public Administration Review*, 64(1), 15-27.

온라인 여행사 생태계, 어떻게 바뀔까?_**이슬기**

동아일보(2020), "온라인 쇼핑 사상 첫 12조 돌파, 모바일 비중도 역대 최고," 2020.01.02.

문화체육관광부(2020), "2019 국민여행조사," http://www.tour.go.kr

삼정KPMG 경제연구원(2018), "관광 트랜스포메이션: 관광소비 트렌드와 초융합 관광 시대 도래."

한국경제(2019), "야놀자, 3년 연속 여행상품 플랫폼 1위," 2019.11.17.

유로모니터(2019), "2019메가트렌드-미래 여행산업을 그리다," https://www.euromonitor.com

통계청(2020), "2019 12월 온라인 쇼핑 동향," http://www.kostat.go.kr

티티엘뉴스(2020), [글로벌 호텔 온라인광고 채널 분석] "구글애드(Google Hotel Ads), 호텔 온라인 광고 시장 절반 점령."

Creativecrest(2017), "THE TOP FOUR OTA TRENDS IN ASIA PACIFIC," https://www.creativecrest.com
KOTRA(2018), "중국 전자상거래 시장, 2019년 트렌드는?," 2018.12.18.
KOTRA(2019), "앱 하나로 세계여행 다 간다! 중국 OTA 시장 급성장," 2019.05.21.
김현주(2017), "외국계 온라인 여행사(OTA)의 한국시장 진출에 따른 영향과 대응방향."
민소라·이슬기(2020), "온라인 여행사(OTA) 서비스품질이 만족 및 행동의도에 미치는 영향," 『관광레저연구』, 32(3), 147-167.
이진희·김남조(2020), "글로벌 OTA(online travel agency) 이용자의 소비자권익 문제 경험 분석: 근거 이론을 기반으로," 『관광학연구』, 44(2), 93-114.

Phocus wright(2019), "Research highlights: Mid-year wrap up," https://www.phocuswright.com/Travel-Research/ResearchUpdates/2019/Research-highlights-mid-year-wrap-up

역사 도시를 미래 도시와 연결하는 스마트 기술_구철모

구철모(2020), 『스마트관광: 개념과 사례를 중심으로』, 도서출판 청람.
에릴린 올바슬리(2000), 『역사도시 투어리즘』, 독서모임 책슬.
에드워드 글레이저(2011), 『도시의 승리』, 해냄출판사.

Gretzel, U., Sigala, M., Xiang, Z. & Koo, C.(2015), Smart tourism: foundations and developments. Electronic Markets, 25(3), 179-188.
Koo, C., Park, J., and Lee, J. N.(2017), "Smart tourism: Traveler, business, and organizational perspectives," *Information & Management*, 54, 683-686.

스마트관광 시대의 정보격차_이원석

고정현·박선주, "사회적 지지가 고령층의 디지털정보활용에 미치는 영향: 디지털 이용동기의 매개효과를 중심으로," 『국가정책연구』, 34.2, 2020, 121-149.
구철모·신승훈·김기헌·정남호(2015), "스마트관광 발전을 위한 사례 분석 연구," 『한국콘텐츠학회논문지』, 15(8), 519-531.
권지담(2020.03.31), "컴퓨터도 없는데… 저소득층 가정, 온라인 개학 냉가슴," 한겨레, URL: http://www.hani.co.kr/arti/society/society_general/935035.html#csidx45af2bd5e6b62a99b89b52a45e05415
김문조(2020), "뉴미디어 시대의 소비: 디지털 일상생활론적 접근," 『사회사상과 문화』, 23(2), 39-64.
김영대·조윤희·서영길, "장노년층 정보화 교육의 효과에 관한 연구: 디지털 역량과 삶의 질을 중심으로," 『行政論叢』 55.1, 2017, 229-259.
김정언·노용환·최두진·정부연·김재경, "고령층의 정보격차 현황 분석 및 정책 방안," KISDI 이슈리포트, 2007.17, 2007, 1-50.
김효정(2020.03.09), "코로나19로 드러난 디지털 디바이드," 주간조선, URL: http://m.weekly.chosun.com/client/news/viw.asp?nNewsNumb=002598100012&ctcd=C02
박선미·김수범(2019), [스마트시티 정책·거버넌스 연구] "초고령사회 대응을 위한 ICT 활용

사례," [SDF] 연구보고서, 1-78.
서울=뉴스1.(2020.09.01), "'전화 안 받고 온라인은 모르고'… 노인들 비대면 추석예매 분통," 동아일보, https://www.donga.com/news/Society/article/all/20200901/102740405/1
이동은(2020.11.20), [스마트 외딴섬 노인들④] "혁명의 발상지 영국, 교육으로 디지털 격차 줄인다," 미디어펜, URL: http://www.mediapen.com/news/view/573605
이승훈(2019.07.30), "노인에게 스마트폰 사용법부터 알려주는 싱가포르," 매일경제, URL: https://www.mk.co.kr/news/economy/view/2019/07/582171
이진주(2018.03.28), "고독사 예방하는 서대문구 '똑똑문안서비스'," 경향신문, URL: http://news.khan.co.kr/kh_news/khan_art_view.html?artid=201803281526001&code=940100
이진희·강명보·정연동(2020), "유튜브 관광채널 선택속성이 이용자 만족, 이용의도에 미치는 영향," Tourism Research 45(3), 365-382.
일생활균형재단, WLB 브리프_영국 'Age UK', URL: https://kwlbf.org/_research/4259
임규준·유봉석(2000.06.07), "'실버넷 운동' 7월 1일 막 오른다," 매일경제, URL: https://www.mk.co.kr/news/home/view/2000/06/66988
임성민(2020.05.07), "확산되는 디지털, 시니어 대책 마련 필요," 대한데일리, URL: http://www.dhdaily.co.kr/news/articleView.html?idxno=4091
임주희·김은경·김문희, "디지털 리터러시가 노년기 삶의 질에 미치는 영향," 『평생학습사회』 16.2, 2020, 111-135.
전채은(2019.08.09), "지팡이 짚은 노인, 노트북 열더니 디지털 강의 시작… '노인은 노인이 잘 알죠'," dongA.com, URL: http://www.donga.com/news/article/all/20190809/96906155/1
전채은(2019.08.10), "손주 생일 초대장 만들어주고… 가족포토북으로 '깜짝 선물'," dongA.com, URL: donga.com/news/Society/article/all/20190810/96908232/1
정기성(2018.12.03), "디지털 포용정책의 하나로 '미 와이파이' 시범사업"(영국 런던市), 서울특별시, 서울연구원, URL: https://www.si.re.kr/node/60926
정진영(2020.09.09), "'키오스크, 어려운데 뒷사람 눈치까지'… 어려움 호소하는 노인들," 국민일보, URL: http://news.kmib.co.kr/article/view.asp?arcid=0014994525&code=61141611
정희정·구철모·정남호(2020). "실현율을 이용한 시나리오 기반 스마트관광도시 관광객 수요 예측," 『관광학연구』 44(7), 163-179.
조규홍(2019.06.30), "4차 산업혁명의 그늘, '디지털 소외' 대책은? (2) 취약계층 소외," 경남신문, URL: http://www.knnews.co.kr/news/articleView.php?idxno=1289426
조윤희, "디지털 리터러시 관점에서 본 고령층 정보화교육 수준 분석-고령층 정보화교육 교재 및 교육프로그램을 중심으로," 『예술인문사회융합멀티미디어논문지』 7.4, 2017, 509-518.
주윤경(2018), "지능정보사회와 정보불평등," KISO Journal(33), 33-37.
[50+ 리포트 2019] "50+세대의 디지털 역량과 미래 사회 적응을 위한 제안," URL: https://50plus.or.kr/upload/im/2019/10/e15c8c64-25ab-45c8-9781-9ec47a5d5076.pdf
[50+ 리포트] 04호-"⑤ 호주와 싱가포르의 50+정책 사례," Kainan Wang(n.d), 서울특별시 정책사례, 서울특별시, URL: https://www.50plus.or.kr/detail.do?id=42092

Belanche, D., Casaló, L. V., Orús, C. & Pérez-Rueda, A.(2020), Developing a learning network on YouTube: Analysis of student satisfaction with a learner-generated content activity, In *Educational Networking*, Springer, Cham, 195-231.

Chung, H. C., Lee, H., Um, T. & Chung, N.(2017), Creating shared value through smart tourism ecosystem analysis, *Journal of Korea Service Management Society*, 18(5), 165-186.

Craig Silverman(2019.07.23.), What To Do If The Older People In Your Life Are Sharing False Or Extreme Content. BuzzFeedNews, URL: https://www.buzzfeednews.com/article/craigsilverman/young-people-worry-about-older-people-sharing-fake-news

Lee, S. Y., Chung, N. H. & Koo, C. M.(2018), A study of the antecedents of smart tourism satisfaction for improving smart tourism competitiveness: The case of Seoul as a smart tourism city, *Journal of Tourism Sciences*, 42(5), 151-170. https://doi.org/10.17086/JTS.2018.42.5.151.169

Cyber[Website](2020.11.30.), URL: https://imsilver.imda.gov.sg

Home[Website](2020.11.07.), URL: https://www.ascca.org.au

IMSilver[Website](n.d), URL: https://imsilver.imda.gov.sg

Linda Ogbevoan(n.d), What is Digital Readiness?, Oden Tecchnologies 홈페이지, URL: https://oden.io/blog/what-is-digital-readiness

n.d.(2020. 11. 07), Volunteer at Australian Senior Computers Club Association(ASCCA), SEEK Volunteer, URL: https://www.volunteer.com.au/volunteering-organisations/17313/australian-senior-computers-club-association-ascca-

Pew Research Center(2017), "Tech adoption climbs among older adults," Retrieved from http://www.pewinternet.org/2017/05/17/tech-adoption-climbs-among-older-adults.

Smart London(2018.02.18), "Mi-Wifi digital inclusion pilot in Lewisham," Smart London 홈페이지, URL: https://smartlondon.medium.com/mi-wifi-digital-inclusion-pilot-in-lewisham-dc4f2c4c53d5

YourLifeChoices Writers(2012.10.30.), "14th Australian Computer Conference for Seniors," Your life choice, URL: https://www.yourlifechoices.com.au/technology/computers/14th-australian-computer-conference-for-seniors

스마트관광도시, 디자인 사이언스를 만나다_이선영

Beritelli, P. & Laesser, C.(2017), "The dynamics of destinations and tourism development," In *Design science in tourism*, Springer, Cham, 195-214.

Burkett, I.(2013), "Using the business model canvas for social enterprise design," http://knode.com. au/wp-content/uploads/Knode_BusModCanv4SocEntDesign_E1LR_30p. pdf.

Fesenmaier, D. R. & Xiang, Z.(2017), "Introduction to tourism design and design science in tourism," In *Design Science in Tourism*, Springer, Cham, 3-16.

Hlee, S., Yhee, Y., Chung, N. & Koo, C.(2019), "#Service Innovation by Design Thinking Methods: A Case of Seoul Children's Grand Park(SCGP)," *E-review of Tourism Research*, 17(2).

Jung, E. C. & Sato, K.(2010), "Methodology for context-sensitive system design by mapping internal contexts into visualization mechanisms," *Design Studies* 31(1), 26-45.

Jones, J. C.(1992), "Design methods," *John Wiley & Sons*.

Ryu, D. H., Lim, C. & Kim, K. J.(2020), "Development of a service blueprint for the online-to-offline integration in service," *Journal of Retailing and Consumer Services*, 54, 101944.

Lee, C. H., Li, Q., Lee, Y. C. & Shih, C. W.(2020), "Service design for intelligent exhibition guidance service based on dynamic customer experience," *Industrial Management & Data*

Systems.
Pine, B. & Gilmore, J. H.(1988), "Welcome to the experience economy," *Harvard Business Review*(76), 97.
Stankov, U. & Gretzel, U.(2020), "Tourism 4.0 technologies and tourist experiences: a human-centered design perspective," *Information Technology & Tourism*, 1-12.
Tomej, K. & Xiang, Z.(2020), "Affordances for tourism service design." *Annals of Tourism Research*," 85, 103029.
Tussyadiah, I. P.(2014), "Toward a theoretical foundation for experience design in tourism," Journal of Travel Research, 53(5), 543-564.
Vargo, S. L. & Lusch, R. F.(2008), "Service-dominant logic: continuing the evolution," *Journal of the Academy of marketing Science*, 36(1), 1-10.

Part 3. 더 나은 도시를 만들다, 스마트관광도시 솔루션

관광 위기, 어떻게 대처할 것인가_**김태경**

김문찬·오상훈·이미진(2017), "관광위기에 대한 업종별 인식 차이연구: 2015년 메르스 사태를 중심으로," 『관광레저연구』, 29(9), 271-287.
김상범·서정원(2016), "관광위기영향에 대한 여행업계의 태도와 행동의도 관계 연구: 메르스(MERS-CoV) 발생을 중심으로," 『관광연구저널』, 30(11), 109-119.
모수원(2010), "환율과 유가가 관광수요에 미치는 효과," 『관광연구』, 24(6), 27-38.
박경옥(2020), "코로나 19 부산관광 위기 극복 방안," 『BDI 정책포커스』, 1-12.
박은경·금기용·이충기(2011), "VECM을 이용한 주요 경제변수와 관광수요간 영향관계 분석: 방한 일본관광객을 중심으로," 『관광레저연구』, 23(1), 45-64.
서용건·고광희·이정충(2006), "관광객의 안전에 관한 인식: 제주도 방문객을 대상으로," 『관광레저연구』, 18(3), 43-61.
오상훈(2008), "제주지역의 관광위기요인과 업계의 대응전략에 관한 연구," 『관광레저연구』, 20(3), 145-165.
오은비·김경희·이연택(2017), "이슈관심주기모형을 적용한 관광위기관리정책의 정책변동 분석: 경주 9.12 지진을 사례로," 『관광연구논총』, 29(4), 55-79.
유지윤(2011), "정성적(定性的) 연구(硏究): 관광위기 유형화에 따른 위기관리 전략에 관한 연구," 『관광학연구』, 35(10), 161-178.
최학수(1999), "IMF 관리체제 하에서의 관광호텔 조직문화 변화에 관한 연구: 경주지역 관광호텔을 중심으로," 『호텔경영학연구』, 8(2), 103-120.
하정우·김창수(2020), "바이러스 관광위기 극복을 위한 재난회복탄력성 탐색적 연구: '코로나 19(COVID-19)' 재난을 중심으로," Tourism Research, 45(2), 499-517.
홍재범·이강호·박재희(2004), "외환 위기 전후 호텔산업의 자본구조와 그 결정요인의 변화," 『관광레저연구』, 16(3), 121-137.

Araña, J. E. & León, C. J.(2008), The impact of terrorism on tourism demand, *Annals of Tourism Research*, 35(2), 299-315.

Beirman, D., Ritchie, B. & Campiranon, K.(2014), The development of a transnational tourism risk, crisis and recovery management network, *Tourism Crisis and Disaster Management in the Asia-Pacific*, 1, 175.

Carlsen, J. C. & Hughes, M.(2008), Tourism market recovery in the Maldives after the 2004 Indian Ocean tsunami. *Journal of Travel & Tourism Marketing*, 23(3-4), 139-149.

Carlsen, J. C. & Liburd, J. J.(2008), Developing a research agenda for tourism crisis management, market recovery and communications, *Journal of Travel & Tourism Marketing*, 23(2-4), 265-276.

Chan, C.-S., Nozu, K. & Cheung, T. O. L.(2020), Tourism and natural disaster management process: perception of tourism stakeholders in the case of Kumamoto earthquake in Japan, *Current Issues in Tourism*, 23(15), 1864-1885.

Egelhoff, W. G. & Sen, F.(1992), An information-processing model of crisis management, *Management Communication Quarterly*, 5(4), 443-484.

Farmaki, A.(2020), Memory and forgetfulness in tourism crisis research, *Tourism management*, 83, 104210.

Fleischer, A. & Buccola, S.(2002), War, terror, and the tourism market in Israel, *Applied Economics*, 34(11), 1335-1343.

Floyd, M. F., Gibson, H., Pennington-Gray, L. & Thapa, B.(2004), The effect of risk perceptions on intentions to travel in the aftermath of September 11, 2001, *Journal of Travel & Tourism Marketing*, 15(2-3), 19-38.

Gaudru, H.(2014), Volcano tourism: The effect of eruptions and disasters, In *Volcanic tourist destinations*(Erfurt-Cooper P. ed., Vol. https://doi.org/10.1007/978-3-642-16191-9_26, 337-350), Berlin: Springer.

Gurtner, Y.(2016), Returning to paradise: Investigating issues of tourism crisis and disaster recovery on the island of Bali, *Journal of Hospitality and Tourism Management*, 28, 11-19.

Hitchcock, M. & Putra, I. N. D.(2005), The Bali bombings: Tourism crisis management and conflict avoidance. 8, 1(62-76).

Huang, J.-H. & Min, J. C. H.(2002), Earthquake devastation and recovery in tourism: the Taiwan case, *Tourism management*, 23(2), 145-154.

Hystad, P. & Keller, P.(2006), Disaster management: Kelowna tourism industry's preparedness, impact and response to a 2003 major forest fire, *Journal of Hospitality and Tourism Management*, 13(1), 44-58.

Hystad, P. W. & Keller, P. C.(2008), Towards a destination tourism disaster management framework: Long-term lessons from a forest fire disaster, *Tourism management*, 29(1), 151-162.

Ichinosawa, J.(2006), Reputational disaster in Phuket: the secondary impact of the tsunami on inbound tourism, *Disaster Prevention and Management: An International Journal*, 15(1), 111-123.

Kuo, H.-I., Chen, C.-C., Tseng, W.-C., Ju, L.-F. & Huang, B.-W.(2008), Assessing impacts of SARS and Avian Flu on international tourism demand to Asia, *Tourism management*, 29(5), 917-928.

Mansfeld, Y.(1999), Cycles of war, terror, and peace: Determinants and management of crisis and recovery of the Israeli tourism industry, *Journal of Travel Research*, 38(1), 30-36.

Mason, P., Grabowski, P. & Du, W.(2005), Severe acute respiratory syndrome, tourism and the media, *International Journal of Tourism Research*, 7(1), 11-21.
McKercher, B. & Chon, K.(2004), The over-reaction to SARS and the collapse of Asian tourism, Annals of Tourism Research, 31(3), 716-719.
McKercher, B. & Hui, E. L. L.(2004), Terrorism, economic uncertainty and outbound travel from Hong Kong, *Journal of Travel & Tourism Marketing*, 15(2-3), 99-115.
Mizrachi, I. & Fuchs, G.(2016), Should we cancel? An examination of risk handling in travel social media before visiting ebola-free destinations, *Journal of Hospitality and Tourism Management*, 28, 59-65.
Page, S., Song, H. & Wu, D. C.(2012), Assessing the impacts of the global economic crisis and swine flu on inbound tourism demand in the United Kingdom, *Journal of Travel Research*, 51(2), 142-153.
Park, K. & Reisinger, Y.(2010), Differences in the perceived influence of natural disasters and travel risk on international travel, *Tourism Geographies*, 12(1), 1-24.
Pearson, C. M. & Mitroff, I. I.(1993), From crisis prone to crisis prepared: A framework for crisis management, *Academy of Management Perspectives*, 7(1), 48-59.
Reisinger, Y. & Mavondo, F.(2006), Cultural differences in travel risk perception, *Journal of Travel & Tourism Marketing*, 20(1), 13-31.
Rosselló, J., Becken, S. & Santana-Gallego, M.(2020), The effects of natural disasters on international tourism: A global analysis, *Tourism management*, 79, 104080.
Smeral, E.(2009), The impact of the financial and economic crisis on European tourism, *Journal of Travel Research*, 48(1), 3-13.

관광 개발로 인한 오버투어리즘과 안티투어리즘 현상_**이현애**

문화체육관광부(2020), "2019 외래관광객조사," Retrieved from: https://www.tour.go.kr
이현애·정희정·함주연·정남호(2019), "퍼지셋 질적 비교 분석(fsQCA)을 활용한 관광지 거주민들의 삶의 질 저하에 영향을 미치는 요인 연구," *Information Systems Review*, 21(1), 113-133.
이현애(2019), "Assessing the Residents' Anti-Tourism Attitude and Intention towards Tourism Development(박사학위논문)," 경희대학교, 서울, 한국.

Alvarez-Sousa, A.(2018), "The problems of tourist sustainability in cultural cities: Socio-political perceptions and interests management," *Sustainability*, 10(2), 503.
Andereck, K. L., and Nyaupane, G. P(2011), "Exploring the nature of tourism and quality of life perceptions among residents," *Journal of Travel research*, 50(3), 248-260.
Population stat.(2020), Retrieved from: https://populationstat.com
Bimonte, S.(2008), "The 'tragedy of tourism resources' as the outcome of a strategic game: A new analytical framework," *Ecological Economics*, 67, 457-464.
Choi, H. S. C., and Sirakaya, E.(2005), "Measuring residents' attitude toward sustainable tourism: Development of sustainable tourism attitude scale," *Journal of Travel Research*, 43(4), 380-394.
Chung, N., Lee, H., Kim, J. Y., and Koo, C.(2018), "The role of augmented reality for experience-

influenced environments: The case of cultural heritage tourism in Korea," *Journal of Travel Research*, 57(5), 627-643.
Gretzel, U., Werthner, H., Koo, C., and Lamsfus, C.(2015), "Conceptual foundations for understanding smart tourism ecosystems," *Computers in Human Behavior*, 50, 558-563.
Gurran, N., and Phibbs, P.(2017), "When tourists move in: how should urban planners respond to Airbnb?", *Journal of the American planning association*, 83(1), 80-92.
Herzberg, F., Mausner, B. and Snyderman, B. B.(1967), *The Motivation to Work*(2nd ed.), New York, NY: Wiley.
Jeon, M. M., Kang, M. M., and Desmarais, E.(2016), "Residents' perceived quality of life in a cultural-heritage tourism destination," *Applied Research in Quality of Life*, 11(1), 105-123.
OECD(2020), "OCED Tourism Trends and Policies 2020," Available at: https://www.oecd-ilibrary.org/docserver/6b47b985-en.pdf?expires=1608004523&id=id&accname=guest&checksum=7D33DCD891AE56EEC475863E4A8C1880
Olya, H. G., and Gavilyan, Y.(2017), "Configurational models to predict residents' support for tourism development," *Journal of Travel Research*, 56(7), 893-912.
Perkumienė, D., and Pranskūnienė, R.(2019), "Overtourism: Between the Right to Travel and Residents' Rights," *Sustainability*, 11(7), 2138.
Ragin, C. C.(2008), *Redesigning social inquiry*. Chicago, IL: University of Chicago Press.
UNWTO(2017). UNWTO Tourism Highlights 2017 Edition, Retrieved from: https://www.e-unwto.org/doi/pdf/10.18111/9789284419029
UNWTO(2018), "'*overtourism'? Understanding and managing urban tourism growth beyond perceptions, Executive summary*," Available at: https://www.e-unwto.org/doi/pdf/10.18111/9789284420070
UNWTO(2019), *International Tourism Highlights*, Available at: https://www.e-unwto.org/doi/pdf/10.18111/9789284421152
Urry, J.(2005), "The complexities of the global," *Theory, Culture & Society*, 22(5), 235-254.
Woodside, A. G.(2013), "Moving beyond multiple regression analysis to algorithms: Calling for adoption of a paradigm shift from symmetric to asymmetric thinking in data analysis and crafting theory," *Journal of Business Review*, 66(4), 463-472.
Yasmeen, R.(2020), *Top 100 City Destinations 2019 Edition*, Euromonitor, Available at: https://go.euromonitor.com/white-paper-travel-2019-100-cities.html
Yu, C. P., Chancellor, H. C., and Cole, S. T.(2011), "Measuring residents' attitudes toward sustainable tourism: A reexamination of the sustainable tourism attitude scale," *Journal of Travel Research*, 50(1), 57-63.

스마트관광도시를 위한 지리정보시스템의 적용_**김진원**

김남조(2000), "관광자원개발계획과정에서의 지리정보시스템 활용: GIS전문가 관점을 중심으로," 『관광연구논총』, 12, 137-162.
김진원·윤병국(2013), "관광분야에서 GIS의 이론적 배경과 국내외 연구동향," 『관광학 연구』, 37(10), 137-162.
이희연(2003), 『GIS: 지리정보학』, 법문사.

Bahaire, T., and Elliott-White, M.(1999), "The Application of Geographical Information Systems(GIS) in Sustainable Tourism Planning: A Review," *Journal of Sustainable Tourism*, 7(2), 159-174.

Hall, M., and Page, S.(2006), *The Geography of Tourism and Recreation: Environment, Place, and Space*, New York, NY: Routledge.

Shoval, N., and Isaacson, M.(2007), "Tracking Tourists in the Digital Age," *Annals of Tourism Research*, 34(1), 141-159.

Lee, P., Hunter, W. C., and Chung, N.(2020), "Smart Tourism City: Developments and Transformations." *Sustainability*, 12(10), 3958.

Lee, Y., Pennington-Gray, L., and Kim, J.(2019), "Does Location Matter? Exploring the Spatial Patterns of Food Safety in a Tourism Destination," *Tourism Management*, 71, 18-33.

Lee, Y., Jang, S., and Kim, J.(2020). "Tourism Clusters and Peer-to-Peer Accommodation," *Annals of Tourism Research*, 83, 102960.

Longley, P., Goodchild, M., Maguire, D., and Rhind, D.(2001), *Geographic Information Systems and Science*, New York, NY: Wiley.

Kang, S., Kim, J., and Nicholls, S.(2014), "National Tourism Policy and Spatial Patterns of Domestic Tourism in South Korea," *Journal of Travel Research*, 53(6), 791-804.

Kim, J., and Nicholls, S.(2016), "Influence of the Measurement of Distance on Assessment of Recreation Access," *Leisure Sciences*, 38(2), 118-139.

Kim, J., Lee, K., and Thapa, B.(2021). "Visualizing Fairness: Distributional Equity of Urban Green Spaces for Marginalized Groups," Journal of Environmental Planning and Management.

Kim, J., Thapa, B., Jang, S., and Yang, E.(2018), "Seasonal Spatial Activity Patterns of Visitors with a Mobile Exercise Application at Seoraksan National Park," *Sustainability*, 10(7), 1-21.

Kim, J., Thapa, B., and Jang, S.(2019), "GPS-Based Mobile Exercise Application: An Alternative Tool to Assess Spatio-Temporal Patterns of Visitors' Activities in a National Park," *Journal of Park and Recreation Administration*, 37(1), 124-134.

Malczewski, J.(1999), *GIS and Multicriteria Decision Analysis*, New York, NY: Wiley.

Nicholls, S.(2001), "Measuring the Accessibility and Equity of Public Parks: A Case Study using GIS," *Managing Leisure*, 6, 201-219.

Yang, Y., and Wong, K.(2013), "Spatial Distribution of Tourist Flows to China's Cities," *Tourism Geographies*, 15(2), 338-363.

스마트관광도시 인증제도, 어떻게 활용할 것인가_**이환수**

김성원·이환수(2020), "스마트도시 조성 및 산업진흥 등에 관한 법률의 개선방안에 관한 연구," 『법학논총』, 44(2), 59-92.

김승남·임미화·김성길(2018), "스마트시티 정책동향과 과제," 『도시정보』, 432, 15-16.

국토교통부(2019), "제3차 스마트도시 종합계획"(2019~2023).

매일경제(2020), "2조 8천억 효과 기대 스마트관광 1호 도시로 '인천'이 선정된 결정적 이유," https://www.mk.co.kr/news/culture/view/2020/09/958566

문화체육관광부(2020), "'인천광역시 중구', 첨단기술 관광도시로 재탄생," 보도자료.

박현애·유영천·이환수(2020), "스마트시티 위험요인과 저항에 관한 연구," 『융합보안논문지』, 20(2), 15-28.

오병록·이지훈·고연경(2018), "전라북도형 스마트도시재생 뉴딜 적용 방안," 전북연구원.
이재용·김성수·김은란·박종순·이미영·이성원(2016), "스마트도시 성숙도 및 잠재력 진단모형 개발과 적용방안 연구," 국토연구원.
이재용·이성원(2017). "스마트시티의 지속가능성 제고를 위한 지표기반 진단 방안,"『국토정책Brief』(639), 1-6.
이정구(2019), "지속 가능한 스마트시티를 위한 표준화,"『한국도시행정학회 학술발표대회 논문집』, 61-81.
임시영·사공호상·오창화(2018), "초연결 스마트시티 구현을 위한 공간정보 전략 연구," 국토연구원.
조유정(2016), "스마트시티의 기준, 스마트시티 인덱스,"『과학기술정책』, 26(8), 38-43.
한선희·신영섭·유인재·이재용(2018), "국내 스마트시티 인증 지표 및 시범 인증에 관한 연구,"『국토연구원』, 19(1), 688-698.
한국건설기술연구원(2019), "'스마트도시 서비스 인증제도' 설명회 개최," https://www.kict.re.kr/board.es?mid=a10105060000&bid=pressrls&act=view&list_no=14026.
한국관광공사(2020), "스마트관광도시 시범조성 사업: 스마트관광거리 조성 공모안내서."
4차산업혁명위원회(2018), "도시혁신 및 미래성장동력 창출을 위한 스마트시티 추진전략."

스마트관광도시 발전을 위해 필요한 제도적 기반은 무엇인가_**김도승**

윤종식,『빅데이터 활용사전 419』, 제이에스데이타, 2018.
이성엽, "공유경제에 대한 정부규제의 필요성,"『행정법연구』 제44호, 행정법이론실무학회, 2016. 2.
이정희·김홍민·안택균,『관광정보론-스마트관광을 중심으로-』, 새로미, 2012.
정남호·구철모,『스마트관광도시』, 경희대학교 출판문화원, 2020.
정준화, "4차산업혁명 시대의 빅데이터 정책 과제,"『이슈와 논점』, 국회입법조사처, 2018.
최식원, "포스트 코로나 시대의 관광개발과 향후 전망,"『관광투자 전문가 기고 2020』, vol. 2, 한국관광공사, 2020.
한국정보화진흥원, "스마트시티 발전전망과 한국의 경쟁력,"『IT & Future Strategy』 제6호, 2016.
시사위크 2020. 10. 5. 기사, "똑똑한 도시 '스마트시티'… '똑똑하게' 사업 추진하려면."
조선일보 2020. 8. 21. 기사, "금융권 결합 데이터 첫 사례는 '부산시 여행객 소비패턴'."

Décisions n° 2015-484 QPC du 22 septembre 2015, Société Uber France SAS et autre(II).

관광의 문화 표현과 경험: 두 가지 형태의 모방_**윌리엄 캐넌 헌터**

Baudrillard, J.(1983), *Simulations*(P. Foss, P. Patton & P. Beitchman, Trans.), NY: Semiotext(e).
Beerli, A. & Martin, J. D.(2004), "Factors influencing destination image," *Annals of Tourism Research*, 31(3), 657-681.
Berent, E.(1983), "In defense of the identity theory," *The Journal of Philosophy*, 80(5), 279-298.
Braddon-Mitchell, D. & Jackson, F.(2007), *The Philosophy of Mind and Cognition*, Oxford: Blackwell.
Brown, R. H.(1995), "The poststructural crisis in the social sciences: Learning from. James Joyce,"

In R. H. Brown(ed.), *Postmodern Representations: Truth, Power and Mimesis in the Human Sciences and Public Culture*, Urbana and Chicago: University of Illinois Press, 134-167.

Choi, S., Lehto, X. Y. & Morrison, A. M.(2007), "Destination image representation on the web: Content analysis of Macau travel-related websites," *Tourism Management*, 28, 118-129.

Chung, N., Han, H. & Koo, C.(2015), "Adoption of travel information in user-generated content on social media: The moderating effect of social presence," *Behaviour & Information Technology*, 34(9), 902-919.

Chung, N. & Koo, C.(2015), "The use of social media in travel information search," *Telematics and Informatics*, 32, 215-229.

Chung, N., Lee, H., Lee, S. J. & Koo, C.(2015), "The influence of tourism website on tourists' behavior to determine destination selection: A case study of creative economy in Korea," *Technological Forecasting and Social Change*, 96, 130-143.

Chung, N., Tyan, I. & Chung, H. C.(2017), "Social support and commitment within social networking site in tourism experience," *Sustainability*, 9, 2102, doi: 10.3390/su9112102.

Cohen, J. & Kupferschmidt, K.(2020), "Countries test tactics in 'war' against 코로나19," *Science*, 367(6484), 1287-1288.

Ellison, N. B., Steinfield, C. & Lampe, C.(2007), "The benefits of Facebook 'friends': Social capital and college students' use of online social network sites," *Journal of Computer-Mediated Communication*, 12(4), 1143-1168.

Jenks, C.(1993), *Cultural Reproduction*(ed.), NY: Routledge.

Kim, M. J., Chung, N. & Lee, C. K.(2011), "The effect of perceived trust on electronic commerce: Shopping online for tourism products and services in South Korea," *Tourism Management*, 32, 256-265.

Kirshenblatt-Gimblett, B.(1998), *Destination Culture: Tourism, Museums and Heritage*. Berkeley, CA: University of California Press.

Heiphetz, L., Strohminger, N. & Young, L. L.(2016), "The role of moral beliefs, memories, and preferences in representations of identity," *Cognitive Science*, 41(3), 744-767.

Hosey, L.(2018), "The Ship of Theseus: Identity and the Barcelona Pavilion(s)," *Journal of Architectural Education*, 72(2), 230-247.

Hunter, W. C.(2016), "The social construction of tourism online destination image: A semiotic analysis of the visual representation of Seoul," *Tourism Management*, 54, 221-229.

Hunter, W. C.(2011), "Rukai indigenous tourism: Representations, cultural identity and Q method," *Tourism Management*, 32, 335-348.

Hunter, W. C.(2008), "A typology of photographic representations for tourism," *Tourism Management*, 29(2), 354-365.

Hwang, J., Park, H. & Hunter, W. C.(2015), "Constructivist research in Smart Tourism: Seoul destination image," *Asia Pacific Journal of Information Studies*, 25(1), 163-178.

Lee, P., Hunter, W. C. & Chung, N.(2020), "Smart Tourism City: Developments and transformations," *Sustainability*, 12, 3958-3973, doi:10.3390/su12103958.

Lin, T. C. & Huang, C. C.(2008), "Understanding knowledge management system usage antecedents: An integration of social cognitive theory and task technology fit," *Information Management*, 45(6), 410-417.

Jung, T., Chung, N. & Leue, M.(2015), "The determinants of recommendations to use augmented reality technologies-the case of a Korean theme park," *Tourism Management*, 49, 75-86.

Kim, M. J., Chung, N., Lee, C. K. & Preis, M. W.(2015), "Motivations and use context in mobile tourism shopping: Applying contingency and task-technology fit theories," *International Journal of Tourism Research*, 17, 13-24.

Scherle, N. & Nonnenmann, A.(2008), "Swimming in cultural flows: Conceptualising tour guides as intercultural mediators and cosmopolitans," *Journal of Tourism and Cultural Change*, 6(2), 120-137.

Snieska, V. & Normantiene, A.(2012), "Development of creative economy in Lithuania," *Economic Management*, 17(4), 1423-1429.

Teo, P. & Li, L. H.(2003), "Global and local interactions in tourism," *Annals of Tourism Research*, 30(2), 287-306.

Um, T. & Chung, N.(2019), "Does smart tourism technology matter? Lessons from three smart tourism cities in South Korea," *Asia Pacific Journal of Tourism Research*, DOI: 10.1080/10941665.2019.1595691.

Yang, J., Ryan, C. & Zhang, L.(2013), "Social conflict in communities impacted by tourism," *Tourism Management*, 35, 82-93.

Zhang, W. & Watts, S. A.(2003), "Knowledge adoption in online communities of practices," ICIS 2003 Proceedings, Paper 9. Retrieved 8 February 2021, from http://aisel.aisnet.org/icis2003/9

저자 소개(원고 수록순)

정남호(경희대학교 스마트관광원)

성균관대학교 경영학과에서 경영정보학 전공으로 박사학위를 취득하고 현재 경희대학교 스마트관광원 교수로 재직 중이다. 영국 서리대학교(University of Surrey)에서 방문연구원으로 활동했다. 주요 관심 분야는 관광객의 정보시스템 사용과 지식공유 활동이며 최근에는 스마트관광과 관련된 다양한 연구와 과제를 수행 중이다. 그간의 업적을 인정받아 2016년 경희대학교 명예의 전당에 이름을 올렸다. 현재 스마트관광연구소 소장으로 한국연구재단 사회과학연구사업(SSK)의 지원을 받아 스마트관광대형센터를 이끌고 있다.

양성병(경희대학교 경영학과/빅데이터응용학과)

서울대학교 지구환경시스템공학부에서 학사, KAIST에서 경영공학 석사 및 박사학위를 취득했다. 맥길대학교(McGill University) 경영대학 박사후연구원과 한성대학교 경영학부 전임강사, 아주대학교 e-비즈니스학과 조교수를 거쳐, 현재 경희대학교 경영학과/빅데이터응용학과 부교수로 재직 중이다. 주요 관심 분야는 스마트관광, 공유경제, 비즈니스 애널리틱스, 인공지능, 온라인 리뷰, 고객관계관리, 전자상거래 등이다. 경영정보시스템 및 관광 분야 최고 권위 저널인 MIS Quarterly, Information Systems Research, Tourism Management를 포함하여 국내외 주요 학술지에 논문을 게재했다. 그간의 업적을 인정받아 유민 이상문 신진학자상(2018)을 수상했으며, 경희대학교 우수연구교수(2016~2020) 및 경희 Research Fellow(2020~2022)에 선정되었다.

홍태호(부산대학교 경영대학)

KAIST에서 경영정보시스템으로 박사학위를 취득하고 현재 부산대학교 경영학과 교수로 재직 중이다. 딜로이트 컨설팅에서 시니어 컨설턴트로 활동했으며, 주요 연구 분야는 데이터 마이닝, 오피니언 마이닝, 딥러닝, 고객관계관리, 비즈니스 애널리틱스 등이다. 딥러닝과 온라인 데이터 분석에 관한 다양한 연구와 과제를 수행 중이며 Information Processing & Management, Expert Systems with Applications, Asia Pacific Journal of Information Systems, 정보시스템연구 등 주요 저널에 논문을 게재했다.

김은미(경희대학교 스마트관광연구소)

부산대학교 경영학과에서 경영정보학 전공으로 박사학위를 취득하고 현재 경희대학교 스마트관광연구소 학술 연구교수로 재직 중이다. 주요 관심 분야는 데이터 마이닝, 빅데이터 분석, 딥러닝, 소셜미디어 등이며, 관광 분야의 온라인 리뷰 데이터를 활용하여 다양한 연구를 수행 중이다. Expert Systems with Applications, 정보시스템연구, 인터넷전자상거래연구 등 주요 등재 학술지에 논문을 게재했다.

박상원(경희대학교 스마트관광원)

미국 템플대학교(Temple University)에서 경영학 박사(관광경영학 전공)학위 취득 후, 영국 서리대학교(University of Surrey)와 홍콩이공대학(The Hong Kong Polytechnic University)에서 수년간 교수로 재직했다. 주로 관광 정보기술(Information Technology)/빅데이터/AI, 그리고 디지털 마케팅 분야를 연구하고 있으며, 다양한 국제 주요 학술지에 연구논문이 게재·발표되었다. 그간의 업적을 인정받아 2019년 International Academy of the Study of Tourism에서 수여한 관광 부문 세계 교수 신인상(Emerging Scholar of Distinction)을 받았으며, 현재 세계 유명 저널인 Tourism Management와 Annals of Tourism Research 부편집위원장, Journal of Travel Research 편집위원으로 활동하고 있다.

함주연(경희대학교 스마트관광연구소)

연세대학교 정보대학원에서 정보시스템학 석사, 고려대학교 경영학과에서 경영정보시스템 전공으로 박사학위를 취득했다. 경희대학교 스마트관광연구소에서 연구교수로 재직했으며, 중국 북경이공대학(Beijing Institute of Technology) 경영경제학부(School of Management and Economics)에 조교수로 부임할 예정이다. 주요 연구 분야는 공공데이터 개방 및 활용, 개방형 혁신, 스마트관광, 스마트도시 등이다. Journal of Strategic Information Systems, Current Issues in Tourism, Information Processing & Management, Industrial Management & Data Systems 등 다수의 논문을 국내외 학술지에 게재했다.

이슬기(세종대학교 호텔관광경영학과)

미국 퍼듀대학교 호텔관광경영학과에서 호텔관광경영학 전공으로 박사학위를 취득했다. 현재 세종대학교 호텔관광경영학과 교수로 재직 중이며 대외협력처 부처장, LINC+ 사업 단장, 관광산업데이터분석랩(TIDAL) 소장을 맡고 있다. 정부개발원조 사업인 몽골 ODA 프로젝트 및 다양한 관광공무원 개발지원사업에 참여했다. 주요 관심 분야는 도시 경제 이론과 공간계량경제학 방법을 적용한 관광 및 숙박산업의 입지 관련 문제를 연구하는 것이다. Tourism Management, Sustainability, International Journal of Hospitality Management, Journal of Tourism Research 등 주요 학술지에 논문이 발표되었다.

구철모(경희대학교 스마트관광원)

기술이 주도하는 관광산업의 패러다임 변화의 시기에 스마트관광의 학문적 정체성을 수립하고, 개념을 체계화하는 데 탁월한 성과를 축적해왔다. Electronic Markets에 출간한 "Smart Tourism: Foundations and Developments"는 세계 최초로 스마트관광을 학술적으로 정의하고 그 개념을 발전시켜 스프링거(Springer) 출판사의 "2016년 올해의 논문"으로 선정되었다. 또한 우수한 질적·양적 연구실적으로 경희대학교에서 최우수 연구자상(2017), 경희 Research Fellow(2018~2020)에 선정되었으며, LG연암재단 구본무 회장상(2017)을 수여받았다. 현재 경희대학교 스마트관광원 학과장을 역임하고 있으며, 교육부 지원사업인 BK21 4단계(2020~2027) "지속가능한 스마트관광·호스피탈리티 교육플랫폼 사업단" 단장을 7년간 맡고 있다.

이원석(경기대학교 관광개발학과)

일리노이 주립대학교 경제학 석사, 펜실베이니아 주립대학교 관광학 박사학위를 받았다. 주요 관심 분야는 관광개발과 관광경제이다. 한국관광학회 최고 논문상(2021), 한국호텔관광학회 우수 논문상(2019), 한국관광학회 신진연구자상(2014) 등 다양한 학술상을 수상했다. 또한 국제 저명 학술지 및 국내 등재지에 다수의 논문을 발표했다.

이선영(경희대학교 스마트관광연구소)

이화여자대학교를 졸업하고 경희대학교 컨벤션경영학과에서 박사학위를 취득했다. 스페셜 이벤트 & 미디어 커뮤니케이션 분야에서 대표 디렉터(Chief Director)로 15년 이상 실무 경험이 있다. 경희대학교 스마트관광연구소에 재직 중이며 주요 연구 관심 분야는 관광정보와 정보시스템, 기술매개형 소비자 경험, 스마트관광도시, 서비스 디자인이다. International Journal of Hospitality Management, International Journal of Contemporary Hospitality Management, Journal of Travel Research, Industrial Management & Data System, Telematics and Informatics 등 주요 학술지에 논문이 발표되었다.

김태경(광운대학교 경영학부)

서울대학교에서 학사, 석사, 박사학위를 취득하고 현재 광운대학교 경영학부 부교수로 재직 중이다. 아울러 경희대학교 스마트관광연구소의 객원연구원으로 활동하고 있다. 주요 관심 분야는 데이터 과학, 데이터 과학을 기반으로 한 경영전략, 디지털 엔터테인먼트이다. Information Systems Research, Journal of Management Information Systems 등에 논문이 발표되었다.

이현애(경희대학교 스마트관광연구소)

경희대학교 호텔경영학과에서 박사학위를 취득하고 현재 경희대학교 스마트관광연구소의 전임연구원으로 재직 중이다. 주요 관심 분야는 관광객들의 스마트 기술 수용, 지속가능 관광을 위한 스마트관광의 역할, 스마트관광의 경제적 파급효과이다. Journal of Travel Research, International Journal of Contemporary Hospitality Management, International Journal of Hospitality Management, Information & Management 등 주요 학술지에 논문이 발표되었다.

김진원(미국 플로리다대학교 관광호텔이벤트경영학과)

경희대학교 지리학과(학사), 관광학과(석사), 그리고 미국 미시간 주립대학교(Michigan State University) 여가관광학과(박사)에서 학위 취득 후 현재 미국 플로리다대학교(University of Florida) 관광호텔이벤트경영학과(Department of Tourism, Hospitality and Event Management) 조교수로 재직 중이다. 또한 플로리다대학교 지역공간연구소(Community Spatial Lab)도 함께 운영하고 있다. 주요 관심 분야는 지역의 지속가능성을 위한 관광과 여가, 레크리에이션의 역할에 관한 다양한 연구와 과제를 수행 중이다. Annals of Tourism Research, Tourism Management, Journal of Travel Research, Journal of Business Research, Leisure Sciences, Journal of Leisure Research, Journal of Public Policy & Marketing, Journal of Sport Management, The Professional Geographer, City and Community, Journal of Environmental Planning and Management, Journal of Destination Marketing & Management 등 주요 SSCI 학술지에 논문이 발표되었으며, Tourism

Economics(SSCI), Journal of Destination Marketing & Management(SSCI), Journal of Park and Recreation Administration(Scopus), Land(SSCI), Journal of Smart Tourism, 인터넷전자상거래연구(KCI)의 편집위원으로 활동 중에 있다.

이환수(단국대학교 산업보안학과)

KAIST 기술경영학과에서 기술경영학 전공으로 박사학위를 취득하고 현재 단국대학교 산업보안학과 교수로 재직 중이다. 2019년 산업기술보호 유공자 표창을 수상했으며, 현재 단국대학교 창업지원단 부단장 및 산업보안전문인력양성 사업단장을 맡고 있다. 주요 관심 분야는 산업보안, 개인정보 보호, 프라이버시, 정보시스템 사용자 행동이다. 최근에는 연구 분야를 스마트홈 및 스마트도시로 확장하여 스마트관광과 관련된 다양한 연구와 과제를 수행 중이다. Government Information Quarterly, Information & Management, Computers in Human Behavior, Industrial Management & Data Systems, Information Systems and e-Business Management, Telematics & Informatics 등 주요 학술지에 논문을 발표했다.

김도승(목포대학교 법학과)

성균관대학교 법학과에서 공법학 전공으로 박사학위를 취득하고 현재 목포대학교 법학과 교수로 재직 중이다. 개인정보전문가협회(KAPP) 사무총장과 부설 개인정보연구원 원장을 맡고 있으며, 서울대학교 국제문제연구소 겸직연구원으로 다양한 학술활동을 하고 있다. 전자정부추진위원회 위원, 공공데이터분쟁조정위원회 위원, 개인정보보호위원회 법개정연구위원회 위원, 언론진흥기금관리위원회 위원 등을 역임했다. 관심 분야는 개인정보 보호, 소프트웨어산업, 인공지능, 사이버안보, ICT 규제혁신 등 정보통신법과 재정건전성 준칙, 국가재정에 대한 사법적 통제 등 재정법 분야이다. 주요 연구로는 "재정건전성과 법치"(2020), "IT 기업의 데이터 제공 협조 의무에 관한 연구"(2019), "인공지능 기반 자동행정과 법치주의"(2019), "국가재정법 주석서"(2017), "제4차 산업혁명 시대의 ICT 법제 주요 현안 및 대응방안"(2016) 등이 있다.

윌리엄 캐넌 헌터William Cannon Hunter(경희대학교 스마트관광원)

텍사스 A&M 대학교에서 사회학, 인류학 및 문화 연구로 박사학위를 받고 경희대학교 컨벤션경영학과 교수로 재직 중이다. 제주대학교에서 방문교수로 활동했다. 주요 연구 분야는 관광 목적지 이미지, Q 및 V를 이용하는 문화적 대표성, 주관성 및 기타 해석학적 방법론이다. 유엔(UN)기구인 ICLEI(지속가능성을 위한 지방정부)와 협력해 아시아 지역의 문화와 관광 관련 주제에 대해 강의 및 연구를 수행하고 있다.

디지털 뉴딜 시대의 **스마트관광도시**

초판 1쇄 발행 2021년 5월 31일
초판 2쇄 발행 2022년 3월 10일

지은이 정남호 외
펴낸이 한균태
책임 편집 최정미
디자인 김민경

펴낸곳 경희대학교 출판문화원
주소 서울시 동대문구 경희대로 26
전화 02-961-0106~8
팩스 02-961-0291
설립 1960년 9월 16일 제5-8호
등록 1977년 11월 8일 제6-5호
홈페이지 www.khupress.com
전자우편 press@khu.ac.kr

ISBN 978-89-8222-696-0 93320